栈桥用方钢管桁架结构关键技术研究

王 慧 著

科 学 出 版 社

北 京

内 容 简 介

本书以某物流港长廊钢栈桥项目为依托，以采用N形搭接节点的方钢管桁架为分析对象，着重介绍了有关钢管桁架结构杆件次应力分布和N形节点承载力计算的相关研究成果，建立了钢管桁架结构三维有限元模型，重点考虑几何因素对杆系和节点受力的影响，并结合数理统计原理进行了各因素的影响显著性分析及回归分析，就减小桁架次应力和修正节点承载力计算公式提供了参考性结论。

本书可作为结构工程学科相关专业技术人员的设计参考书，也可作为高等院校相关专业教师和研究生的学习参考书。

图书在版编目（CIP）数据

栈桥用方钢管桁架结构关键技术研究/王慧著. —北京：科学出版社，2018.8
ISBN 978-7-03-058467-0

Ⅰ. ①栈…　Ⅱ. ①王…　Ⅲ. ①栈桥-方钢-钢管-桁架-钢管结构-研究
Ⅳ. ①U448.18

中国版本图书馆CIP数据核字（2018）第179406号

责任编辑：王　钰　陈将浪 / 责任校对：赵丽杰
责任印制：吕春珉 / 封面设计：东方人华设计部

科学出版社出版
北京东黄城根北街16号
邮政编码：100717
http://www.sciencep.com
北京中科印刷有限公司印刷
科学出版社发行　各地新华书店经销
*
2018年8月第　一　版　开本：B5（720×1000）
2018年8月第一次印刷　印张：11 1/4
字数：227 000

定价：80.00元

（如有印装质量问题，我社负责调换〈中科〉）
销售部电话 010-62136230　编辑部电话 010-62130750

前　言

在作者参与设计的某物流港长廊钢栈桥项目中，有大量采用N形搭接节点的方钢管桁架体系。于项目实施过程中作者发现，合理确定杆件与节点的受力是钢管桁架结构设计的关键。就杆件设计而言，一般假定桁架杆件为轴心受力杆，忽略了由焊接、节点板等因素附加的弯矩效应。弯矩效应引发的杆件截面次应力分布规律、杆件次正应力比及影响次应力的主要几何因素等问题，尚需进一步研究。

就节点设计而言，我国钢结构规范中虽然明确了各类圆钢管节点、方钢管节点的承载力计算式，但公式的涵盖面尚不够全面，需在后继研究中进一步丰富参数库，并利用统计学方法更精确地拟合公式。作者分别从构件层面和节点层面开展针对钢管桁架结构的理论研究，主要依循了设置几何参数组—建立有限元模型—分析计算结果—利用数理统计原理进行影响显著性分析或回归分析的技术路线，总体取得了以下研究成果：

1）明确了简支跨桁架和两跨连续桁架的杆件次应力分布规律。从近支座端第二节间至跨中，各杆件次应力呈递减趋势，需加强支座处竖杆和下弦杆的设计。

2）明确了几何参数对钢管桁架杆件次应力的影响规律。随着桁架高度与跨度之比λ的增大，次应力影响减弱；随着腹杆杆宽与弦杆杆宽之比β_1和腹杆壁厚与弦杆壁厚之比β_2的增大，次应力影响削弱；随着弦杆杆宽与壁厚之比γ_1和腹杆杆宽与壁厚之比γ_2的变化，当弦杆、腹杆的杆宽和壁厚尽量接近，刚度分配均匀时，次应力影响最弱；随着杆宽与节点中心间距离比χ的减小，次应力的影响减弱。根据方差分析结果，λ、β_1、γ_1和γ_2对杆件截面次应力影响显著，设计时需控制其数值，以尽量减小次应力对结构受力的影响。

3）明确了方钢管N形搭接节点的受力、变形及破坏规律。对N形搭接节点的加载全程进行了有限元模拟，在沿着腹杆的轴向力作用下，节点首先在两腹杆的交汇区域进入塑性状态，并逐渐向腹杆全截面及弦杆的与腹杆的交汇区扩展。从节点大部分区域进入屈服状态到最后破坏的过程中，承载力增长缓慢但变形急剧增加，节点具有很强的塑性变形能力。对节点极限承载力判别准则和腹杆轴力-弦杆管壁变形相关曲线进行综合判定，计算模型主要以有限元计算发散前一步的荷载和弦杆管壁沿腹杆轴向变形超过0.03D时的对应荷载为节点极限承载力，其数值均较《钢结构设计标准》（GB 50017—2017）所列计算式的计算值偏高。

4）明确了几何参数对节点承载力的影响规律，并回归获得节点极限承载力修正计算式。节点承载力随着腹杆直径与弦杆直径之比β的增大而增大，随着弦杆直径与壁厚之比γ的增大而减小，随着腹杆壁厚与弦杆壁厚之比τ的增大而增大，受节点搭接率O_v的影响还不明确。纳入β、γ、τ和O_v四组几何参数，采用多元回归分析方法，修正获得了平面N形方钢管搭接节点的极限承载力计算式。对由回归公式值/有限元值构成的样本数据进行离散程度分析后发现，数据离散程度极小，具有较高的精度和适用性。

本书作者为华北水利水电大学王慧副教授。武汉大学硕士研究生导师徐德新教授，华北水利水电大学博士研究生导师、研究生院院长赵顺波教授对本书的编著工作给予了大力支持，审阅书稿并提出了许多建设性意见，在此一并表示衷心感谢！

由于作者水平有限，加之时间仓促，书中不足之处在所难免，恳请广大读者批评指正。

作　者

2018年4月

目　　录

第1章　绪　　论

1.1　空心管结构简介

近年来，伴随着兴建大型建筑的热潮，一些新的建筑材料、建筑技术不断涌现。空心管作为一种集安全性、经济性、美观性于一体的优越材料，越来越多地受到工程界的重视。

这里说的空心管结构是指钢结构的全部或部分构件采用空心钢管。就钢管结构的构成形式而言，早期为圆钢管结构，随后出现了方钢管结构、方钢管与圆钢管的组合结构。钢管可作为建筑物的支柱，与工字形截面或其他开口截面的钢梁构成框架结构；在以开口截面杆件为主的结构中，钢管结构也可作为其子结构，如桁架、网架等；再者，钢管内填入混凝土后，又可形成一种新的结构形式——钢管混凝土结构，但其基本构成仍然离不开钢管。

如今，该类体系主要应用于网架结构、拱架结构、悬索结构、悬挂结构等大跨度空间结构，在栈桥、工业厂房、体育馆、门厅、飞机场、电视塔、信号支架、过街天桥等各类建筑和构筑物中频频出现。

空心管结构能够迅速推广，源于它优良的力学性能和美学特性：

1）钢管截面封闭，剪心、形心重合，与等面积的其他型钢相比，抗弯刚度、抗扭刚度都较大，可提供非常优良的受力特性并减轻结构自重。

2）节点连接方便，可直接焊接连接，形成相贯节点，免除了型钢构件相连所需的大量节点板。

3）外表面积较小，且无突缘，管壁封闭后具有防腐蚀性能好、除尘方便、维护费用低的优点；对受风荷载影响的结构，钢管所具有的光滑面比用其他型钢制造的类似结构引起的动荷载要小得多。

4）钢管可用混凝土填充形成钢管混凝土结构，以增强构件强度与刚度。

5）外形简洁美观，符合人们对美学的要求，建筑师可利用它创造出优美的结构。

圆钢管［图 1.1（a）］是抵抗轴力最有效的截面形式，用于建筑结构中的柱子、梁等构件。因为其圆形截面具有对波浪、潮流、风等的阻力最小的优点，所以在海洋结构、钢塔结构中广泛应用。特别是在钢管混凝土结构中，钢管可以最大限度地发挥其沿径向对混凝土的约束作用，使构件承受巨大的轴力和弯矩，在高层建筑中可实现截面紧凑的柱形式，因而应用十分广泛。

方钢管和矩形钢管用作抗压、抗扭构件也有突出的优点，但其工程实际应用较晚，见图 1.1（b）、（c）。20 世纪 50 年代以前，工程界对方钢管和矩形钢管力学性能的了解几乎是一片空白。直到 1959 年，英国首先正式生产了由圆钢管冷（热）加工得到的方钢管，方钢管因此成为型钢系列产品中出现最晚的成员。方钢管或矩形钢管制造省时省力，杆件连接时的直线切割比圆钢管的相交线切割简单得多，其表面更平整。将支撑构件焊接到矩形钢管上要比焊接到圆钢管上简便易行，且运输、存放更方便。钢结构工程师逐步认识到这类管材的优越性能，对其表现出浓厚的兴趣。

（a）圆钢管

（b）方钢管

（c）矩形钢管

图 1.1　各类钢管截面

1.2　空心管结构的研究和发展

20 世纪 50 年代，美国开始进行钢管结构节点的研究。从 20 世纪 60 年代起，钢管结构节点的研究在许多国家广泛开展。20 世纪 70 年代，钢管结构的研究发展较快，很多研究成果已经成功地应用于工程实践中，并相继纳入国际技术文件或规范中，在更大范围内推广了钢管结构的应用。

1970 年，英国的 Eastwood 和 Wood 在谢菲尔德大学对矩形钢管和圆钢管的焊接接头进行了试验与理论研究，提出了非常重要的设计方法。这些方法很快在加拿大得到应用，并被 Stelco 公司在 1971 年出版的世界上第一部高速钢连接设计手册中所采纳。1977 年，Eastwood 和 Wood 的连接强度设计公式也被加拿大钢结构协会（CISC）出版的《钢结构极限状态设计手册》所采用。20 世纪 70 年代末、80 年代初，国际管结构发展与研究委员会（CIDECT）也开始进行大量的空心管结构的研究工作。1981 年，Packer 与 Haleem 在加拿大发表了一套新的高速钢（HSS）焊接桁架连接的极限强度计算公式，应用于具有矩形钢管或圆钢管腹杆但弦杆为矩形钢管或方钢管的桁架，指出了 Eastwood 和 Wood 所列公式的局限性。随后，国际焊接协会（IIW）在 1981 年发表了一套新的极限状态设计方法，并于 1982 年对这些方法做了修正。这些方法被认为是十分合理的高速钢连接设计方法，因为它们基于一套新观察到的 K 形、N 形、T 形、Y 形与 X 形接头的失效模式，并包含有大量的理论与经验修正方法。国际焊接协会的连接设计方法比工程师 Stelco 采用的设计方法要复杂得多，因此 Packer 等在 1983～1986 年陆续发表了一系列的解释文章、设计图线与设计步骤，以促使加拿大采用国际焊接协会的设计方法。

随着人们对钢管结构设计的认识日渐深入，一些有关钢管的正规出版物相继出版，如 *CIDECT Book* 及有关焊接接头静力设计的国际管结构发展与研究委员会专题论文。国际焊接协会也总结了当时有关焊接高速钢连接的疲劳设计，采用了热点应力法对静载焊接高速钢连接设计方法进行了更新，出版了高速钢连接设计手册的第二版。新的设计方法在国际上得到了广泛认可，被许多国际组织采用。

我国学者在钢管结构的研究方面也做了不少有益的工作。陈继祖、陆化普在剖析各国规范中的极限承载力公式及影响钢管强度的主要因素的基础上，根据我国新的钢结构设计规范的有关原则，并考虑国产材料的材质和节点焊接条件，提出了建议的承载力公式；陈铁云等提出了用塑性节点法分析管节点，认为采用离散塑性流动定律进行弹塑性有限元分析是一种行之有效、切实可行的方法；同济大学沈祖炎、陈以一教授最早进行了圆钢管相贯节点承载力性能和滞回特性的研究；哈尔滨工业大学的武振宇教授对直接焊接 K 形、N 形等方钢管节点的静力性能进行了大量的试验和有限元分析；清华大学郭彦林教授则侧重于方钢管、圆钢管相贯节点极限承载力性能的探索。我国以日本规范为基础，综合了美国、欧洲各国规范和国内高校的研究成果，在《钢结构设计规范》（GBJ 17—1988、GB 50017—2003）和《钢结构设计标准》（GB 50017—2017）中相继提出了方钢管结构、圆钢管结构的承载力计算公式，为工程设计提供了强有力的理论支持。这无疑对钢管结构这一优良体系在我国的应用起到了推动和促进作用。

目前，工程中常用的钢管结构节点类型有相贯节点、空心钢球焊接节点、螺栓球节点、钢板节点等。其中，相贯节点是一种将其余杆件直接焊接在贯通杆件外侧的一种节点形式，连接方便，不需要辅助性的板件和零件。近年来，随着焊接工艺和计算机数控多维切割技术的发展，这类节点的优越性得以体现，并在工程中逐渐推广使用。

按照组成节点的钢管截面形式分类，钢管相贯节点可以分为以下 3 种：

1）CC 形钢管结构：弦杆和腹杆均为圆钢管的钢管结构。它是在工程领域中应用最早的一种形式，由于针对圆钢管的研究起步较早，这类节点在工程应用上已经很成熟。

2）RC 形钢管结构：弦杆为矩形钢管，腹杆为圆钢管，且二者直接相贯焊接的钢管结构。

3）RR 形钢管结构：弦杆和腹杆均为方钢管或矩形钢管的钢管结构，也是本书所要研究的节点类型。

按照节点的几何形式分类，可以分为平面节点和空间面节点两大类。前者为所有杆件轴线处于或几乎处于同一平面内的节点，除平面节点以外的节点为空间节点。

工程中经常使用的平面节点形式有 T 形、Y 形、X 形和 K 形，见图 1.2。常见的空间节点形式有 TT 形（图 1.3）、XX 形、KK 形（图 1.3）。

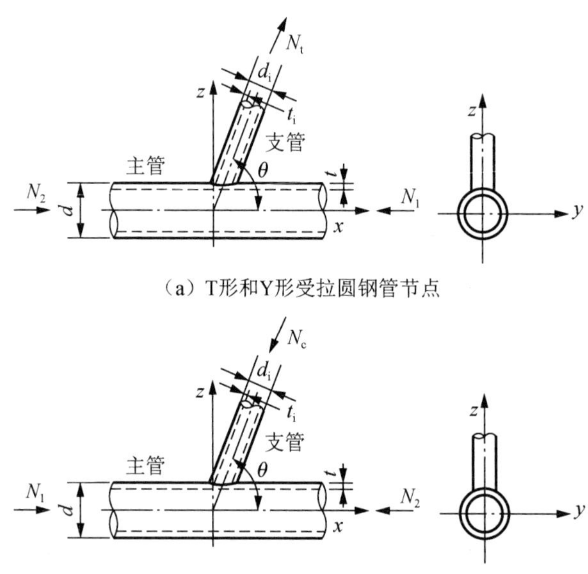

（a）T形和Y形受拉圆钢管节点

（b）T形和Y形受压圆钢管节点

图 1.2 平面钢管节点

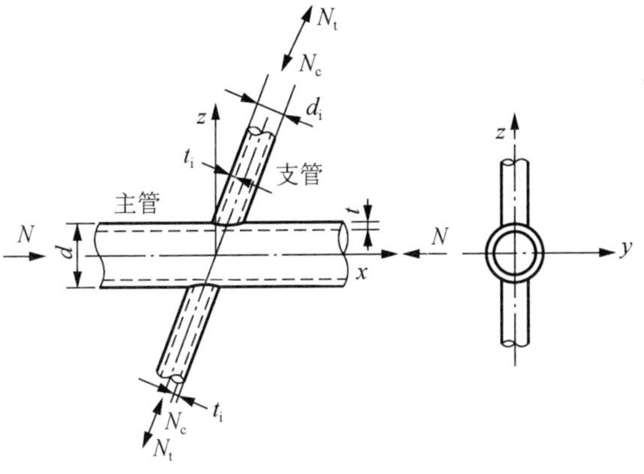

（c）X形圆钢管节点

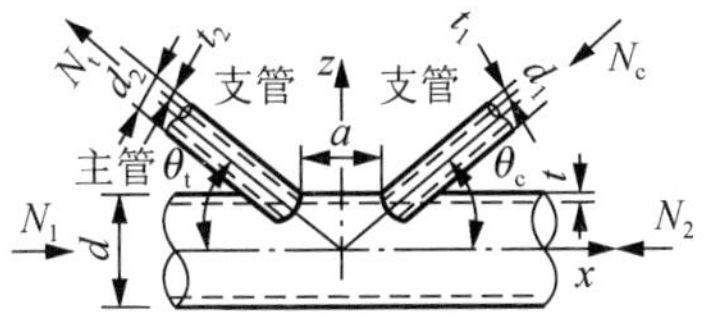

（d）K形圆钢管节点

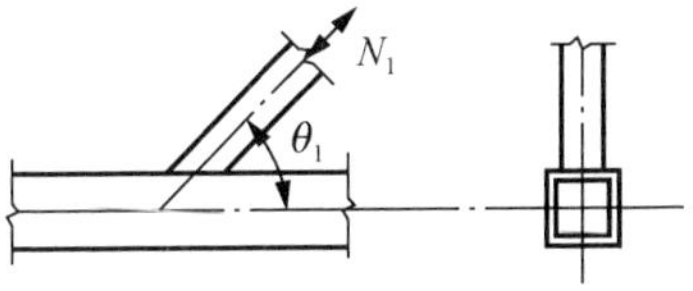

（e）T形方钢管节点

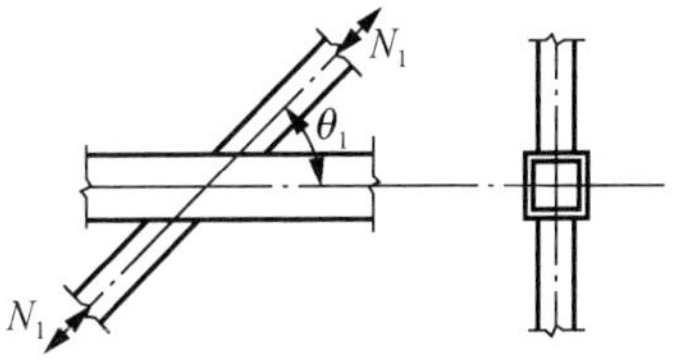

（f）X形方钢管节点

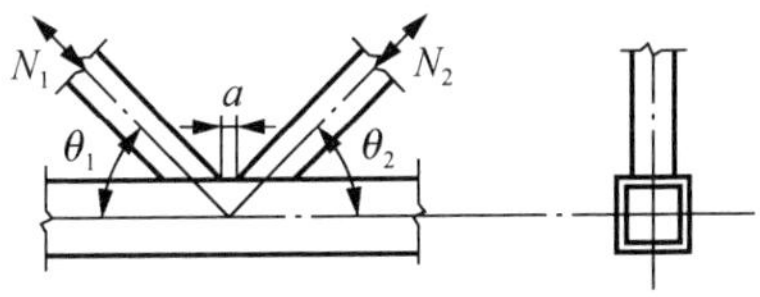

（g）有间隙的K形、N形方钢管节点

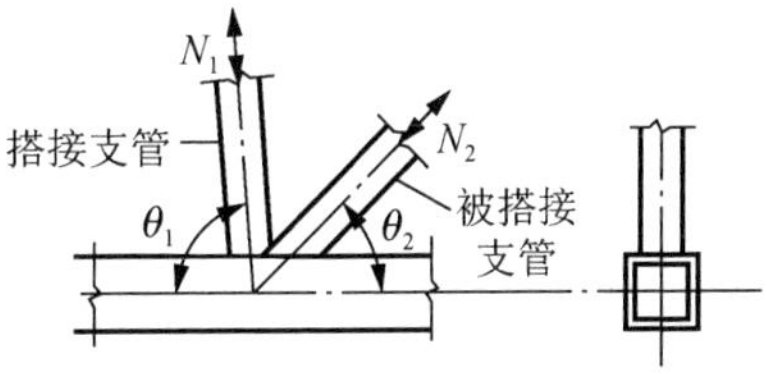

（h）K形、N形方钢管搭接节点

图 1.2（续）

N_t—支管轴向拉力；d_i—支管直径；t—主管壁厚；t_i—支管壁厚；N、N_1、N_2—主管轴力；d—主管直径；N_c—支管轴向压力；θ—T 形与 Y 形圆钢管轴线的夹角；t_1、t_2—K 形节点中的支管壁厚；θ_t、θ_c—K 形节点中受拉（压）支管轴线与主管轴线的夹角；θ_1、θ_2—管节点中支管轴线与主管轴线的夹角；a—K、N 形方钢管节点中的间隙

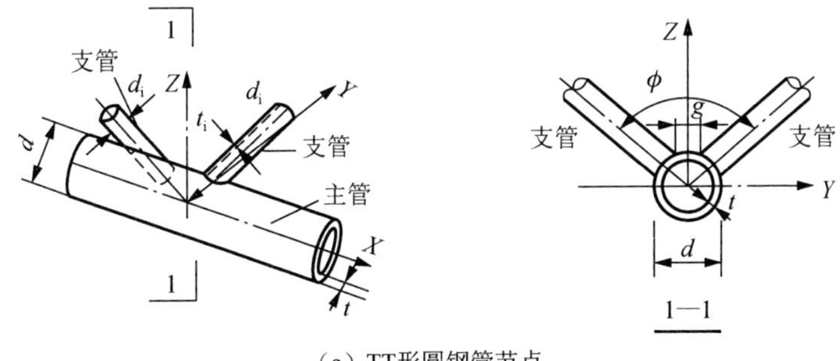

（a）TT形圆钢管节点

图 1.3　空间钢管节点

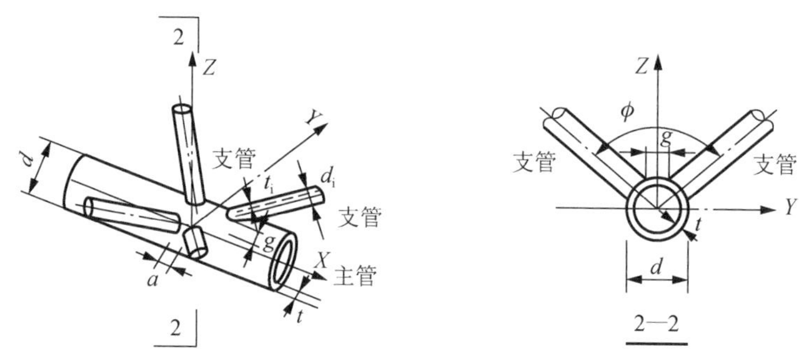

（b）KK形圆钢管节点

图 1.3（续）

ϕ 一两支管的夹角；g—节点中两支管的间隙

1.3　焊接钢管桁架在我国的应用

近年来，随着对钢管性能研究的逐渐深入和工程设计、施工水平的日益提高，焊接钢管体系已频繁出现在我国的大中型建筑中。在上海，以国际先进水平为目标，立足于国内进行设计、制作、施工的特大型冶金建设工程——宝钢三期工程，成功地采用了方钢管屋架结构；在南京，坐落于玄武湖和紫金山之间的南京国际会展中心的建筑主体结构，为大跨度钢管桁架和大柱网钢筋混凝土预应力楼板体系，气势恢宏，浑然一体；在哈尔滨，哈尔滨国际体育会展中心的主体钢结构为张弦钢管桁架结构，跨度达 128m，是当时国内跨度最大的张弦钢管桁架结构；在大连，大窑湾 30 万 t 级原油码头的配套工程——输油管道钢栈桥的主体工程，是我国首次采用陆上组装、海上整体吊装的钢栈桥，见图 1.4（a）；在重庆，采用大型钢管桁架结构的重庆国际会展中心已经广迎宾客，见图 1.4（b）；在北京，鸟巢采用了大量的大跨度钢管空间桁架结构，见图 1.4（c）。大跨度、空间体系、预应力张弦技术等是以后一段时期钢管桁架结构发展和应用的主流。

（a）大连大窑湾港输油管道钢栈桥

（b）重庆国际会展中心

（c）鸟巢

图 1.4　已建钢管结构工程

1.4 焊接钢管桁架与钢管节点的一些受力问题

1.4.1 焊接钢管桁架次应力问题

常规的桁架设计方法是取单榀平面桁架作为计算单元，将竖向荷载简化为点荷载作用于节点上，计算荷载作用下杆件的内力和挠度，控制其在强度和刚度限值之内。实际桁架是高阶超静定结构，无法进行手算，因此工程实际中至今仍按理想铰接桁架假设。但理想桁架模型关于理想铰的假设与实际桁架的节点受力情况存在差异。实际桁架受焊接、节点板等因素影响，在节点处呈现一定的刚性，杆件中不仅有轴力，还有弯矩和剪力，即次内力，由次内力产生的应力称为次应力。但剪力值相当小，通常近似为零，因此更多考虑的是杆件弯曲产生的弯矩。

目前，国内外各种版本的科技文献较少涉及桁架的次应力问题。许多结构力学教材和钢结构教材略而不述，另一些则认为因节点刚性引起的应力很小，可以忽略不计，只有部分专家学者初步涉及这个问题。

陈绍蕃认为，《钢结构设计规范》（GB 50017—2003）中规定当杆件高长比超过一定数值时，应考虑节点刚性所引起的次弯矩，但该规范并未指出如何计算次弯矩的效应。通过对桁架承载能力极限状态的分析，陈绍蕃提出了考虑次弯矩时杆件强度和稳定性的计算方法，他建议的公式可用于设计工作中。

罗福午在《单层工业厂房结构设计》中写道，在计算屋架各杆件轴力时，计算图形取铰接桁架，并把上弦荷载化为节点荷载，这样算得的内力反映了屋架受力的主要特点，称为主内力或主应力。实际上，节点具有刚性，对于承受节间荷载的屋架，上弦杆按刚性支撑连续梁计算，但屋架节点有位移，在屋架承载后，因节点的刚性产生的内力，以及因节点位移产生的内力，统称为次应力。次应力的大小取决于两个因素：①屋架整体刚度。屋架整体刚度小，则相邻节间的相对位移大，次弯矩也大。②杆件的线刚度 EI/L（其中，EI 为杆件抗弯强度绝对值，L 为杆长）。杆端次弯矩与线刚度成正比，EI/L 越大，次弯矩越大。所以屋架节间长度不宜过小，杆件宜采用扁平截面（高<宽）。书中给出了次弯矩的手算方法：假定钢材为理想弹性材料，可先按节点铰接求解杆件轴力，分析屋架在轴力下的变形，确定桁架节点的相对位移，计算由变形引起的各杆件的固端弯矩，用力矩分配法确定次弯矩。

夏志斌、姚谏在《钢结构》一书中提到，在桁架的内力分析中，由于次弯矩的影响，当杆件截面为刚度较大的 H 形和箱形等，且在桁架平面内的杆件截面高度与其节点中心间的几何长度比大于 1/10（对弦杆）或 1/15（对腹杆）时，节点刚性引起的弯矩才应予以考虑。

帅群、邓洪洲的研究结果表明，特高压输电钢管塔的次应力影响最大的位置在塔脚主材处，实测最大次应力比（弯曲应力占轴力应力的百分比）达到 45%；采用考虑节点板刚度的计算模型与实测结果匹配较好；次应力的影响不仅与主材的长细比有关，还与主材和斜材的角度有关；塔脚节点在次弯矩作用下的破坏模式为主管受压一侧环形加肋板上部管壁的屈曲破坏。

邓洪洲等基于空间塔腿结构模型的试验研究及有限元分析，研究了 9 个具有不同长细比和主、斜材夹角的窄基输电钢管塔的塔腿主材次应力。结果表明，塔腿主材次应力随主、斜材夹角的增加而减小，而长细比对其影响相对较小；塔腿结构按桁架模型设计时，若次应力比不超过 30%，建议不考虑其影响。

鲍永清、陆萍认为，对于焊接钢桁架来说，因节点采用焊接工艺，同一节点间各杆不产生相对转动，其节点实际上是刚性节点，这与理想桁架铰节点的假定完全不同。为此，可将节点理想铰接假定改为节点理想刚接，运用结构计算软件分析桁架体系的次弯矩。分析结果表明，桁架各杆均产生次应力，某些杆件次应力比甚至已经超过 80%。

王文明等结合某实际空间桁架，分别利用有限元分析软件 ANSYS 的空间杆单元 LINK8 和空间梁单元 BEAM4，模拟仅受轴力的弦杆及兼有轴力和弯矩的弦杆，得出部分杆件在考虑了次弯矩后，截面最大应力超出铰接杆截面应力 20%的结论，并指出设计中考虑次应力的必要性。

综上所述，次应力，尤其是次弯矩对结构内力的影响不可忽略。单纯地将桁架节点假设为理想铰接和理想刚接，不能反映桁架的真实情况，实际的桁架节点可能介于完全铰接和完全刚接之间，故有必要对焊接钢桁架杆件的内力分布问题做进一步的研究。

1.4.2 钢管节点承载力问题

相贯节点的研究最早起步于对圆钢管的试验研究。从 20 世纪 60 年代起，日本学者鹫尾、黑羽等针对 K 形、T 形、X 形节点进行了比较系统的试验研究，并提出了 T 形、X 形节点强度计算公式，以及 K 形节点强度计算公式的形式，这为之后的试验研究和欧洲规范的制定奠定了基础。

1981 年，美国学者 Yura 在前人对钢管节点承载力研究的基础上，总结并提出了改进的节点强度计算公式，从节点试验数据库中剔除不符合要求的数据，建立了含有 137 个试验结果的节点试验数据库。

1992 年，Cofer 和 Jubran 提出了一种分析相贯节点的非线性有限元方法，该方法采用实体单元模拟节点域，用壳单元模拟杆件，用过渡单元模拟两者的连接部分，并考虑断裂损伤的影响，采用此法针对 T 形、DT 形、X 形、Y 形节点进行了静力强度分析。

1996 年，Makino 和 Kurobane 建立了包括 1544 个试验结果和 786 个有限元数值分析结果的圆钢管相贯节点数据库，其中的节点包含工程中常见的 T 形、Y 形、X 形、K 形、TT 形、XX 形、TX 形、KK 形共 8 种类型，是一种十分完整的节点数据库。

沈祖炎等对上海体育场的屋盖大悬挑空间结构进行了 1/35 缩尺模型试验和大管径直接焊接节点足尺模型试验，试验结果表明，该结构空间工作性能显著，次应力影响不能忽略，K 形节点足尺试验为大管径直接焊接节点计算提供了可靠依据。

陈以一等先后针对平面 K 形、空间 K 形等多种圆钢管相贯节点足尺模型进行了试验研究，获得了相贯节点的静力特性及滞回特性，并对一些平面节点强度计算公式提出了修正意见，同时对空间节点的强度计算公式提出了修正建议。

舒兴平等对 KT 形圆钢管空间相贯节点的极限承载力进行了非线性有限元分析，揭示了 KT 形相贯节点的受力性能。分析结果表明：随着支杆与弦杆直径比、腹杆与弦杆直径比、支杆与弦杆厚度比、腹杆与弦杆厚度比和弦杆径厚比的变化，节点发生弦杆局部屈曲破坏和腹杆轴向屈曲破坏两种破坏模式；支杆与弦杆直径比和支杆与弦杆厚度比的变化对节点极限承载力没有显著影响；与规范中平面 K 形相贯节点计算结果的比值在 0.75 左右。

陈誉等以平面 KT 形圆钢管搭接节点的试验数据为基础，从节点破坏模式、变形过程和承载力等方面对节点的非线性有限元建模方法进行了校验。研究揭示了腹杆直径与弦杆直径之比和弦杆直径与弦杆壁厚之比的变化对搭接节点的承载力影响较大，而腹杆壁厚与弦杆壁厚之比和搭接率的影响较小；KT 形圆钢管搭接节点承载力均大于相应的 KT 形和 N 形零间隙节点承载力。最终，在 N 形零间隙节点承载力计算公式的基础上，应用多元线性回归方法拟合出平面 KT 形圆钢管搭接节点的承载力计算式。

综上所述，虽然国内外学者对各形钢管节点进行了大量试验及有限元研究，但钢管汇交于节点处的杆件尺寸、角度、连接方式等有较多变化，节点承载力的影响因素又极为丰富，在我国的现行钢结构规范中也未将与节点相关的全部因素纳入承载力计算公式中，因此有必要对影响钢管桁架节点承载力的主要因素做进一步探讨，以获得更为精准的承载力计算式。

1.5 本书主要研究内容

目前，针对钢管结构性能的研究方法主要有以下几种：①试验研究，即通过大量的试验数据进行回归分析，从而获得经验公式，该研究方法最为直接、可靠，但受到试验条件限制，也有投资大、周期长、参数变化困难等缺点；②数值方法，即有限单元法，是对试验研究的有效补充，可以很方便地研究参数对结构的影响、结构受力机理等，并用以指导试验。

针对方钢管桁架杆件次应力分布的问题，本书采用数值分析方法，以大型有限元软件 ANSYS 为平台，分别使用杆单元（LINK1）和壳单元（SHELL181），按照 7 组几何参数的设置，建立简支及两跨连续共计 60 榀方钢管桁架模型，旨在研究在节点表现出一定刚性的壳单元桁架中，次应力的大小及随几何参数变化的规律，并与理想铰接模型对比，通过追踪重要变量次应力与正应力之比的波动趋势，确定次应力对结构的影响程度，为桁架设计提供参考依据。具体步骤如下：

1）在给定荷载下，依照 7 组几何参数的设置，如桁架高跨比、节间距、弦杆与腹杆管径比、壁厚比和管截面径厚比等，建立 15 榀简支跨方钢管桁架杆单元模型，计算理想铰接模型中各杆件的轴向力、轴向应力等参量。在同样荷载下和同样几何参数设置下，建立 15 榀简支跨方钢管桁架壳单元模型，得出在不同因素影响下次应力的大小、分布及变化趋势。对比理想铰接模型和实际刚接模型，分析变量次应力与正应力之比的变化规律，确定次应力对结构的影响程度及设计时考虑次应力的可行性。

2）参照上述模型，建立 30 榀两跨连续方钢管桁架杆单元模型和壳单元模型，对比分析连续跨桁架中次应力的存在规律。

3）利用数理统计原理，对各参数影响下的桁架次应力分布情况进行方差分析，明确对桁架次应力影响显著的参数，并详细分析此类参数的取值对次应力的影响程度，明确合理的参数取值区间。

针对方钢管桁架节点的承载力问题，本书采用数值分析方法，以大型有限元软件 ANSYS 为平台，使用实体单元（SOLID185）按照 4 组几何参数的设置，建立 27 个 N 形方钢管桁架节点模型，旨在研究在杆件主管与支管截面几何特性有规律调整的前提下，N 形节点承载力的变化趋势，为桁架节点承载力公式的进一步细化提供参考依据。具体步骤如下：

1）以有限元软件 ANSYS 为平台，采用实体单元（SOLID185）按照 4 组几何参数的设置，如主管与支管直径比、主管与支管壁厚比、主管直径与主管壁厚比、节点搭接率等，建立 27 个方钢管 N 形搭接节点模型，获得节点极限承载力与变形量的相关曲线。

2）利用数理统计原理的多元线性回归法，获取多参数影响下的节点承载力调整系数，对钢结构规范中方钢管 N 形搭接节点的承载力计算公式进行修正。

本书针对栈桥结构中采用 N 形搭接节点的方钢管桁架开展有限元分析，主要就桁架杆件次应力问题和 N 形节点承载力问题进行探讨，其研究成果具有一定的理论实用价值。

1）通过对钢管桁架结构杆件次应力的详细分析，有助于明确杆件实际应力的分布特点，为工程设计人员在设计环节提供参考。

2）通过追踪方钢管 N 形搭接节点从受载到破坏的全受力历程，详细总结了其受力性能、破坏模式、极限承载力和塑性变形性能，为了解该类节点特性提供参考。

3）通过对平面 N 形搭接节点钢管桁架在几何参数影响下的受力特性开展有限元研究，阐述了各参数对桁架杆件和节点承载力的影响程度及该类节点的基本受力性能，也为我国《钢结构设计标准》（GB 50017—2017）纳入次应力相关内容和修正平面 N 形搭接节点承载力公式提供了一定的参考。

4）将有限元分析理论与数理统计理论有机结合，实现了从基础力学分析到数值分布规律探讨、总结及计算公式推导优化的跨越。

5）建立了较为有效、准确的钢管桁架结构有限元分析模式，为以后各类钢管杆件和节点针对承载力和变形性能的分析提供了参考。

第 2 章　有限元软件介绍及有限元理论基础

2.1　ANSYS 软件介绍

2.1.1　ANSYS 的发展简介

有限元法是 20 世纪 50 年代在连续体力学领域——飞机结构的静力和动力特性分析中应用的一种有效的数值计算方法。同时，有限元法的程序作为有限元研究的一个重要组成部分，是随着电子计算机技术的进步迅速发展起来的。几十年来，各国相继开发了很多通用程序系统，应用领域从结构领域扩展到各种物理场的分析，从线性分析扩展到非线性分析，从单一场的分析扩展到若干个场的分析。美国 ANSYS 公司研制开发的大型通用有限元程序 ANSYS 是一个适用于微机平台的有限元分析系统，功能强大，适用领域广泛。ANSYS 是在 20 世纪 70 年代由 ANSYS 公司开发的工程分析软件。开发初期是为了应用于电力工业，现在已经广泛应用于航空、航天、电子、汽车、土木工程等领域，能够满足相关行业有限元分析的需要。

现今的 ANSYS 版本，克服了早期的仅提供热分析和线性分析功能的缺陷，程序中加入了许多新的技术以及用户迫切需求的东西，包括非线性、子结构及更多的单元类型等，使程序具有更强的通用性。20 世纪 70 年代后期，ANSYS 推出了交互操作方式，这成为 ANSYS 的一个显著特点，它大大简化了模型生成、对计算结果前处理和后处理等操作过程，用户可以在进行分析之前使用交互式图形来验证模型的几何形状、材料属性和边界条件，在进行求解分析之后能够立即利用交互图形来检查计算结果。

2.1.2　典型有限元分析步骤

有限元分析的主要步骤如下：

1）连续体的离散化。结构离散化是有限元分析的第一步，将要分析的结构分割成有限个单元体，离散后单元与单元之间利用节点相互连接起来；单元节点的设置、单元性质及单元的数目等都应视问题的性质、计算精度和所要描述的变形形态而定。单元划分越细，则描述变形情况就越精确，变形也就越接近实际情况，但计算量也越大。有限元法中分析的结构已不是原有的物体或结构物，而是通过一定方式连接起来的同样属性材料的集合体。

2）单元特性分析。

① 位移模式：在有限元法中，选择节点位移作为基本未知量，称为位移法；选择节点力作为基本未知量，称为力法；选择部分节点位移、部分节点力作为基本未知量，称为混合法。由于位移法更易于实现计算自动化，故其应用范围最广。采用位移法时，结构离散之后，可以把单元内的物理量如位移、应变和应力等用节点位移表示。这时可对单元中位移的分布采用一些近似函数加以描述。

② 单元属性：根据单元的材料性质、形状、尺寸、节点数目、位置，找出单元节点力和节点位移之间的关系式，应用几何方程和物理方程建立单元节点应力和应变之间的方程，从而导出单元刚度矩阵。

③ 等效节点力：物体离散化后，对于实际的连续体，力是从单元的公共边界传递到另一个单元。可假定力通过节点从一个单元传递到另一个单元，作用在单元表面上的表面力、体积力或集中力都等效地转移到节点上去，即采用等效节点力来代替所有作用在单元上的力。

3）用变分原理推导单元刚度矩阵。

4）集合整个离散化连续体的代数方程。也就是把各单元的刚度矩阵集合成整个连续体的刚度矩阵，把各个单元的节点力矢量集合为总的力和荷载矢量。总刚度矩阵 $\boldsymbol{K}$、总荷载矢量 $\boldsymbol{P}$ 及整个物体的节点位移矢量 $\boldsymbol{U}$ 之间构成整体平衡，其联立方程为

$$K \cdot U = P \tag{2.1}$$

得出物理系统的基本方程后，还需要考虑其边界条件或初始条件，才能得到整个方程的解。

5）求解位移矢量。

6）由节点位移计算出单元的应变和应力。

在实际工程中，上述有限元分析只是计算软件处理中的少数步骤，要完成工程分析，还需要更多的前处理和后处理步骤，完整的有限元分析流程见图 2.1。

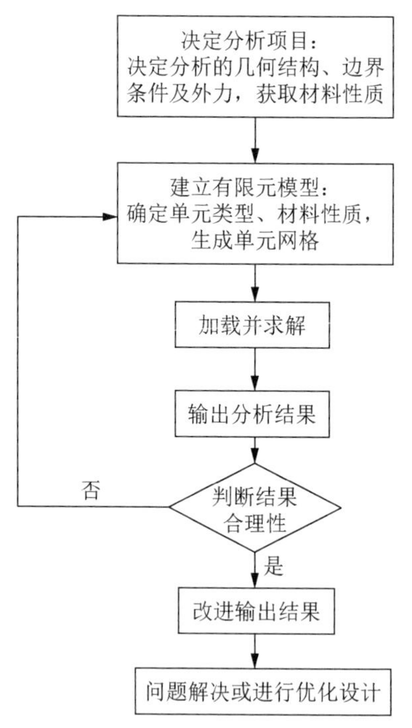

图 2.1　有限元分析流程

2.1.3　ANSYS 中包含的求解器和执行功能

总体而言，ANSYS 中包含的求解器和执行功能包含 3 大块：

（1）前处理器（General Preprocessor 或 PREP7）

1）输入建立有限元模型所需要的资料，如关键点、线、面、体坐标、元素内节点排列次序等。

2）设定材料属性。

3）划分单元。

（2）求解器（SOLU）

1）设定结构负载。

2）设定边界条件。

3）问题的求解。

（3）后处理器（POST1、POST26）

1）查看求解结果中变形、应力、应变、反作用力等基本信息。

2）获取求解结果的分析信息。

3）绘制求解结果的各种分析曲线。

4）获取动态结果分析。

2.2　有限元理论基础

本书应用 ANSYS 有限元程序建立桁架模型，认为桁架理想铰接时，可建立杆单元铰接模型。这类结构采用一维单元进行离散，杆件连接处可以自由转动，杆内只承受轴向拉、压作用，内部应力为拉、压应力，影响应力的几何因素主要是截面面积，与截面形状无关。

考虑节点处呈现一定刚性时，建立三维空间模型，使用四节点矩形壳单元离散结构。按照板件平面尺寸 R 及厚度尺寸 h，若 $h/R< 1/20$，称为薄壳；若 $1/20<h/R< 1/10$，则称为厚壳。根据以上判别方法，本节所要研究的钢桁架的弦、腹杆均属于薄壳体系，故有限元分析采用了下述基本假设：

1）板壳均匀、连续，并且各向同性。

2）直法线变形前垂直于中面的直线段，变形后仍保持直线，并垂直于变形后中面。

3）大挠度小应变：挠度沿板厚变化可以忽略，认为在同一截面上各点的挠度都等于中面挠度。

4）法向应力很小。

5）板的中面没有变形。

建立桁架节点模型时，为了保证分析精度，使用三维实体单元模型。在分析过程中，暂不考虑由于制造工艺所限造成的壁厚不均匀、曲率半径不够标准和焊缝等对结构的影响，假定该模型是理想模型。

2.2.1 单元属性

1. 杆单元模型

理想铰接桁架节点处的转角约束为零，不存在弯矩，可只考虑杆件中轴向力的大小。本书采用二维杆单元 LINK1 建立平面桁架模型。该单元有两个节点，每个节点有两个沿 X 和 Y 向的平移自由度，见图 2.2。它的定义需要输入几何形状、节点位置和单元坐标。单元一般通过两端的节点、横截面面积、初始应变和材料参数来定义。单元 X 轴沿着单元长度方向从节点 I 指向节点 J。其输出结果包括节点位移、单元应力应变等。本书中用到的输出项为 SAXL（单元轴向力）、MFORX（单元坐标系中的 X 向应力）、U_X（节点 X 向位移）和 U_Y（节点 Y 向位移），LINK1 内力及应力输出见图 2.3。

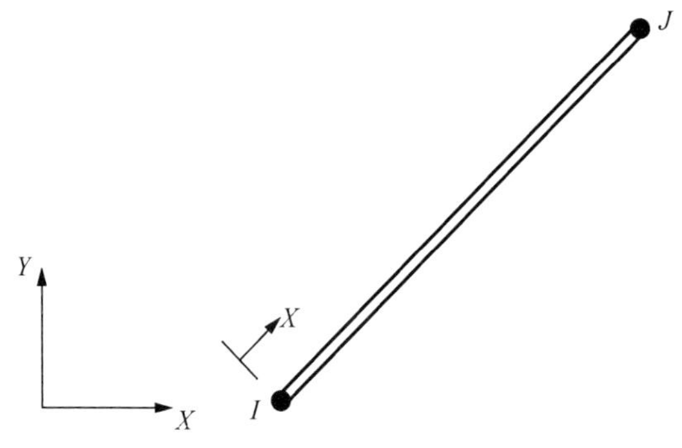

图 2.2　LINK1 单元自由度示意图

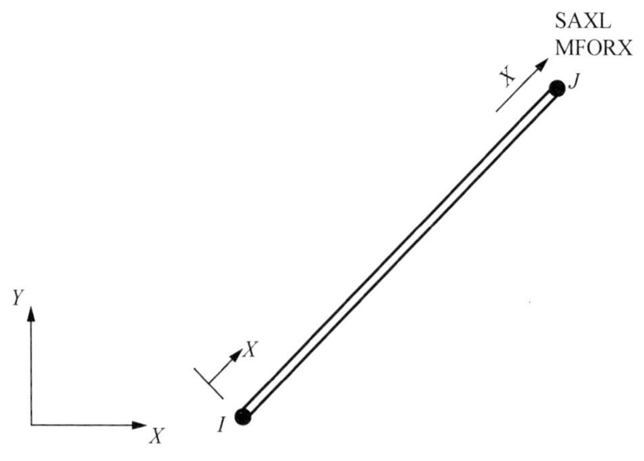

图 2.3　LINK1 内力及应力输出

2. 壳单元模型

三维空间桁架模型是多个壳体相贯组成的结构，几何外形复杂，相贯处为三维应力状态，荷载作用处常发生较大的变形。本书采用 4 节点壳单元 SHELL181 模拟桁架。SHELL181 适用于分析薄壳及中等厚度的壳，具有弯曲和薄膜两种功能，可以承受面内荷载和横向荷载。单元的每个节点具有 6 个自由度：沿 *X*、*Y* 和 *Z* 方向平移和绕 *X*、*Y* 和 *Z* 轴转动，见图 2.4。单元可以进行非线性分析，包含应力强化和大变形能力。其内力和应力输出项一般包括单元面内 *X*、*Y* 和 *XY* 方向的力，单元 *X*、*Y* 和 *XY* 方向的力矩及等效应力等。单元应力的输出结果平行于自身的坐标系，按照壳顶面、中面和底面 3 种情况分别给出。其中，*T*（*x*、*y* 和 *xy*）表示单元面内 *X*、*Y* 和 *XY* 方向单位长度的内力，*M*（*x*、*y* 和 *xy*）表示单元 *X*、*Y* 和 *XY* 方向单位长度的力矩，*S*（*x*、*y* 和 *xy*）表示薄膜和弯曲应力的组合应力，见图 2.5。

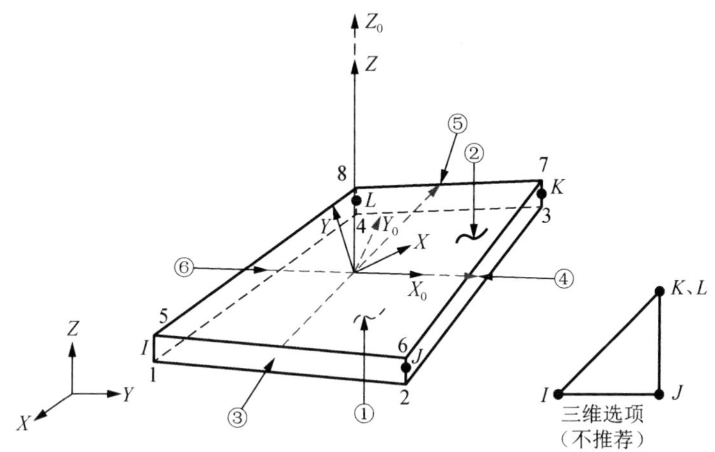

图 2.4　SHELL181 单元自由度示意图

1～8—实体单元 8 个节点的编号；①～⑥—实体单元 6 个面的编号

3. 实体单元

桁架节点模型为三维空间结构，要求节点网格划分细密。本书采用 SOLID185 实体单元模拟节点。SOLID185 单元适用于构造三维固体结构，单元通过 8 个节点来定义，每个节点有 3 个沿着 *X*、*Y*、*Z* 方向平移的自由度，单元具有超弹性、应力刚化、蠕变大变形和大应变能力，还可采用混合模式模拟几乎不可压缩弹塑性材料和完全不可压缩超弹性材料，见图 2.6。其内力和应力输出项一般包括节点各向位移、节点应力、主应力、弹性应变、塑性应变等，其主要应力输出见图 2.7。

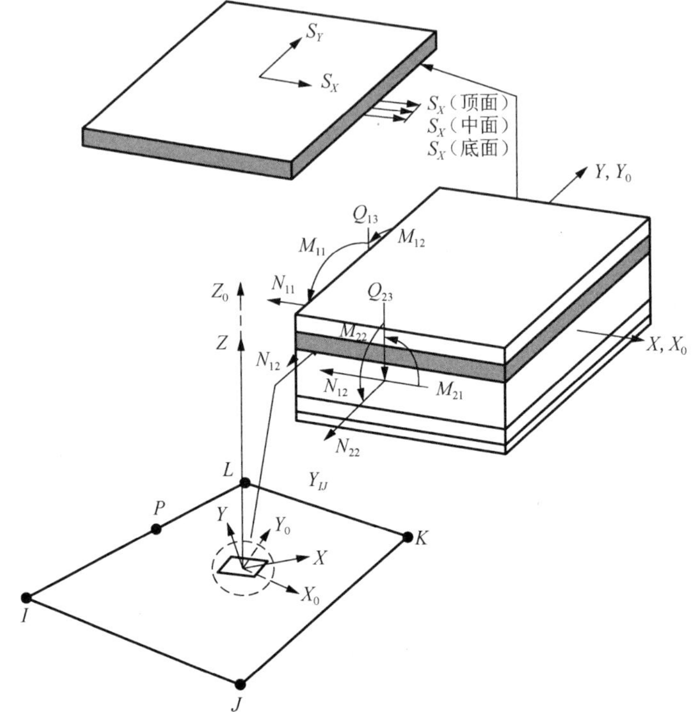

图 2.5　SHELL181 内力及应力输出

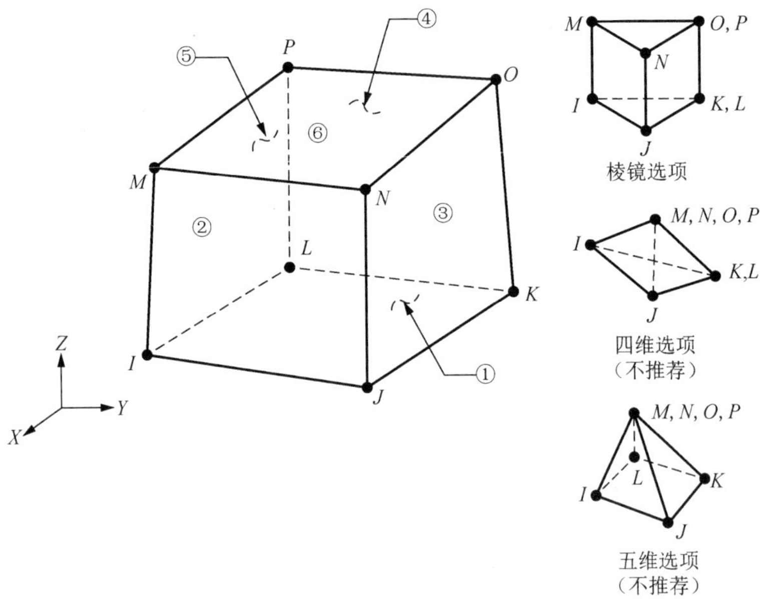

图 2.6　SOLID185 单元自由度示意图

①～⑥—实体单元 6 个面的编号

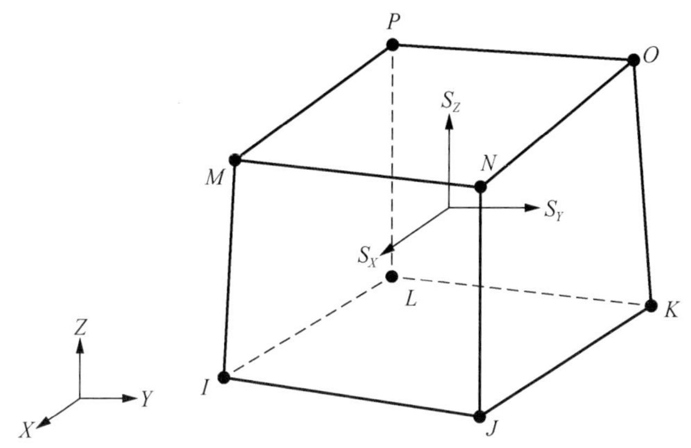

图 2.7　SOLID185 应力输出

2.2.2　几何非线性

壳、板等薄壁结构和实体结构在一定荷载作用下，尽管应变很小，甚至未超过弹性极限，但位移较大，材料的线性元素有较大的转动。此时必须考虑变形对平衡的影响，即平衡条件应建立在变形后的位移上，同时应变表达式也应包括位移的二次项。这样，平衡方程和几何关系都将是非线性的。这种由大位移和大转动引起的非线性问题称为几何非线性问题。涉及几何非线性问题的有限单元法中，通常都采用增量分析法。根据参考坐标系的不同，增量有限元可采用以下两种不同的表达格式：

1）总体拉格朗日格式。这种格式中所有静力学和运动学变量总是参考于初始位形，即在整个分析过程中参考位形保持不变。

2）更新拉格朗日格式。这种格式中所有静力学和运动学变量参考于当前荷载或时间步结束时刻的位形，即在分析过程中参考位形不断地被迭代的新构型更新。

本书采用相应于拉格朗日描述法下固定不动的直角坐标系 x、y、z，以及相应于坐标轴向的位移函数 u、v、w，可以写出壳或实体单元任一点变形后的位移函数为

$$\left.\begin{aligned}\bar{u} &= u + z\theta_y \\ \bar{v} &= v + z\theta_x \\ \bar{w} &= w\end{aligned}\right\} \tag{2.2}$$

式中，θ_x、θ_y——绕 x 轴和 y 轴的转角；

u、v、w——壳体中的面位移，且有

$$\left.\begin{aligned} u &= u(x,y) \\ v &= v(x,y) \\ w &= w(x,y) \end{aligned}\right\} \tag{2.3}$$

采用格林应变

$$\left.\begin{aligned} \varepsilon_x &= \frac{\partial \overline{u}}{\partial x} + \frac{1}{2}\left(\frac{\partial \overline{w}}{\partial x}\right)^2 \\ \varepsilon_y &= \frac{\partial \overline{v}}{\partial y} + \frac{1}{2}\left(\frac{\partial \overline{w}}{\partial y}\right)^2 \\ \gamma_{xy} &= \frac{\partial \overline{u}}{\partial y} + \frac{\partial \overline{v}}{\partial x} + \left(\frac{\partial \overline{w}}{\partial x}\right)\left(\frac{\partial \overline{w}}{\partial y}\right) \end{aligned}\right\} \tag{2.4}$$

将式（2.2）代入式（2.4），可得单元内某点的应变-位移非线性关系为

$$\begin{vmatrix} \varepsilon_x \\ \varepsilon_y \\ \gamma_{xy} \end{vmatrix} = \begin{vmatrix} \dfrac{\partial u}{\partial x} \\ \dfrac{\partial v}{\partial y} \\ \dfrac{\partial v}{\partial x} + \dfrac{\partial u}{\partial y} \end{vmatrix} - z \begin{vmatrix} \dfrac{\partial^2 w}{\partial x^2} \\ \dfrac{\partial^2 w}{\partial y^2} \\ \dfrac{\partial^2 w}{\partial x \partial y} \end{vmatrix} + \frac{1}{2} \begin{vmatrix} \left(\dfrac{\partial w}{\partial x}\right)^2 \\ \left(\dfrac{\partial w}{\partial y}\right)^2 \\ 2\dfrac{\partial w}{\partial x}\dfrac{\partial w}{\partial y} \end{vmatrix} \tag{2.5}$$

式（2.5）的矩阵形式为

$$\left.\begin{aligned} \{\boldsymbol{\varepsilon}\} &= [\boldsymbol{B}]\{\boldsymbol{\delta}\} \\ [\boldsymbol{B}] &= [\boldsymbol{B}]^{\mathrm{L}} + [\boldsymbol{B}]^{\mathrm{NL}} \end{aligned}\right\} \tag{2.6}$$

式中，$[\boldsymbol{B}]$——形变矩阵；

$[\boldsymbol{B}]^{\mathrm{L}}$——线性形变矩阵；

$[\boldsymbol{B}]^{\mathrm{NL}}$——几何非线性形变矩阵；

$\{\boldsymbol{\delta}\}$——位移列阵；

$\{\boldsymbol{\varepsilon}\}$——应变列阵。

2.2.3　材料非线性

材料非线性是由应力-应变非线性关系引起的。弹塑性是最常见的材料非线性行为。判断材料处于弹性阶段还是塑性阶段的重要准则是屈服条件，又称为塑性条件。在简单拉伸试验中，当应力小于屈服极限时，材料处于弹性状态；当材料中的应力达到屈服极限时，即可认为材料进入屈服状态。在复杂应力状态下，要采用多个方向的组合应力来描述，其表达式为

$$\bar{\sigma}=\left\{\frac{1}{2}\left[(\sigma_x-\sigma_y)^2+(\sigma_y-\sigma_z)^2+(\sigma_x-\sigma_z)^2\right]+3\left(\tau_{xy}^2+\tau_{yz}^2+\tau_{zx}^2\right)\right\}^{\frac{1}{2}} \tag{2.7}$$

由于钢管管壁较薄，在采用壳单元建模时，由关于薄壁结构的假设，可以不考虑沿径向的应力，而仅作为平面应力问题来考虑。在弹塑性理论中，对于复合应力状态，等效应力可简化为

$$\bar{\sigma}=\left(\sigma_x^2+\sigma_y^2-\sigma_x\sigma_y+3\tau_{xy}^2\right)^{\frac{1}{2}} \tag{2.8}$$

试验表明，Von-Mises 屈服条件适用于韧性较好的材料。本书依据该屈服条件确定钢管的屈服荷载，即

$$\left.\begin{array}{l}\bar{\sigma}<f_y，\text{弹性状态}\\ \bar{\sigma}\geqslant f_y，\text{塑性状态}\end{array}\right\} \tag{2.9}$$

式中，$\bar{\sigma}$——等效应力；

f_y——屈服极限。

材料的强化准则描述的是初始屈服准则随塑性应变的发展规律。随动强化假定屈服面的大小不变，而仅在屈服的方向上移动，当某个方向的屈服应力升高时，其相反方向的屈服应力降低。等向强化是指屈服面以材料中所做塑性功的大小为基础在尺寸上扩张。对于 Von-Mises 屈服准则来说，屈服面在所有方向均匀扩张。计算节点静力性能时只考虑节点单调加载，没有卸载过程，故采用等向强化准则和随动强化准则的有限元计算结果是一致的。本书采用双线性等向强化准则，并采用具有材料应变强化的等效应力-应变曲线来开展有限元分析。

根据 Prandtle-Reuss 理论，材料的塑性应变增量与应力偏量成正比：

$$\left.\begin{array}{l}\left\{\mathrm{d}\boldsymbol{\varepsilon}^{\mathrm{p}}\right\}=\left\{\mathrm{d}\varepsilon_x^{\mathrm{p}},\mathrm{d}\varepsilon_y^{\mathrm{p}},\mathrm{d}\gamma_{xy}^{\mathrm{p}}\right\}^{\mathrm{T}}=\mathrm{d}\overline{\boldsymbol{\varepsilon}^{\mathrm{p}}}\left\{\dfrac{\partial\bar{\sigma}}{\partial\sigma}\right\}\\ \left\{\dfrac{\partial\bar{\sigma}}{\partial\sigma}\right\}=\left\{\dfrac{3\sigma_x'}{2\sigma},\dfrac{3\sigma_y'}{2\sigma},\dfrac{3\tau_{xy}'}{\sigma}\right\}^{\mathrm{T}}\end{array}\right\} \tag{2.10}$$

式中，应力偏量为

$$\left.\begin{array}{l}\sigma_x'=\sigma_x-(\sigma_x+\sigma_y)/3\\ \sigma_y'=\sigma_y-(\sigma_x+\sigma_y)/3\\ \tau_{xy}'=\tau_{xy}(x,y,z)\end{array}\right\} \tag{2.11}$$

定义等效塑性应变增量为

$$\mathrm{d}\overline{\boldsymbol{\varepsilon}^{\mathrm{p}}}=\frac{\sqrt{2}}{3}\left\{2\left[(\mathrm{d}\varepsilon_x^{\mathrm{p}})^2+(\mathrm{d}\varepsilon_y^{\mathrm{p}})^2-(\mathrm{d}\varepsilon_x^{\mathrm{p}})(\mathrm{d}\varepsilon_y^{\mathrm{p}})\right]+\frac{3}{2}\gamma_{xy}^2\right\}^{\frac{1}{2}} \tag{2.12}$$

对于有塑性强化的情况，等效应力与塑性应变之间有以下关系：

$$\bar{\sigma} = H'\left(\int \mathrm{d}\overline{\boldsymbol{\varepsilon}^{\mathrm{p}}}\right) \tag{2.13}$$

式中，H' ——单轴试验中强化阶段等效应力和等效塑性应变曲线的斜率。

$$\mathrm{d}\bar{\sigma} = \frac{\partial \bar{\sigma}^{\mathrm{T}}}{\partial \sigma}(\mathrm{d}\sigma) = H'\mathrm{d}\overline{\boldsymbol{\varepsilon}^{\mathrm{p}}} \tag{2.14}$$

由于总应变由弹性应变和塑性应变两部分组成，由式（2.10）～式（2.14）可得

$$\left.\begin{aligned}
&\mathrm{d}\overline{\boldsymbol{\varepsilon}^{\mathrm{p}}} = [\boldsymbol{W}]\{\mathrm{d}\boldsymbol{\varepsilon}\} \\
&[\boldsymbol{W}] = \frac{\left\{\dfrac{\partial\bar{\sigma}}{\partial\sigma}\right\}^{\mathrm{T}}[\boldsymbol{D}_{\mathrm{e}}]}{H' + \left\{\dfrac{\partial\bar{\sigma}}{\partial\sigma}\right\}^{\mathrm{T}}[\boldsymbol{D}_{\mathrm{e}}]\left\{\dfrac{\partial\bar{\sigma}}{\partial\sigma}\right\}} \\
&[\boldsymbol{D}_{\mathrm{ep}}] = [\boldsymbol{D}_{\mathrm{e}}] - [\boldsymbol{D}_{\mathrm{e}}]\left\{\frac{\partial\bar{\sigma}}{\partial\sigma}\right\}^{\mathrm{T}}[\boldsymbol{W}]
\end{aligned}\right\} \tag{2.15}$$

式中，$[\boldsymbol{D}_{\mathrm{e}}]$——弹性应力-应变关系矩阵；

$[\boldsymbol{D}_{\mathrm{ep}}]$——弹塑性应力-应变关系矩阵；

$[\boldsymbol{W}]$——塑性应变增量矩阵。

2.2.4　单元刚度矩阵

依据虚功原理可以得到考虑几何非线性和材料非线性的单元切线刚度矩阵：

$$[\boldsymbol{k}]^{\mathrm{e}} = [\boldsymbol{k}]_{\mathrm{o}}^{\mathrm{e}} + [\boldsymbol{k}]_{\mathrm{l}}^{\mathrm{e}} + [\boldsymbol{k}]_{\sigma}^{\mathrm{e}} \tag{2.16}$$

式中，$[\boldsymbol{k}]_{\mathrm{o}}^{\mathrm{e}}$——弹性刚度矩阵；

$[\boldsymbol{k}]_{\mathrm{l}}^{\mathrm{e}}$——几何非线性刚度矩阵；

$[\boldsymbol{k}]_{\sigma}^{\mathrm{e}}$——材料非线性刚度矩阵。

2.2.5　非线性方程求解——牛顿-拉普森方法

由前面得到的单元刚度矩阵，经坐标变换，集成总刚度矩阵，最终得到结构整体刚度方程：

$$[\boldsymbol{k}]\{\boldsymbol{U}\} = \{\boldsymbol{P}\} \tag{2.17}$$

式中，$[\boldsymbol{k}]$——整体刚度矩阵，它是位移向量的函数；

$\{\boldsymbol{U}\}$——结构位移列向量；

$\{\boldsymbol{P}\}$——结构荷载列向量。

因为刚度矩阵$\left[\boldsymbol{k}\right]$与$\left\{\boldsymbol{U}\right\}$有关，所以式（2.17）是一个非线性方程组。非线性结构的行为不能直接用一系列线性方程表示，需要用带校正的线性近似来逼近非线性问题。这种近似的非线性求解是将荷载分解成一个序列荷载增量，可在几个荷载步内或者在一个荷载步的几个子步内逐步施加荷载增量。在每一个增量求解完成后，继续进行下一个荷载增量之前，程序调整刚度矩阵以反映结构刚度的非线性变化。但是纯粹的近似增量不可避免地随着每一个荷载增量积累误差，导致结果最终失去平衡，见图 2.8（a）。

通过使用牛顿-拉普森平衡迭代法可解决这个问题。它迫使求解器在每一个荷载增量的末端解达到平衡收敛。图 2.8（b）描述了在单自由度非线性分析中牛顿-拉普森平衡迭代法的使用。每次求解前，可用牛顿-拉普森法估算出残差矢量，这个矢量是回复力（对应于单元应力的荷载）和所加荷载的差值。然后程序使用非平衡荷载核查其收敛性。如果不满足收敛准则，则重新估算非平衡荷载，修改刚度矩阵，获得新解。可持续这种反复迭代过程直到问题收敛。在方程求解过程中，非线性求解被分成 3 个操作级别：荷载步、子步、平衡迭代，且假定荷载在每个荷载步内是线性变化的。在各荷载步内，可通过定义子步或时间步来实现程序逐步加载，也可让程序根据结构的特性和系统的响应自动选择时间步长。在各子步内，程序将进行一系列的平衡迭代以获得其收敛解。

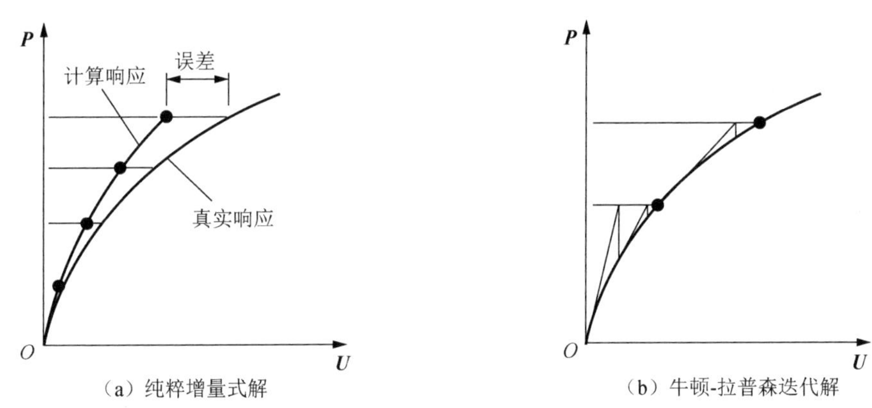

图 2.8　纯粹增量近似与牛顿-拉普森近似的关系

2.2.6　收敛准则

确定收敛准则时，可以将收敛检查建立在力、力矩、平动、转动或这些力和位移的任意组合上。

以力为基础的收敛准则为

$$\frac{\left\|\Delta P_i\right\|}{\left\|P_i\right\|}\leqslant a \tag{2.18}$$

式中，$\|\Delta P_i\|$——某级荷载作用下经历 i 次迭代后不平衡节点力向量的范数；

$\|P_i\|$——同级荷载作用下，第 i 次迭代时附加荷载产生的等效节点力向量的范数；

a——收敛误差容限，不能超过 1，本书取 0.001。

以位移为基础的收敛准则为

$$\frac{\|\Delta U_i\|_\infty}{\|U_i\|_\infty} \leqslant a \tag{2.19}$$

式中，$\|\Delta U_i\|_\infty$——某级荷载作用下经历前后两次迭代后节点位移向量的无穷范数之差；

$\|U_i\|_\infty$——同级荷载作用下，前次迭代后的节点位移向量的范数；

a——收敛误差容限，不能超过 1，本书取 0.001。

以力为基础的收敛提供了收敛的绝对量度，而以位移为基础的收敛仅提供了收敛的相对量度。因此，一般使用以力或力矩为基础的收敛容限。

2.2.7 极限承载力判别准则

利用牛顿-拉普森迭代方法计算节点极限承载力是本书的一项主要研究内容。极限荷载值在有限元上是这样确定的：假定在某个荷载增量作用下，迭代过程收敛，再加上新的增量时，根据荷载及位移收敛准则，迭代过程开始发散，这时可按新加荷载增量减半进行计算，此时会出现两种可能：

1）迭代过程继续发散。此时可令荷载增量再减半进行计算。

2）迭代达到收敛。此时可进行下一增量的计算，且令下一荷载增量值为本级荷载增量的一半。

当计算所得荷载前后两次相对误差小于 0.001 时，可认为该荷载值为节点极限荷载值。

第 3 章　方钢管桁架次应力有限元分析

为明确桁架杆件次应力的大小、分布特点及对结构的影响程度，本章将分别采用 LINK1 单元和 SHELL181 单元模拟杆端理想铰接和杆端刚接的桁架杆件，建立单跨简支和两跨连续共计 60 榀桁架模型。通过改变桁架跨度、高度、节间距、杆件截面高度、壁厚等几何参数，获取不同节点刚度下桁架杆件中轴向应力、次应力、次应力与正应力之比等数值的变化规律，以评判方钢管桁架次应力对结构安全的影响；并采用方差分析法，确定对桁架次应力影响最显著的主要几何因素。

3.1　单跨简支桁架次应力有限元分析

3.1.1　桁架计算模型及模型参数

简支跨桁架模型可在左端支座处设水平向和竖直向位移约束，右端支座处仅设竖直向位移约束。在上弦各节点处施加横向点荷载（用 P 表示），端节点处为 $P/2$=30kN，中间节点处为 P=60kN。统一取每跨桁架为 8 节间。简支跨桁架计算模型见图 3.1。

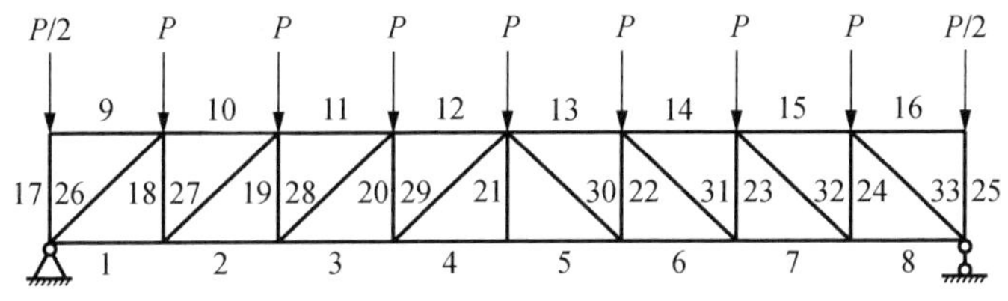

图 3.1　简支跨桁架计算模型

本章对钢桁架杆件次应力的有限元研究，主要集中在 7 个无量纲几何参数的变化对其受力性能的影响上。参数分组情况及示意图详见表 3.1 和图 3.2。

1）桁架高度与跨度之比 λ：

$$\lambda = H/L$$

2）腹杆杆宽与弦杆杆宽之比 β_1：

$$\beta_1 = b_i/b_0$$

3）腹杆壁厚与弦杆壁厚之比 β_2：

$$\beta_2 = t_i/t_0$$

4）弦杆杆宽与弦杆壁厚之比 γ_1：

$$\gamma_1 = b_0/t_0$$

5）腹杆杆宽与腹杆壁厚之比 γ_2：

$$\gamma_2 = b_i/t_i$$

6）弦杆杆宽与弦杆节间长度之比 χ_1：

$$\chi_1 = b_0/l_0$$

7）腹杆杆宽与腹杆节间长度之比 χ_2：

$$\chi_2 = b_i/l_i$$

表 3.1　桁架几何参数

参数分组编号	模型编号	几何参数	桁架几何尺寸（节间长度×节间数×桁架高度）/m×个×m	弦杆规格 /mm×mm×mm	腹杆规格 /mm×mm×mm	参数确定原则
1.1	1	$\lambda=1/13.3$	3×8×1.8	200×200×8	150×150×6	λ 一般取 1/15～1/10，弦、腹杆夹角为 40°左右
1.2	2	$\lambda=1/10$	3×8×2.4	200×200×8	150×150×6	
1.3	3	$\lambda=1/8$	3×8×3	200×200×8	150×150×6	
1.4	4	$\lambda=1/6.7$	3×8×3.6	200×200×8	150×150×6	
2.1	5	$\beta_1=0.3$	3×8×2.4	200×200×8	60×60×6	β_1 一般取 0.25～0.85
2.2	6	$\beta_1=0.5$	3×8×2.4	200×200×8	100×100×6	
2.3	2	$\beta_1=0.75$	3×8×2.4	200×200×8	150×150×6	
2.4	7	$\beta_1=0.83$	3×8×2.4	180×180×8	150×150×6	
2.5	2	$\beta_1=0.75$	3×8×2.4	200×200×8	150×150×6	
2.6	8	$\beta_1=0.625$	3×8×2.4	240×240×8	150×150×6	
3.1	9	$\beta_2=0.625$	3×8×2.4	200×200×8	150×150×5	
3.2	2	$\beta_2=0.75$	3×8×2.4	200×200×8	150×150×6	
3.3	10	$\beta_2=1$	3×8×2.4	200×200×8	150×150×8	
3.4	11	$\beta_2=1$	3×8×2.4	200×200×6	150×150×6	
3.5	2	$\beta_2=0.75$	3×8×2.4	200×200×8	150×150×6	
3.6	12	$\beta_2=0.6$	3×8×2.4	200×200×10	150×150×6	
3.7	13	$\beta_2=0.5$	3×8×2.4	200×200×12	150×150×6	
4.1	11	$\gamma_1=33.3$	3×8×2.4	200×200×6	150×150×6	建议 $\gamma_1 \leqslant 40$，一般取 15～35
4.2	2	$\gamma_1=25$	3×8×2.4	200×200×8	150×150×6	
4.3	12	$\gamma_1=20$	3×8×2.4	200×200×10	150×150×6	
4.4	13	$\gamma_1=16.7$	3×8×2.4	200×200×12	150×150×6	
4.5	7	$\gamma_1=22.5$	3×8×2.4	180×180×8	150×150×6	
4.6	2	$\gamma_1=25$	3×8×2.4	200×200×8	150×150×6	
4.7	8	$\gamma_1=30$	3×8×2.4	240×240×8	150×150×6	

续表

参数分组编号	模型编号	几何参数	桁架几何尺寸（节间长度×节间数×桁架高度）/m×个×m	弦杆规格 /mm×mm×mm	腹杆规格 /mm×mm×mm	参数确定原则
5.1	5	$\gamma_2=10$	3×8×2.4	200×200×8	60×60×6	建议 $\gamma_2\leqslant 35$
5.2	6	$\gamma_2=16.7$	3×8×2.4	200×200×8	100×100×6	
5.3	2	$\gamma_2=25$	3×8×2.4	200×200×8	150×150×6	
5.4	9	$\gamma_2=30$	3×8×2.4	200×200×8	150×150×5	
5.5	2	$\gamma_2=25$	3×8×2.4	200×200×8	150×150×6	
5.6	10	$\gamma_2=18.75$	3×8×2.4	200×200×8	150×150×8	
6.1	14	$\chi_1=1/9$	1.8×8×2.4	200×200×8	150×150×6	建议桁架平面内节间长度或杆件长度与截面高度之比小于 12（弦杆）和 24（腹杆）时考虑次应力
6.2	15	$\chi_1=1/12$	2.4×8×2.4	200×200×8	150×150×6	
6.3	2	$\chi_1=1/15$	3×8×2.4	200×200×8	150×150×6	
7.1	14	$\chi_1=1/20$	1.8×8×2.4（斜杆长 3m）	200×200×8	150×150×6	
7.2	15	$\chi_2=1/23$	2.4×8×2.4（斜杆长 3.4m）	200×200×8	150×150×6	
7.3	2	$\chi_2=1/15$	3×8×2.4（斜杆长 3.8m）	200×200×8	150×150×6	

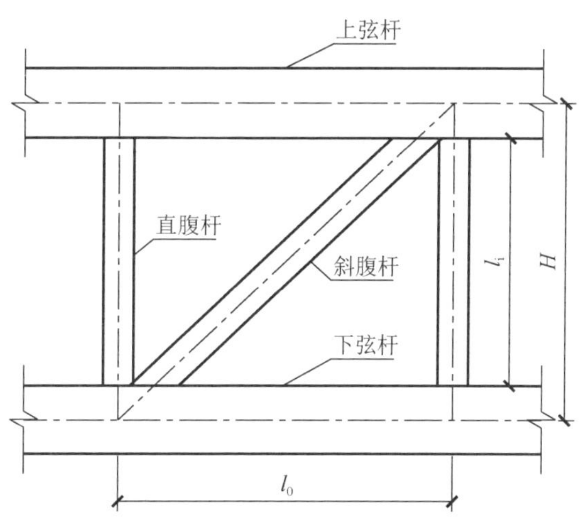

图 3.2　桁架几何参数示意图

3.1.2　材料性能

桁架采用 Q345 钢，其屈服强度 $f_y=345\text{N/mm}^2$，强度设计值取 $f=310\text{N/mm}^2$，弹性模量 $E=2.06\times10^5\text{N/mm}^2$，泊松比 $\gamma=0.3$。假定所选材料达到屈服强度 f_y 之后应力继续增长，其切线模量为 $2.06\times10^4\text{N/mm}^2$，材料遵守 Von-Mises 屈服准则及相关流动法则。材料应力-应变关系曲线见图 3.3。

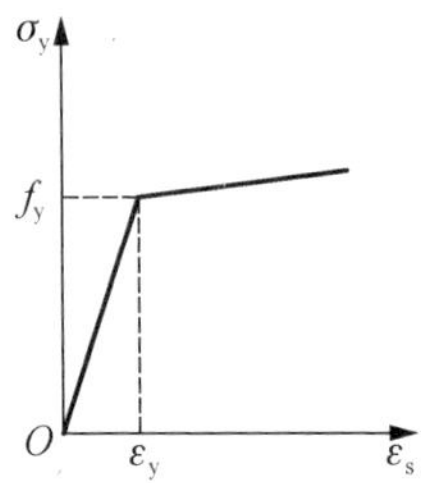

图 3.3　材料应力-应变关系曲线

σ_y —钢材应力；ε_s —钢材应变；f_y —钢材屈服强度；ε_y —达到 f_y 时的应变

3.1.3　有限元建模

1. LINK1 桁架模型

以 3m×8m×2.4m 标准跨桁架为例，跨度 L=24m，高度 H=2.4m，上、下弦杆和支座竖杆取 200m×200m×8m 截面，腹杆取 150m×150m×6m 截面。采用 LINK1 单元，每根杆件划分为一个单元，杆单元桁架有限元模型见图 3.4。

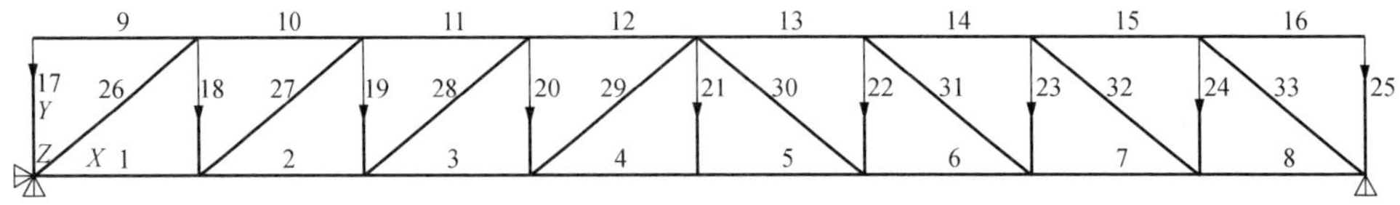

图 3.4　LINK1 单元桁架模型

由表 3.2 数据可知，1～8 号杆为下弦杆，9～16 号杆为上弦杆，17～25 号杆为支座竖杆和直腹杆，26～33 号杆为斜腹杆。弦杆轴应力由支座向跨中递增，腹杆轴应力由支座向跨中递减。支座竖杆应力较小，桁架的最大压应力为−97.27MPa，出现在端部 26 号斜腹杆；最大拉应力为 97.66MPa，出现在中部 4 号下弦杆。

表 3.2　杆单元模型轴力及应力情况

杆件编号	轴力 N_1 /N	正应力 σ_z /Pa	杆件编号	轴力 N_1 /N	正应力 σ_z /Pa
1	2.6250×10^{5}	4.2725×10^{7}	11	-4.5000×10^{5}	-7.3242×10^{7}
2	4.5000×10^{5}	7.3242×10^{7}	12	-5.6250×10^{5}	-9.1553×10^{7}
3	5.6250×10^{5}	9.1553×10^{7}	13	-5.6250×10^{5}	-9.1553×10^{7}
4	6.0000×10^{5}	9.7656×10^{7}	14	-4.5000×10^{5}	-7.3242×10^{7}
5	6.0000×10^{5}	9.7656×10^{7}	15	-2.6250×10^{5}	-4.2725×10^{7}
6	5.6250×10^{5}	9.1553×10^{7}	16	-1.7153×10^{-10}	-2.7918×10^{-8}
7	4.5000×10^{5}	7.3242×10^{7}	17	-3.0000×10^{4}	-4.8828×10^{6}
8	2.6250×10^{5}	4.2725×10^{7}	18	1.5000×10^{5}	4.3403×10^{7}
9	1.7153×10^{-10}	2.7918×10^{-8}	19	9.0000×10^{4}	2.6042×10^{7}
10	-2.6250×10^{-5}	-4.2725×10^{7}	20	3.0000×10^{4}	8.6806×10^{6}

续表

杆件编号	轴力 N_1 /N	正应力 σ_z /Pa	杆件编号	轴力 N_1 /N	正应力 σ_z /Pa
21	3.0634×10^{-10}	8.8640×10^{-8}	28	-1.4407×10^{5}	-4.1687×10^{7}
22	3.0000×10^{4}	8.6806×10^{6}	29	-4.8023×10^{4}	-1.3896×10^{7}
23	9.0000×10^{4}	2.6042×10^{7}	30	-4.8023×10^{4}	-1.3896×10^{7}
24	1.5000×10^{5}	4.3403×10^{7}	31	-1.4407×10^{5}	-4.1687×10^{7}
25	-3.0000×10^{4}	-4.8828×10^{6}	32	-2.4012×10^{5}	-6.9478×10^{7}
26	-3.3616×10^{5}	-9.7270×10^{7}	33	-3.3616×10^{5}	-9.7270×10^{7}
27	-2.4012×10^{5}	-6.9478×10^{7}			
水平向最大位移/m	7.7270×10^{-3}（8 号杆）		水平向最小位移/m	2.5440×10^{-4}（1 号杆）	
竖直向最大位移/m	7.3804×10^{-5}（17 号杆）		竖直向最小位移/m	-3.1174×10^{-2}（21 号杆）	
最大拉应力/Pa	9.7656×10^{7}（4 号杆）		最大压应力/Pa	-9.7270×10^{7}（26 号杆）	
最大轴力/N	6.0000×10^{5}（4 号杆）		最小轴力/N	-5.6250×10^{5}（13 号杆）	

2. SHELL181 桁架模型

仍以 3m×8m×2.4m 标准跨桁架为例建立三维模型。采用 SHELL181 单元，实常数定义时输入弦杆板壳厚 0.008m，腹杆板壳厚 0.006m。在上弦各节点处施加竖直向下的面荷载，端部节点为 $P/A = 30000/(0.15\times0.2) = 1\text{MPa}$（$A$ 表示杆的横截面面积），中间节点为 $60000/(0.15\times0.15) = 2.67\text{MPa}$。支座处设 X、Y 向线位移约束。SHELL181 单元桁架模型见图 3.5。

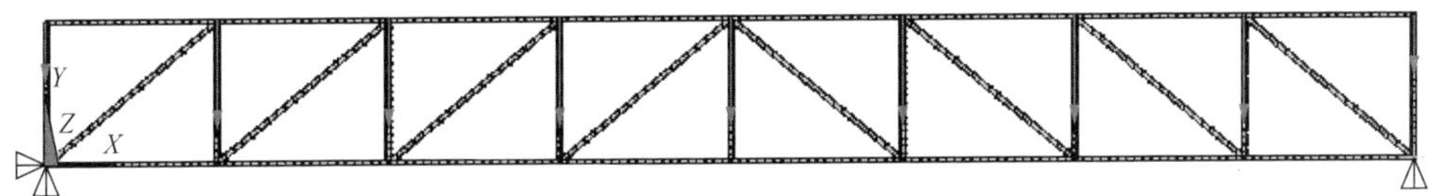

图 3.5　SHELL181 单元桁架模型

划分网格时，由于整体桁架规模较大，且采用 6 自由度单元，因此需对单元尺寸进行控制。节点处有多根弦、腹杆相交，应力复杂，故采用边长为 0.05m 的小单元；杆件应力变化比较均匀，沿长度方向采用 0.15m 的较大网格，见图 3.6。

计算时需考虑材料非线性和几何非线性，打开 large deformation（大变形）开关。壳单元有一定厚度，通用后处理程序中给出同一单元中上表面层、中间层和下表面层的计算结果，本章统一采用中间层输出数值。经 element table（元素表）汇总，得到 X 向位移 U_X、Y 向位移 U_Y、Von-Mises 应力、沿单元坐标系 X 向应力等值。

针对该标准跨桁架模型，壳单元桁架上、下弦中部的等效应力及边斜杆的等效应力均介于 89.1～111MPa，下弦中部 X 向的拉应力介于 81.9～109MPa，上弦

中部 X 向的压应力介于-108～-81MPa。从端部至中部，下弦杆拉应力逐渐变大，上弦杆压应力逐渐变大，直腹杆的拉应力逐渐减小，斜腹杆的压应力逐渐减小。这与杆单元模型的计算规律基本一致。

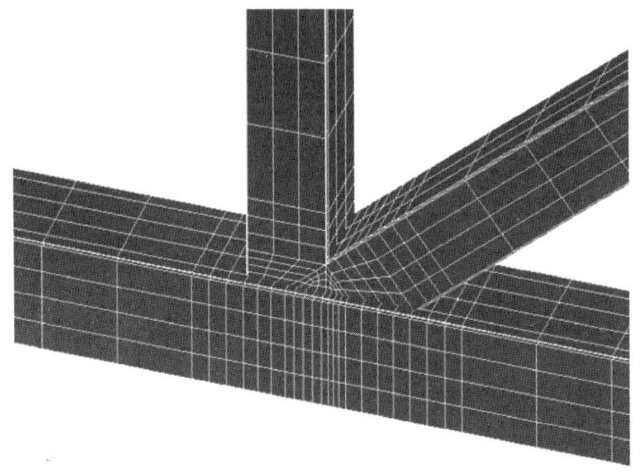

图 3.6　壳单元模型节点网格划分示意图

节点处局部变形情况见图 3.7。

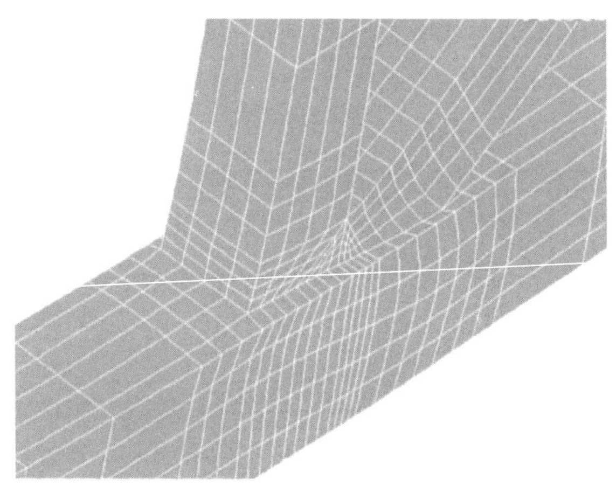

图 3.7　节点处局部变形情况

由于在 ANSYS 中采用 SHELL181 单元建模，无法直接求出杆件轴力和弯矩，本章采用截取杆件正截面，对该截面上各单元轴力求和的方法获取杆件轴力。如图 3.8 所示，杆件某截面共包含 16 个单元，则有

$$\left.\begin{aligned}&\text{单元}X\text{向应力}\sigma_X \times \text{单元截面面积} = \text{单元轴力}\\&\sum_{i=1}^{16}\text{单元轴力} = \text{杆件轴力}\end{aligned}\right\} \tag{3.1}$$

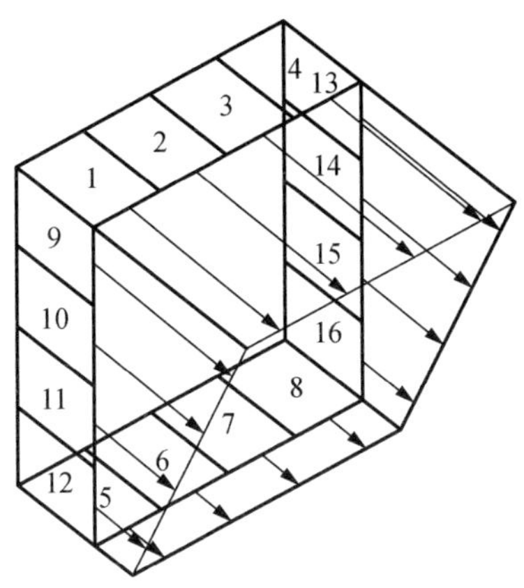

图 3.8　杆件正截面应力分布图

壳单元是专为分析弯矩和弯曲应力而设计的单元。弯矩作用下，沿构件截面高度方向将产生方向数值渐变、方向相反的应力，故杆件截面正应力可分解为垂直于截面的轴向应力和从上至下逐渐变化的弯曲应力。

若给定荷载下，桁架处于弹性受力阶段，则截面应变符合平截面假定，截面 X 向应力呈直线分布，见图 3.9。

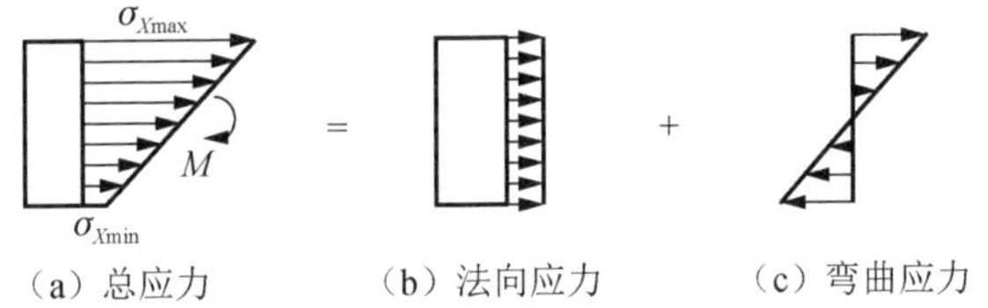

图 3.9　弹性阶段杆件截面应力分布图

根据拉、压弯构件计算原理，可由构件截面上、下边缘纤维的最大和最小 X 向应力经换算得出截面弯矩值：

$$\begin{matrix}\sigma_{X\max}\\ \sigma_{X\min}\end{matrix} = \frac{N}{A_n} \pm \frac{M}{W} \Rightarrow M = \frac{\sigma_{X\max} - \sigma_{X\min}}{2} W \tag{3.2}$$

式中，$\sigma_{X\max}$、$\sigma_{X\min}$——管截面的最大、最小正应力；

N——杆截面轴力；

M——管件截面弯矩；

A_n——管件截面面积；

W——管件截面模量。

若截面内部分区域应力已达屈服强度，则杆件进入弹塑性阶段，见图 3.10。此时截面 X 向应力分布已非直线变化。根据积分原理，合弯矩等于每单元弯矩之和，而单元弯矩为应力乘以单元截面面积乘以单元中性轴至杆件截面中性轴的距离，即

$$M = \int \sigma_X z \mathrm{d}A_e \tag{3.3}$$

式中，σ_X——截面 X 向应力；

z——单元中性轴至杆件截面中性轴的距离；

A_e——单元截面面积。

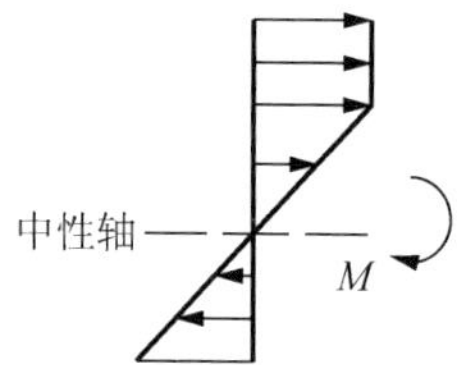

图 3.10　弹塑性阶段截面应力分布图

杆段内不承受外加荷载，故沿其长度方向弯矩呈线性变化，危险截面必然出现在杆端，由此可确定最大次应力发生点，且

$$\sigma_c = \frac{M_{max}}{W} \tag{3.4}$$

式中，σ_c——杆端截面弯矩作用下的次应力；

M_{max}——杆端截面最大弯矩。

表 3.3 为壳单元模型杆件内力及次应力情况。

表 3.3　壳单元模型杆件内力及次应力情况

杆件编号	轴力 N_2 /N	杆端弯矩 M /(N·m)		次应力 σ_c / Pa
		左（下）	右（上）	
1	2.2854×10^5	1.6327×10^4	1.4961×10^4	4.3194×10^7
2	4.2057×10^5	1.8384×10^3	5.0892×10^3	1.3200×10^7
3	5.3302×10^5	1.4964×10^3	5.2866×10^3	1.4100×10^7
4	5.7213×10^5	2.1936×10^3	3.8070×10^3	1.0080×10^7
5	5.7213×10^5	2.1936×10^3	3.8070×10^3	1.0080×10^7
6	5.3302×10^5	1.4964×10^3	5.2866×10^3	1.4100×10^7
7	4.2057×10^5	1.8384×10^3	5.0892×10^3	1.3200×10^7
8	2.2854×10^5	1.6327×10^4	1.4961×10^4	4.3193×10^7
9	8.4132×10^3	8.9580×10^2	5.2890×10^3	1.3980×10^7
10	-2.3569×10^5	3.2964×10^3	8.1456×10^3	2.1540×10^7
11	-4.3857×10^5	4.5000×10^1	5.8590×10^3	1.5500×10^7
12	-5.3505×10^5	2.6364×10^3	3.2844×10^3	8.6880×10^6
13	-5.3505×10^5	2.6364×10^3	3.2844×10^3	8.6880×10^6

续表

杆件编号	轴力 N_2 /N	杆端弯矩 M /(N·m)		次应力 σ_c / Pa
		左（下）	右（上）	
14	-4.3857×10^5	4.5000×10^1	5.8590×10^3	1.5500×10^7
15	-2.3569×10^5	3.2964×10^3	8.1456×10^3	2.1540×10^7
16	8.4132×10^3	8.9580×10^2	5.2890×10^3	1.3980×10^7
17	-3.2341×10^4	7.3937×10^3	8.9580×10^2	1.9560×10^7
18	1.2796×10^5	8.1204×10^3	7.4640×10^3	5.0760×10^7
19	8.6656×10^4	4.5402×10^3	4.6440×10^3	2.8380×10^7
20	2.7701×10^4	2.3988×10^3	2.0688×10^3	1.5000×10^7
21	8.5380×10^2	0	0	0
22	2.7701×10^4	2.3988×10^3	2.0688×10^3	1.5000×10^7
23	8.6656×10^4	4.5402×10^3	4.6440×10^3	2.8380×10^7
24	1.2796×10^5	8.1204×10^3	7.4640×10^3	5.0760×10^7
25	-3.2341×10^4	7.3937×10^3	8.9580×10^2	1.9560×10^7
26	-3.0367×10^5	2.3358×10^3	1.1214×10^3	1.4580×10^7
27	-2.3472×10^5	5.0022×10^3	3.5466×10^3	3.1260×10^7
28	-1.3780×10^5	2.0454×10^3	1.3044×10^3	1.2780×10^7
29	-4.7254×10^4	7.4220×10^2	2.3580×10^2	4.6200×10^6
30	-4.7254×10^4	7.4220×10^2	2.3580×10^2	4.6200×10^6
31	-1.3780×10^5	2.0454×10^3	1.3044×10^3	1.2780×10^7
32	-2.3472×10^5	5.0022×10^3	3.5466×10^3	3.1260×10^7
33	-3.0367×10^5	2.3358×10^3	1.1214×10^3	1.4580×10^7
水平向最大位移/m	8.1478×10^{-3}（17510 号单元）	水平向最小位移/m	-1.204×10^{-4}（12362 号单元）	
竖直向最大位移/m	2.9567×10^{-4}（9553 号单元）	竖直向最小位移/m	-2.990×10^{-2}（11671 号单元）	
最大等效应力/Pa	2.0151×10^8（10383 号单元）	最小等效应力/Pa	3.0412×10^5（6313 号单元）	
最大轴向应力/Pa	1.3601×10^8（447 号单元）	最小轴向应力/Pa	-1.0815×10^8（893 号单元）	

由表3.3中的数据可见，桁架的最大等效应力为201MPa，出现在端部斜腹杆（10383号单元）；最大轴向应力为136MPa，出现在中部下弦杆（447号单元），均高于LINK1单元模型的计算应力，这是由板件局部应力集中造成的。竖直向位移略小于LINK1单元模型的计算结果。主要杆件的杆端弯矩从支座端向跨中递减，也基本呈递减趋势。

3. 模型对比分析

采用LINK1单元和SHELL181单元建模，分别求得的桁架杆件轴力之比和次应力与正应力之比归纳见表 3.4。其中，N_2 为 SHELL181 单元模型桁架杆件轴力，N_1 为 LINK1 单元模型桁架杆件轴力，σ_c 为 SHELL181 单元模型桁架杆件次应力，σ_z 为 LINK1 单元模型桁架杆件正应力。

表 3.4 LINK1 单元与 SHELL181 单元模型杆件轴力和应力对比

杆件编号	N_2/N_1	σ_c/σ_z	杆件编号	N_2/N_1	σ_c/σ_z	杆件编号	N_2/N_1	σ_c/σ_z
1	87.06%	101.10%	12	95.12%	9.49%	23	96.28%	108.98%
2	93.46%	18.02%	13	95.12%	9.49%	24	85.31%	116.95%
3	94.76%	15.40%	14	97.46%	21.71%	25	107.80%	400.59%
4	95.35%	10.32%	15	89.79%	50.42%	26	90.34%	14.99%
5	95.35%	10.32%	16	4.90×10^{13}	5.01×10^{14}	27	97.75%	44.99%
6	94.76%	15.40%	17	107.80%	400.59%	28	95.65%	30.66%
7	93.46%	18.02%	18	85.31%	116.95%	29	98.40%	33.25%
8	87.06%	101.10%	19	96.28%	108.98%	30	98.40%	33.25%
9	4.90×10^{13}	5.01×10^{14}	20	92.34%	172.80%	31	95.65%	30.66%
10	89.79%	50.42%	21	0.00%	0.00%	32	97.75%	44.99%
11	87.06%	21.71%	22	92.34%	172.80%	33	90.34%	14.99%

注：9 号、16 号杆为不符合规律杆件。

由表 3.4 可见，除上弦端部 9 号和 16 号杆件实际轴力 N_2 与理想轴力 N_1 的比值远大于 1，21 号杆轴力比为 0，靠近支座的 17 号和 25 号支座竖杆轴力比为 107.80%外，其他各杆比值均介于 85%～100%。这说明实际桁架轴力值略低于理想桁架。

从桁架近支座端第二节间至跨中，各杆件次应力递减，次应力与正应力之比也基本呈递减趋势（直腹杆无明显规律），下弦杆低于 20%，上弦杆及斜腹杆的比值较大，最大值接近 50%，而直腹杆均大于 100%。支座处，由于多根杆件交汇且施加位移约束，因此内力情况复杂，引起较大次应力，次应力与正应力之比最大值在 9 号和 16 号杆件，甚至达到 5.01×10^{14}（该值过大与理想桁架轴力值计算偏小有关）。由此看出，理想桁架中认为的轴力较小处，次应力影响程度均较大；反之，杆中较大正负轴力所在截面的次应力却相对较小，在 10%左右浮动。

以上变化趋势基本符合结构布置形式：越靠近支座处，杆件变形越受到位移约束的牵制，故产生较大的弯曲应力；而在桁架跨中，支座约束的影响力最小，相应次应力也较小。

3.1.4 模型数据归纳

参照上述方法，并依据表 3.1 中的几何参数，共建立 15 榀 LINK1 单元桁架和 15 榀 SHELL181 单元桁架。将各模型次应力与正应力随杆件号变化的趋势用柱形曲线表示，见图 3.11～图 3.25。

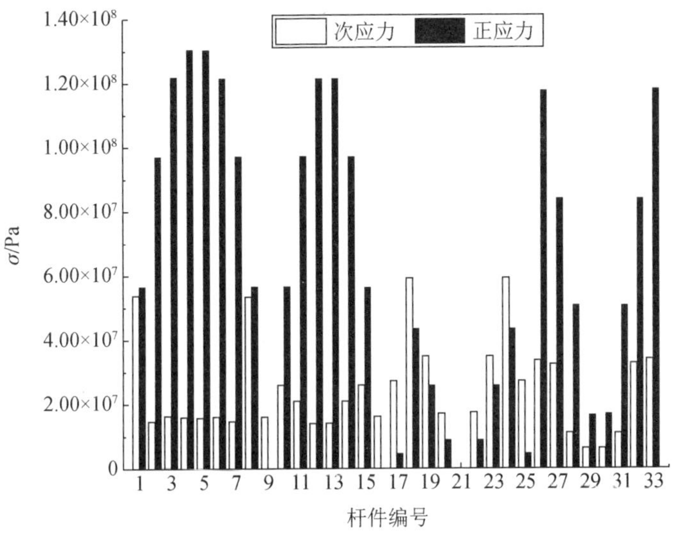

图 3.11　1 号模型次应力与正应力对比

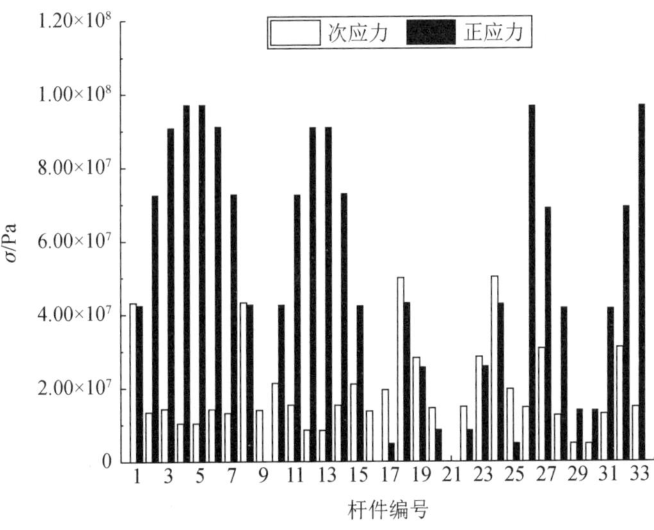

图 3.12　2 号模型次应力与正应力对比

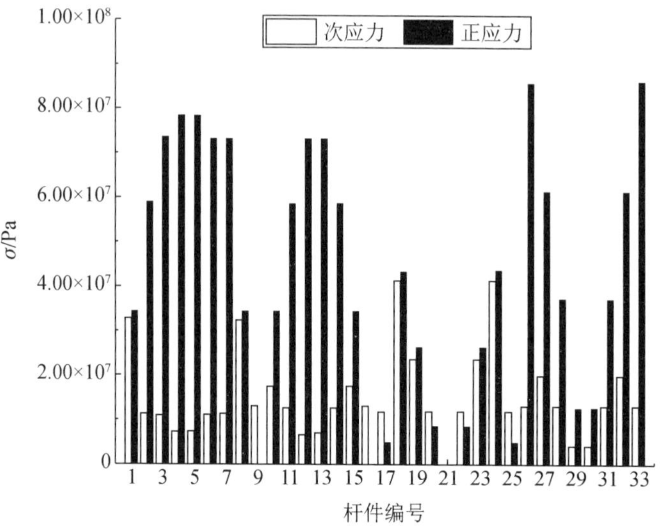

图 3.13　3 号模型次应力与正应力对比

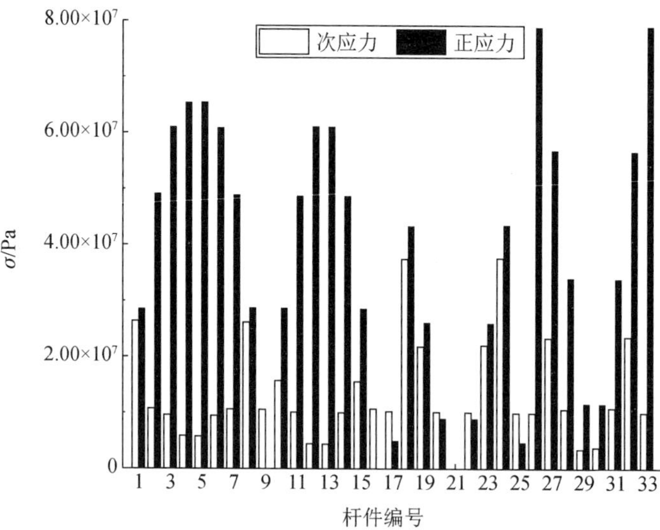

图 3.14　4 号模型次应力与正应力对比

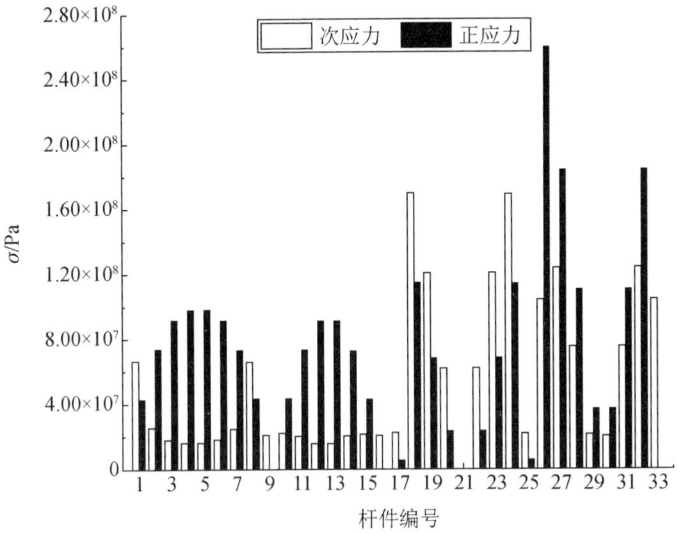

图 3.15　5 号模型次应力与正应力对比

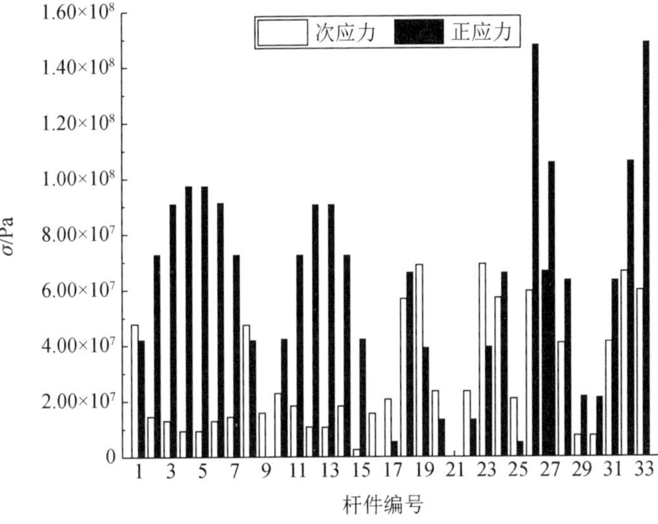

图 3.16　6 号模型次应力与正应力对比

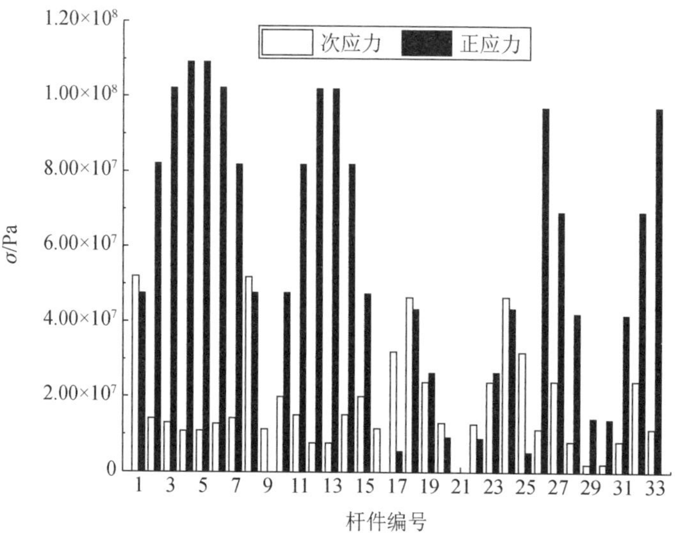

图 3.17　7 号模型次应力与正应力对比

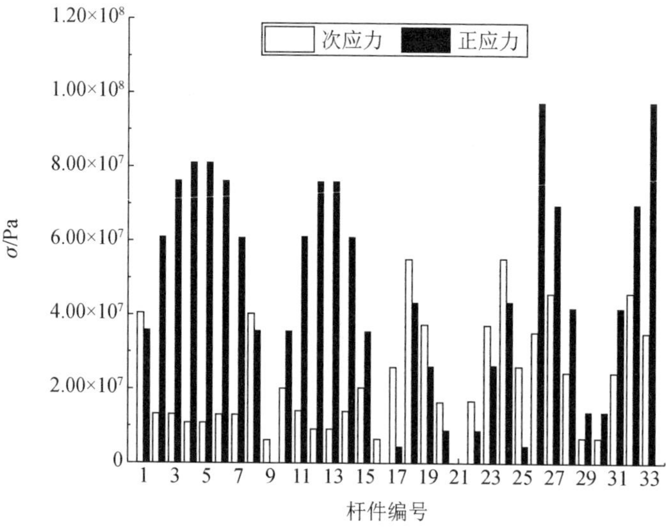

图 3.18　8 号模型次应力与正应力对比

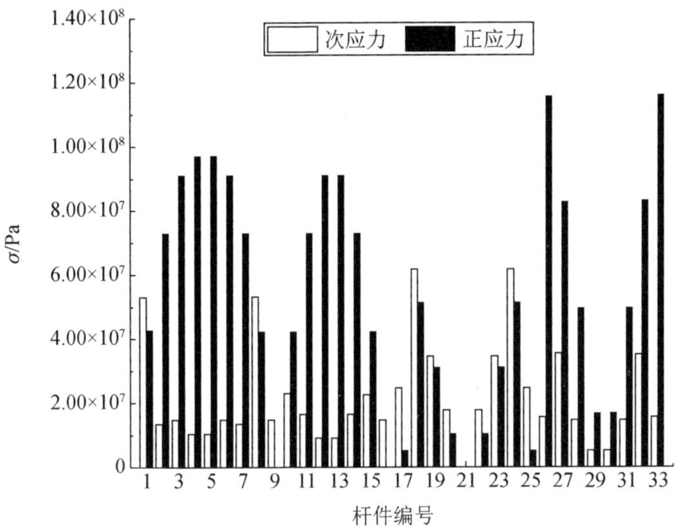

图 3.19　9 号模型次应力与正应力对比

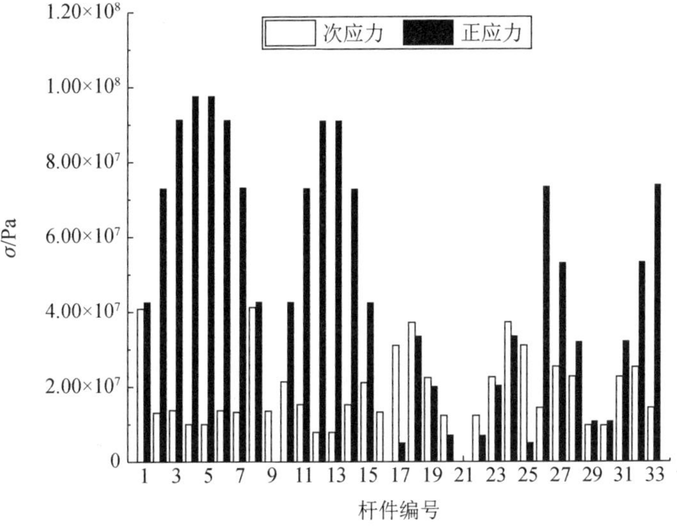

图 3.20　10 号模型次应力与正应力对比

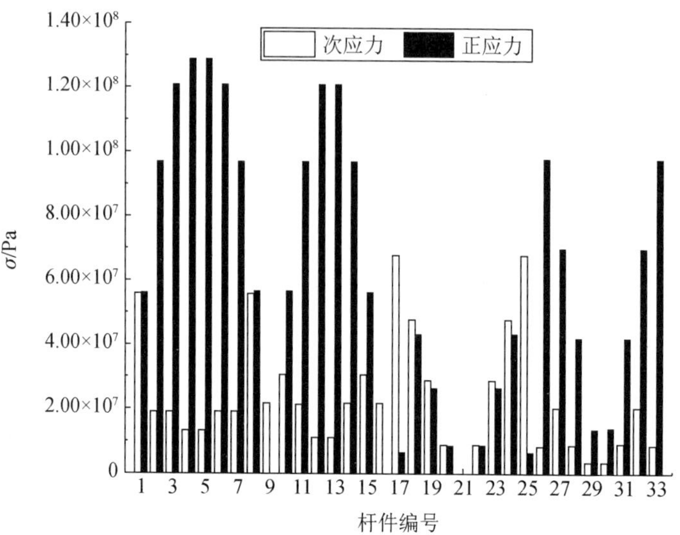

图 3.21 11 号模型次应力与正应力对比

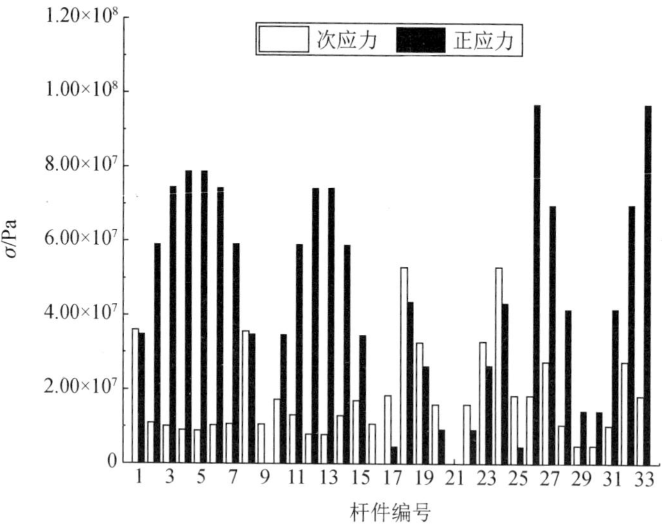

图 3.22 12 号模型次应力与正应力对比

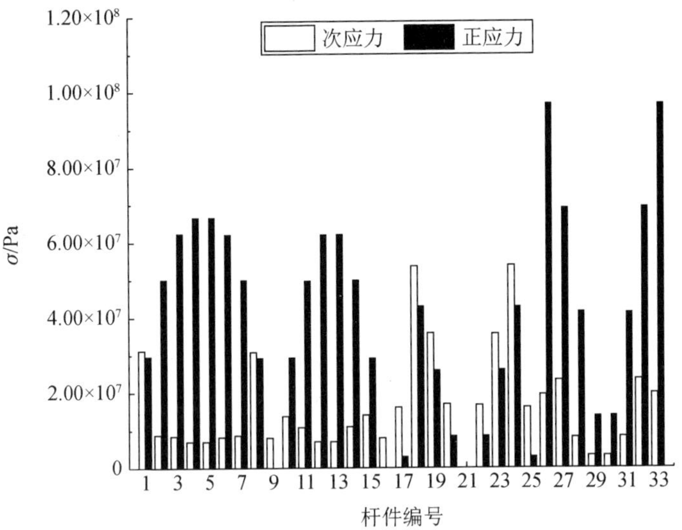

图3.23　13号模型次应力与正应力对比

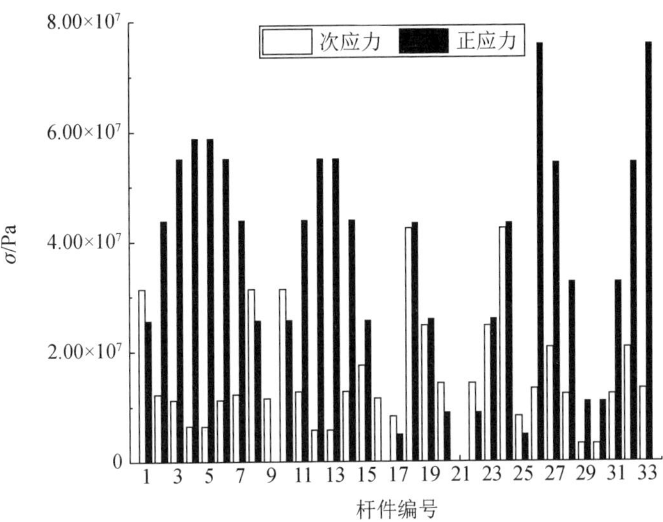

图3.24　14号模型次应力与正应力对比

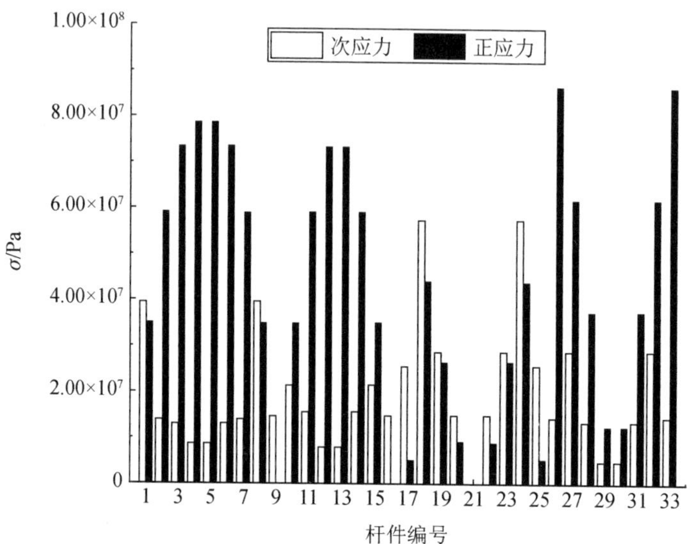

图 3.25 15 号模型次应力与正应力对比

综合比较 15 组桁架的次生弯曲应力和轴向应力，其变化趋势呈现一定规律：

1）从近支座端第二节间至跨中，由于支座的位移约束减弱，各杆件次应力呈递减趋势；支座所在节间，因多根杆件交汇，内力分配复杂，相对而言，下弦杆产生较大次应力，上弦杆该值较小。

2）就弦杆而言，上、下弦杆从桁架端部至跨中，σ_c/σ_z 持续下降。近支座端，由于下弦杆产生较大弯矩，弯曲应力激增，该值普遍大于 100%；支座节间上弦杆因为理想桁架正应力计算值趋近 0，故达 10^{14}～10^{15}；其余节间基本低于 50%；跨中节间受次应力影响最小，多组桁架 σ_c/σ_z 均低于 10%。

3）竖杆轴向荷载较小，弯曲应力却较大，σ_c/σ_z 一般大于 100%。尤其是支座竖杆，轴向应力仅为 10^6 数量级，故该值可达 400%～600%。

4）针对斜腹杆，端部节间由于其他杆件轴应力较大，斜杆受次应力影响相对减弱，σ_c/σ_z 大部分低于 20%；近支座第二节间该值最大，多在 30%～60%间徘徊；其他节间趋向跨中递减。

5）轴向应力较小的杆件，如端部上、下弦杆，σ_c/σ_z 均较大；相反，轴应力较大的杆件，如跨中上、下弦杆和端部斜杆，σ_c/σ_z 却相对较小。

6）检查支座节间发现，该处竖杆和下弦杆的次应力最大，设计时杆件和节点应做加强处理，并预留充分的强度空间；跨中节间可适当忽略。

3.1.5 无量纲几何参数分析

依照表 3.1，对 15 组桁架模型按 7 类参数进行综合比较，分析各参数对次应力的影响。

1. 桁架高度与跨度之比 λ（$\lambda = H/L$）

选取 1 号～4 号模型，桁架跨度为 24m，高度从 1.8m 渐变至 3.6m，λ 分别为 1/13.3、1/10、1/8 和 1/6.7。它们对次应力及次应力与正应力之比的影响见图 3.26 和图 3.27。

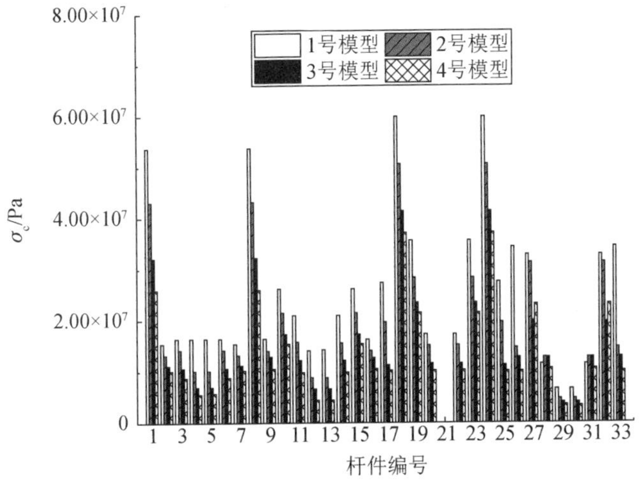

图 3.26　λ 对 σ_c 的影响

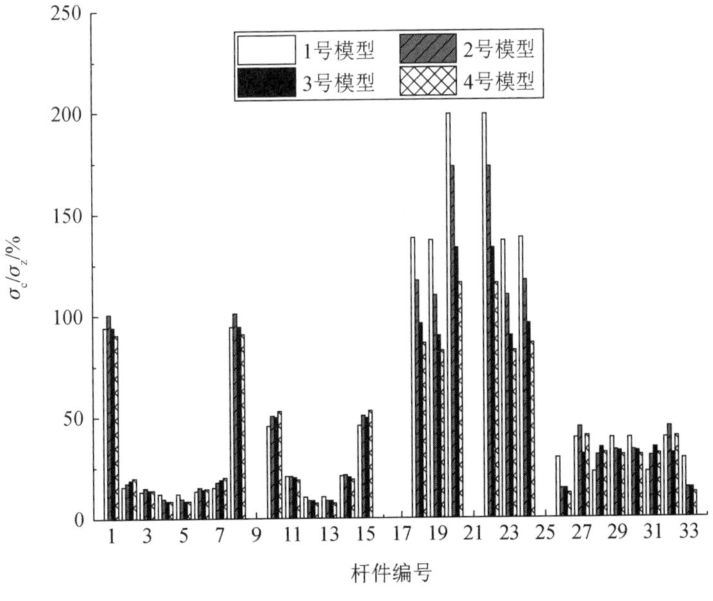

图 3.27　λ 对 σ_c/σ_z 的影响

由图 3.26 和图 3.27 可见，1 号～4 号模型，高跨比渐增，σ_c 值除在近支座端 2、3 节间的斜腹杆部分有一定程度上扬外，其他部位基本呈下降趋势；σ_c/σ_z 也整体呈下降趋势，但在端部的弦杆和斜腹杆部位有一定波动。桁架高度越低，弦杆承受的弯矩越大，因而次应力较大；随着高度的上升，腹杆长度增加，腹杆体系加强，结构的整体刚度增大，在同样荷载作用下，桁架的纵、横向位移均减小，弦杆承受的弯矩大幅下降，次应力的影响也相对减弱。因为斜腹杆在整个结构中主导作用的增强，所以在某些节间，随着高跨比的增大，其次应力反而有所上升，但基本控制在 30%以内。

在同一榀桁架中，从靠近支座第二节间至跨中，上、下弦杆 σ_c/σ_z 递减，下弦杆集中在 10%～20%，上弦杆集中在 10%～50%；支座节间弦杆次应力与正应力之比较大，多数接近或超过 100%；斜腹杆的该值较均匀，在 30%左右徘徊；端部节间最小，低于 20%；支座竖杆和直腹杆受次应力影响显著，在柱形图中 17 号～25 号杆表现为明显峰值。排除支座处特殊杆件，则下弦杆、上弦杆、斜腹杆和直腹杆受次应力的影响程度依次增大。

一般认为，弦、腹杆夹角在 40° 左右时，杆件长度接近，且预留空间得当，便于施焊，为桁架的常用设计角度。本书所选模型中，该夹角介于 30° ～50° 。由此可见，在设计允许范围内，可适当增加桁架高度，以减小次应力的影响。

说明：图 3.27 中未纳入 9 号、16 号、17 号、21 号和 25 号杆的数值，因为其数量级较大，最大值达 10^{14}，会影响其他杆件数据的观测；但经统计，它们也符合上述变化规律。

2. 腹杆杆宽与弦杆杆宽之比 β_1（$\beta_1 = b_i/b_0$）

1）变化腹杆杆宽而固定弦杆杆宽：选取 5 号、6 号和 2 号模型，腹杆宽为 60mm、100mm 和 150mm，弦杆杆宽为 200mm，β_{1-1} 取为 0.3、0.5 和 0.75，见图 3.28 和图 3.29。

由图 3.28 和图 3.29 可见，随着腹杆宽度的增加，β_{1-1} 增大，各杆件次应力值下降，次应力与正应力之比也基本呈下降趋势（在 18 号和 24 号杆略有波动）。对于 60mm 的腹杆，虽然相对于弦杆，腹杆分配的弯矩较小，但因截面面积相当小，仍然承受了较大的次应力，图 3.28 中 18 号～33 号杆多处出现超过 100MPa 的峰值应力。图 3.29 中，5 号、6 号模型中多根斜腹杆的 σ_c/σ_z 值超过 60%，说明腹杆与弦杆的宽度比过小时，如低于 0.5，腹杆受次应力影响十分显著。

2）变化弦杆杆宽而固定腹杆杆宽：选取 8 号、2 号和 7 号模型，弦杆宽度分别为 240mm、200mm 和 180mm，腹杆宽度为 150mm，β_{1-2} 取为 0.625、0.75 和 0.83，见图 3.30 和图 3.31。

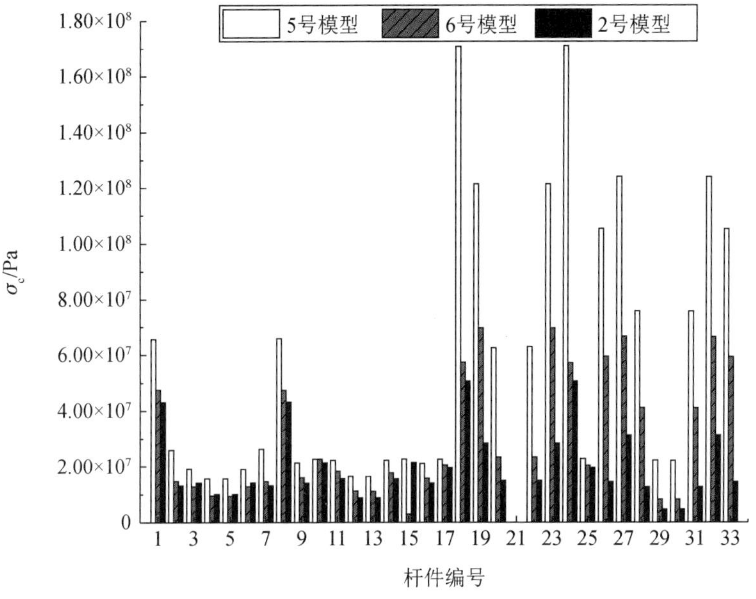

图 3.28　β_{1-1} 对 σ_c 的影响

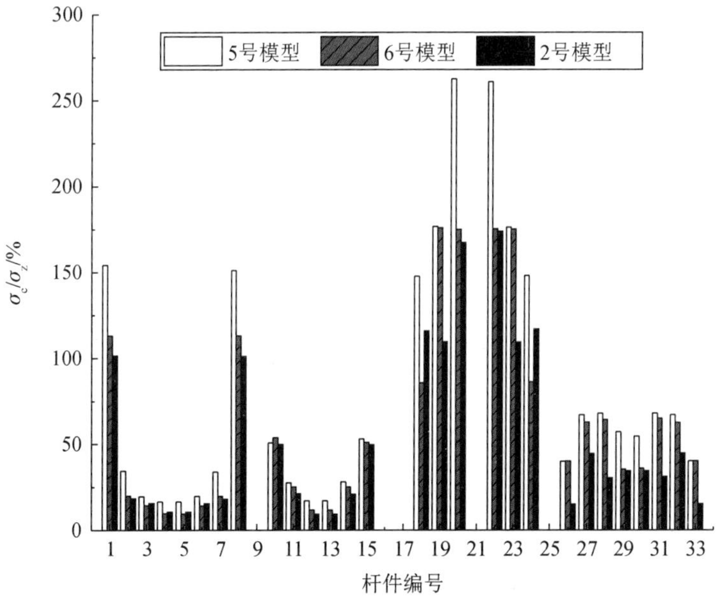

图 3.29　β_{1-1} 对 σ_c/σ_z 的影响

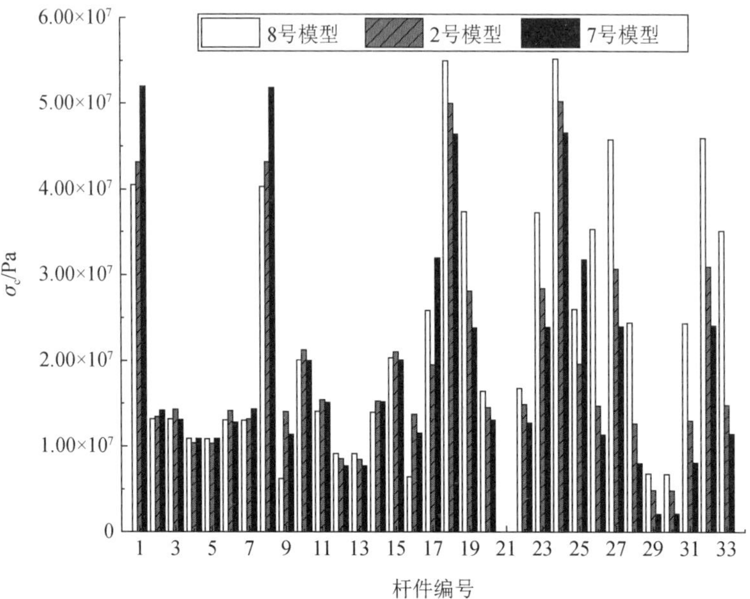

图 3.30　β_{1-2} 对 σ_c 的影响

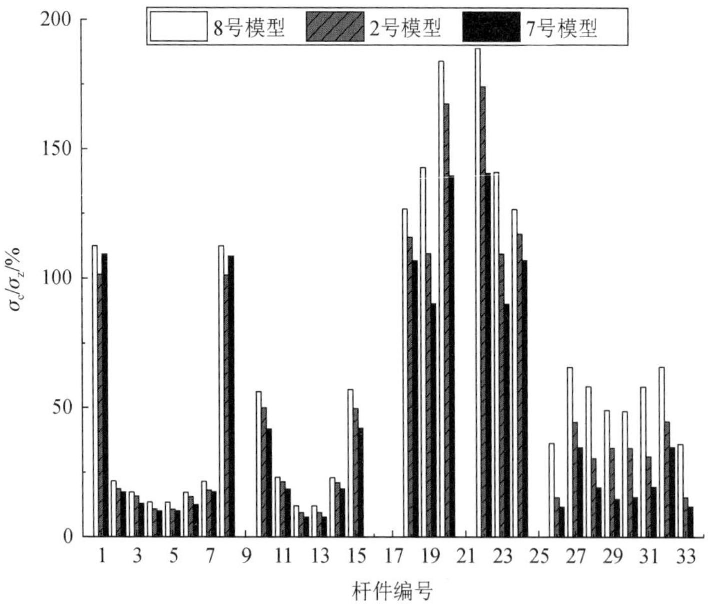

图 3.31　β_{1-2} 对 σ_c/σ_z 的影响

由图 3.30 和图 3.31 可见，从 8 号、2 号至 7 号模型，除 29 号和 30 号斜腹杆外，其余各杆件的杆端弯矩均下降。弦杆因截面面积也递次减小，σ_c 值有一定起伏，而腹杆上次应力基本呈下降趋势；σ_c/σ_z 全部递减。弦杆杆宽为 240mm 时，斜腹杆上多处 σ_c/σ_z 数值高于 60%，该桁架受次应力影响较大。

综上所述，当弦杆与腹杆的刚度相差较大时，如腹杆为 60mm 或弦杆为 240mm，结构受次应力影响最显著，因为此时各杆件刚度分配不均匀，荷载作用下大截面构件柔度较小，易产生较大弯矩，故应避免 β_1 值过小，造成截面差异，可适当选取 0.75 以上比例的截面。

3. 腹杆壁厚与弦杆壁厚之比 β_2（$\beta_2 = t_i/t_0$）

1）变化腹杆壁厚而固定弦杆壁厚：选取 9 号、2 号和 10 号模型，腹杆壁厚分别为 5mm、6mm 和 8mm，弦杆壁厚为 8mm，β_{2-1} 取为 0.625、0.75 和 1，见图 3.32 和图 3.33。

由图 3.32 和图 3.33 可见，随着腹杆壁厚的增大，各杆端弯矩多依次减小（28 号、29 号、30 号、31 号斜杆杆端弯矩递增），σ_c 服从该规律；σ_c/σ_z 在弦杆和直腹杆上递减，在所有斜腹杆上则呈上升态势，且在跨中节间超过了 80%。这源于斜腹杆截面面积渐增，刚度增大，逐渐承担了更多的力矩分配。

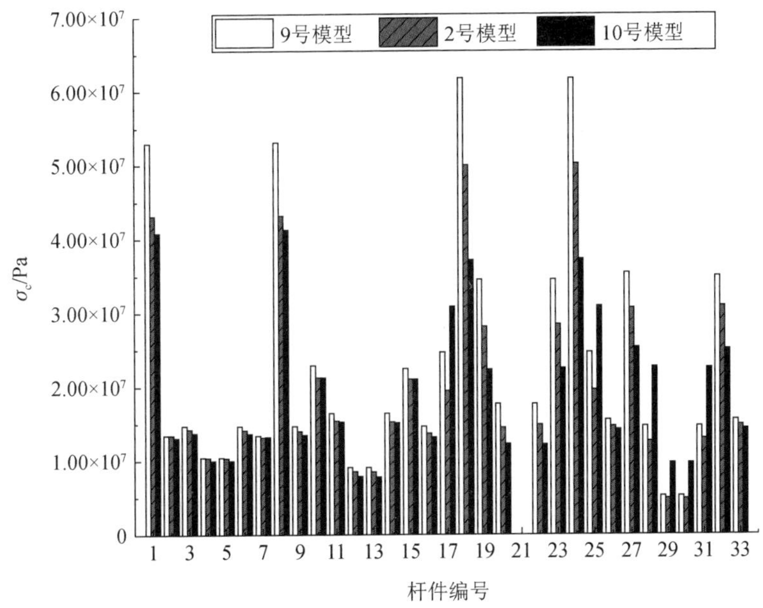

图 3.32　β_{2-1} 对 σ_c 的影响

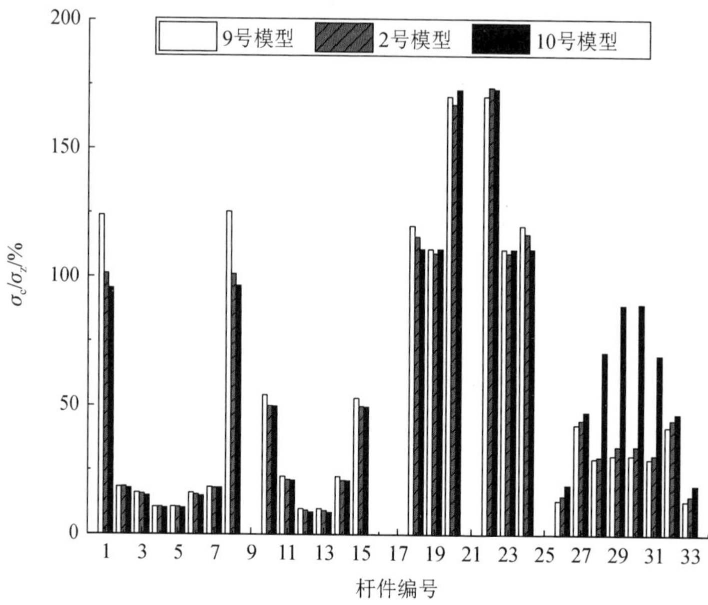

图 3.33　β_{2-1} 对 σ_c/σ_z 的影响

2）变化弦杆壁厚而固定腹杆壁厚：选取 13 号、12 号、2 号和 11 号模型，弦杆壁厚分别为 12mm、10mm、8mm 和 6mm，腹杆壁厚为 6mm，β_{2-2} 取为 0.5、0.6、0.75 和 1，见图 3.34 和图 3.35。

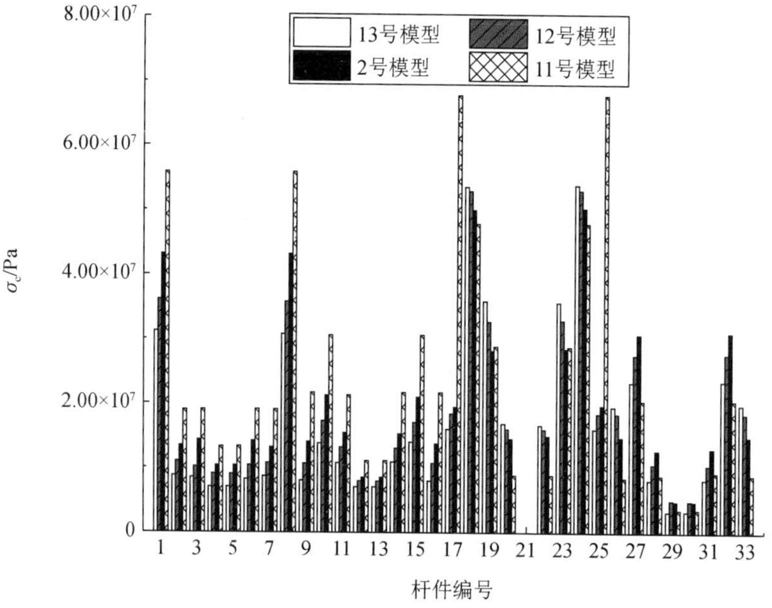

图 3.34　β_{2-2} 对 σ_c 的影响

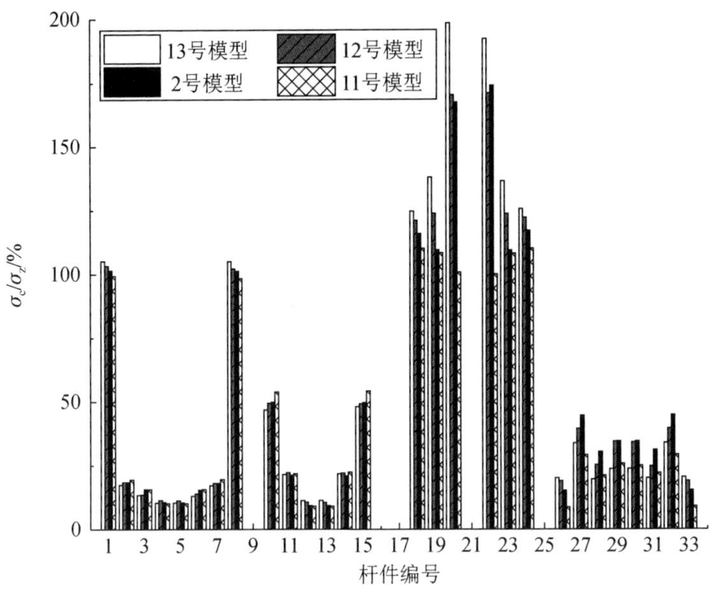

图 3.35 β_{2-2} 对 σ_c/σ_z 的影响

由图 3.34 和图 3.35 可见，随着弦杆壁厚的减小，各杆端弯矩多依次减小（28 号、29 号、30 号、31 号斜杆弯矩反向增长），但因弦杆截面面积同时缩减，弦杆 σ_c 值反而上扬；腹杆上亦有较大波动，总体来看，除了在斜腹杆上 σ_c/σ_z 值存在波动外，大部分杆件依然递次减小，直腹杆上次应力与正应力之比仍较大。

综上所述，β 数值越大，弦、腹杆截面越趋近一致，截面间刚度差异减小，因而次生弯矩值下降，有利于结构的整体受力性质。

对比第 2 和第 3 小节的分析结果，针对斜腹杆，杆宽变化时，斜腹杆次应力与正应力之比多在 20%～65%波动，而壁厚改变时，除 10 号模型（腹杆壁厚取 8mm）该值达 80%外，其他模型多集中在 20%～40%，说明杆宽的变化比壁厚变化对结构次应力影响相对要大。

4. 弦杆杆宽与弦杆壁厚之比 γ_1（$\gamma_1 = b_0/t_0$）

1）变化弦杆壁厚而固定弦杆杆宽：选取 13 号、12 号、2 号和 11 号模型，弦杆壁厚分别为 12mm、10mm、8mm 和 6mm，弦杆杆宽为 200mm，γ_{1-1} 取为 16.7、20、25 和 33.3。随着弦杆宽厚比的增大，弦杆 σ_c 值亦增大，腹杆无明显变化规律，但 σ_c/σ_z 总体呈下降趋势，说明次应力的影响力减弱。当弦、腹杆壁厚同为 6mm 时，次应力最小。

2）变化弦杆杆宽而固定弦杆壁厚：选取 8 号、2 号、7 号模型，弦杆杆宽分别为 240mm、200mm 和 180mm，弦杆壁厚为 8mm，γ_{1-2} 取为 30、25 和 22.5。随着弦杆宽厚比的减小，除弦杆 σ_c 值有一定起伏外，腹杆上次应力基本呈下降趋势，σ_c/σ_z 全部递减。当弦杆的杆宽取 180mm 时，弦、腹杆截面最接近，σ_c/σ_z 也达最小值。

5. 腹杆杆宽与腹杆壁厚之比 γ_2（$\gamma_2 = b_i/t_i$）

1）变化腹杆杆宽而固定腹杆壁厚：选取 5 号、6 号、2 号模型，腹杆杆宽分别为 60mm、100mm 和 150mm，腹杆壁厚为 6mm，γ_{2-1} 取为 10、16.7 和 25。随着宽厚比的上升，各杆件 σ_c 值下降，σ_c/σ_z 也基本呈下降趋势（在 18 号和 24 号杆略有波动），见图 3.31 和图 3.32。至腹杆取 150mm 时，弦、腹杆截面最为接近，次应力最小。

2）变化腹杆壁厚而固定腹杆杆宽：选取 9 号、2 号、10 号模型，腹杆壁厚分别为 5mm、6mm 和 8mm，腹杆杆宽为 150mm，γ_{2-2} 取为 30、25 和 18.75。随着宽厚比的下降，各杆件次应力值和次应力与正应力之比基本呈下降趋势，但在所有斜腹杆上呈上升态势，见图 3.35 和图 3.36。当弦、腹杆壁厚同为 8mm 时，次应力达最小值。

综合第 4 和第 5 小节，腹杆宽厚比 γ 的大小对次应力的影响没有统一的规律，只有当弦、腹杆杆宽或壁厚最为接近时，构件刚度分配较为均匀，杆件受次应力影响最小。

6. 杆宽与节点中心间距离之比 χ（$\chi_1 = b_0/l_0$，$\chi_2 = b_i/l_i$）

选取 14 号、15 号和 2 号模型，桁架高度为 24m，节间长度从 1.8m 渐变至 3.0m，χ_1 分别取 1/9、1/12 和 1/15，对应的 χ_2 为 1/20、1/23 和 1/25。它们对 σ_c 及 σ_c/σ_z 的影响见图 3.36 和图 3.37。

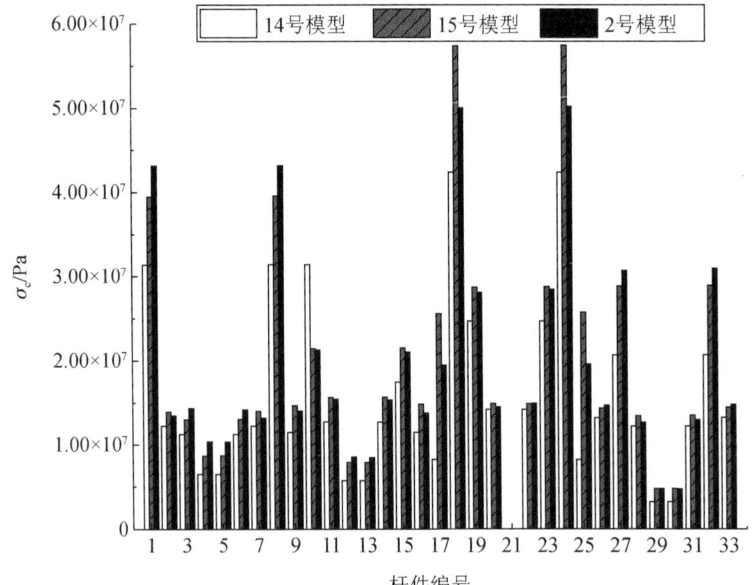

图 3.36　χ 对 σ_c 的影响

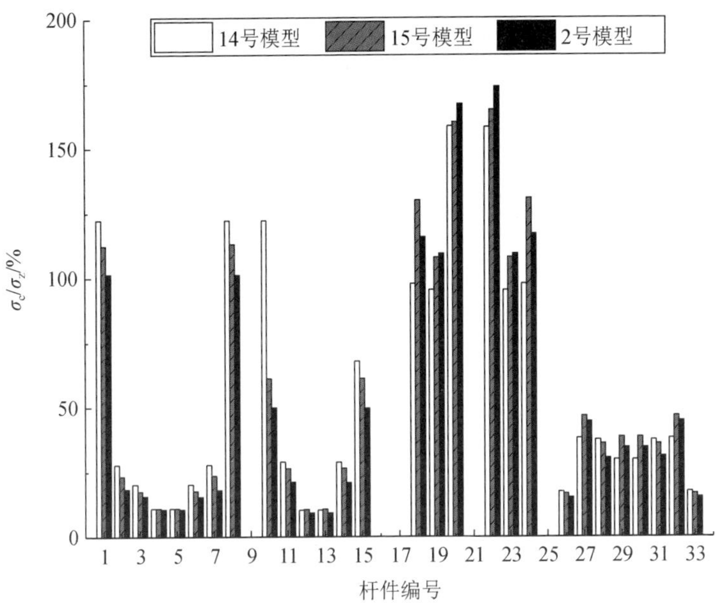

图 3.37 χ 对 σ_c/σ_z 的影响

由图 3.36 和图 3.37 可见，随着节间长度的增加，杆端弯矩增大，各杆 σ_c 亦逐渐增大，但 σ_c/σ_z 波动较大，在弦杆和斜杆部分多呈下降趋势，直腹杆段多为上升段，整体趋势下降。说明随着杆宽与杆长比值的减小，杆件的线刚度减小，次应力的影响减弱。《钢结构设计标准》（GB 50017—2017）建议在 $\chi_1>1/12$ 或 $\chi_2>1/24$ 时才考虑次应力。

综合上述各几何参数，当弦、腹杆截面刚度较接近且杆件长度接近时，由于结构内部刚度分配均匀，次应力较小；杆件线刚度越小，受次应力影响越小；腹杆因为杆件较弱，受几何参数变化影响显著，σ_c 和 σ_c/σ_z 会有较大波动；杆件宽度的变化比壁厚变化对次应力的影响更大；排除支座处特殊杆件，则下弦杆、上弦杆、斜腹杆和直腹杆受次应力影响程度依次增大。

3.2 两跨连续桁架次应力有限元分析

本节将沿用简支跨桁架的分析方法，采用相同的单元类型、材料特性和模型几何参数，对两跨连续桁架的次应力产生情况进行有限元分析。

3.2.1 桁架计算模型及模型参数

两跨连续桁架在左端支座处设水平向和竖直向位移约束，中间及右端支座处仅有竖直向位移约束。上弦各节点处施加横向点荷载，端节点处为 $P/2$=30kN，中间

节点处为 P=60kN。统一取每跨桁架为 8 节间。两跨连续桁架计算模型见图 3.38。

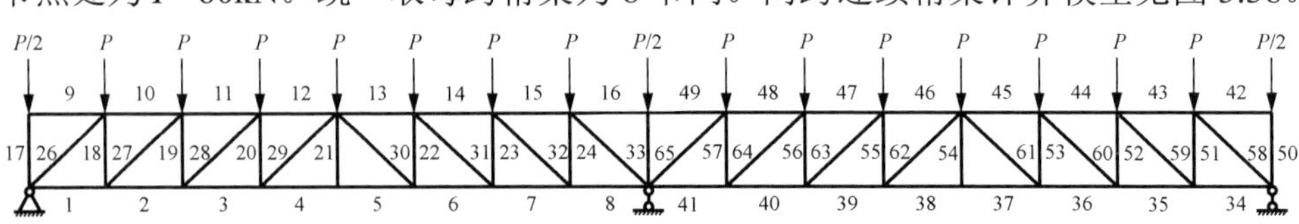

图 3.38　两跨连续桁架计算模型

3.2.2　有限元建模

1. LINK1 桁架模型

以 2×3m×8m×2.4m 标准桁架为例，连续两跨，每跨跨度 L=24m，高度 H=2.4m，上、下弦杆和支座竖杆取 200mm×200mm×8mm 截面，腹杆取 150mm×150mm×6mm 截面。采用 LINK1 单元，每根杆件划分为一个单元。LINK1 单元桁架模型见图 3.39，杆单元模型轴力及应力情况见表 3.5。

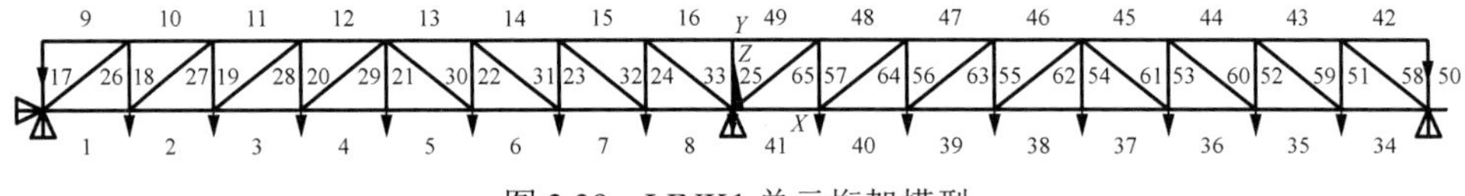

图 3.39　LINK1 单元桁架模型

表 3.5　杆单元模型轴力及应力情况

杆件编号	轴力 N_1 /N	正应力 σ_z /Pa	杆件编号	轴力 N_1 /N	正应力 σ_z /Pa
1	1.9607×10^5	3.1912×10^7	18	9.6854×10^4	2.8025×10^7
2	3.1713×10^5	5.1617×10^7	19	3.6854×10^4	1.0664×10^7
3	3.6320×10^5	5.9115×10^7	20	-2.3146×10^4	-6.6974×10^6
4	3.3427×10^5	5.4406×10^7	21	3.0634×10^{-10}	8.8640×10^{-8}
5	3.3427×10^5	5.4406×10^7	22	8.3146×10^4	2.4058×10^7
6	2.3034×10^5	3.7490×10^7	23	1.4315×10^5	4.1420×10^7
7	5.1404×10^4	8.3665×10^6	24	2.0315×10^5	5.8781×10^7
8	-2.0253×10^5	-3.2964×10^7	25	-6.0000×10^4	-9.7656×10^6
9	1.7153×10^{-10}	2.7918×10^{-8}	26	-2.5109×10^5	-7.2653×10^7
10	-1.9607×10^5	-3.1912×10^7	27	-1.5504×10^5	-4.4862×10^7
11	-3.1713×10^5	-5.1617×10^7	28	-5.8995×10^4	-1.7070×10^7
12	-3.6320×10^5	-5.9115×10^7	29	3.7052×10^4	1.0721×10^7
13	-2.3034×10^5	-3.7490×10^7	30	-1.3310×10^5	-3.8512×10^7
14	-5.1404×10^4	-8.3665×10^6	31	-2.2915×10^5	-6.6304×10^7
15	2.0253×10^5	3.2964×10^7	32	-3.2519×10^5	-9.4095×10^7
16	5.3146×10^5	8.6501×10^7	33	-4.2124×10^5	-1.2189×10^8
17	-3.0000×10^4	-4.8828×10^6	34	1.9607×10^5	3.1912×10^7

续表

杆件编号	轴力 N_1 /N	正应力 σ_z /Pa	杆件编号	轴力 N_1 /N	正应力 σ_z /Pa
35	3.1713×10^5	5.1617×10^7	51	9.6854×10^4	2.8025×10^7
36	3.6320×10^5	5.9115×10^7	52	3.6854×10^4	1.0664×10^7
37	3.3427×10^5	5.4406×10^7	53	-2.3146×10^4	-6.6974×10^6
38	3.3427×10^5	5.4406×10^7	54	3.0634×10^{-10}	8.8640×10^{-8}
39	2.3034×10^5	3.7490×10^7	55	8.3146×10^4	2.4058×10^7
40	5.1404×10^4	8.3665×10^6	56	1.4315×10^5	4.1420×10^7
41	-2.0253×10^5	-3.2964×10^7	57	2.0315×10^5	5.8781×10^7
42	-1.7153×10^{-11}	-2.7918×10^{-9}	58	-2.5109×10^5	-7.2653×10^7
43	-1.9607×10^5	-3.1912×10^7	59	-1.5504×10^5	-4.4862×10^7
44	-3.1713×10^5	-5.1617×10^7	60	-5.8995×10^4	-1.7070×10^7
45	-3.6320×10^5	-5.9115×10^7	61	3.7052×10^4	1.0721×10^7
46	-2.3034×10^5	-3.7490×10^7	62	-1.3310×10^5	-3.8512×10^7
47	-5.1404×10^4	-8.3665×10^6	63	-2.2915×10^5	-6.6304×10^7
48	2.0253×10^5	3.2964×10^7	64	-3.2519×10^5	-9.4095×10^7
49	5.3146×10^5	8.6501×10^7	65	-4.2124×10^5	-1.2189×10^8
50	-3.0000×10^4	-4.8828×10^6			

水平向最大位移/m	5.7094×10^{-1}（34 号杆）	水平向最小位移/m	1.7567×10^{-2}（1 号杆）
竖直向最大位移/m	-7.3804×10^{-3}（17 号杆）	竖直向最小位移/m	-1.8577×10^{-2}（21 号杆）
最大拉应力/Pa	8.6501×10^7（16 号杆）	最大压应力/Pa	-1.2189×10^8（65 号杆）
最大轴力/N	5.3146×10^5（16 号杆）	最小轴力/N	-4.2124×10^5（65 号杆）

由图 3.39 和表 3.5 中的数据可见，两跨桁架轴应力对称分布，可只研究一跨的受力情况。1～8 区间为下弦杆，9～16 区间为上弦杆，17～25 区间为支座竖杆和直腹杆，26～33 区间为斜腹杆。弦杆轴应力从支座向跨中递增，腹杆轴应力向跨中递减，边支座竖杆应力较小；靠近中间支座处，各杆应力都有增大趋势，上弦杆和斜腹杆均达最大值。该桁架的最大压应力为-121.89MPa，出现在中间支座处斜腹杆（65 号杆）；最大拉应力为 86.50MPa，出现在中间支座处上弦杆（16 号杆）。

2. SHELL181 桁架模型

以连续两跨 2×3m×8m×2.4m 标准桁架为例建立三维模型。采用 SHELL181 单元，实常数定义时输入弦杆板件厚 0.008m，腹杆板件厚 0.006m。在上弦各节点处施加竖直向下的面荷载，端支座节点处为 $P/A = 30000/(0.15\times0.2) = 1\text{MPa}$，中间支座节点处为 $P/A = 60000/(0.15\times0.2) = 2\text{MPa}$，其他节点处为 $P/A = 60000/(0.15\times0.15) \approx 2.67\text{MPa}$。支座处设 X、Y 向线位移约束。SHELL181 单元桁架模型见图 3.40。

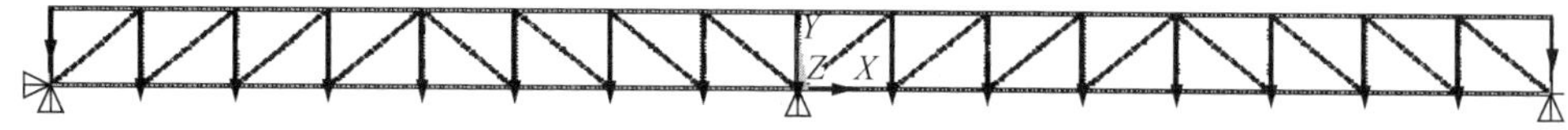

图 3.40 SHELL181 单元桁架模型

经通用后处理汇总结果，可得到 X 向位移 U_X、Y 向位移 U_Y、Von-Mises 应力、沿单元坐标系 X 向应力 σ_X 等值。研究其中一跨桁架的受力情况，其较大等效应力分布于中间支座处的上弦杆和斜腹杆，为 93.2～116MPa，该处弦杆轴向拉应力接近 89.2MPa，该处斜腹杆轴向压应力介于-114～-79.7MPa。从桁架端部杆件至中部杆件，下弦拉应力逐渐增大，上弦压应力逐渐增大，直腹杆拉应力逐渐减小，斜腹杆压应力逐渐减小；接近中间支座，各杆应力递增直至最大值。其变化规律与单跨简支模型计算结果基本一致。

该桁架壳单元模型杆件内力及应力情况见表 3.6。由于两跨桁架为对称结构，表 3.6 中仅列出其中单跨桁架相关数据。

由表 3.6 中数据可知，桁架的最大等效应力为 209MPa，最大压应力为-182MPa，出现在中间支座处斜腹杆（28218 号单元和 36620 号单元）；最大拉应力为 124MPa，出现在中间支座处上弦杆（29531 号单元）。各杆杆端弯矩按照边支座—跨中—中间支座的顺序呈现下降至低谷再上升至高峰的变化趋势（支座处斜腹杆除外），故 σ_c 也遵循同样变化规律。

表 3.6 壳单元模型杆件内力及应力情况

杆件编号	轴力 N_2 /N	杆端弯矩 M /（N·m）		次应力 σ_c /Pa
		左（下）	右（上）	
1	1.7563×10^5	2.2373×10^4	1.7871×10^4	3.5512×10^7
2	3.0378×10^5	3.0410×10^3	5.5990×10^3	8.8860×10^6
3	3.1518×10^5	7.6100×10^2	3.9770×10^3	6.3120×10^6
4	3.2960×10^5	4.7820×10^3	3.6830×10^3	7.5900×10^6
5	2.6582×10^5	5.4810×10^3	7.2500×10^2	8.7000×10^6
6	2.2355×10^5	8.8910×10^3	4.9650×10^3	1.4112×10^7
7	4.7362×10^4	9.2040×10^3	6.9670×10^3	1.4610×10^7
8	-1.8731×10^5	1.6759×10^4	3.7343×10^4	5.9274×10^7
9	5.0214×10^3	2.0800×10^3	7.8250×10^3	1.2420×10^7
10	-1.8110×10^5	2.7850×10^3	8.5050×10^3	1.3500×10^7
11	-3.0606×10^5	1.5500×10^1	5.7040×10^3	9.0540×10^6
12	-3.5395×10^5	5.7610×10^3	1.7900×10^2	9.1440×10^6
13	-2.0807×10^5	7.6850×10^3	1.7540×10^3	1.2198×10^7
14	-4.8158×10^4	8.7890×10^3	4.5730×10^3	1.3950×10^7
15	1.9791×10^5	1.1344×10^4	8.0510×10^3	1.8006×10^7
16	4.7992×10^5	1.3263×10^4	2.2264×10^4	3.5340×10^7
17	-3.2133×10^4	1.9830×10^4	2.0800×10^3	3.1476×10^7

续表

杆件编号	轴力 N_2 /N	杆端弯矩 M /（N·m）		次应力 σ_c /Pa
		左（下）	右（上）	
18	1.4037×10^5	9.4360×10^3	9.2130×10^3	3.5385×10^7
19	6.3713×10^4	3.6960×10^3	4.4060×10^3	1.4340×10^7
20	-3.2930×10^4	4.4000×10^2	1.1700×10^2	1.5300×10^6
21	1.4230×10^3	1.7980×10^3	3.7600×10^3	1.4100×10^7
22	1.3123×10^5	6.8160×10^3	7.6480×10^3	2.8680×10^7
23	2.2985×10^5	1.0697×10^4	1.1520×10^4	4.3200×10^7
24	3.3045×10^5	1.5374×10^4	1.7760×10^4	6.6600×10^7
25	-5.9400×10^4	0	0	0
26	-4.5018×10^5	2.6610×10^3	1.3970×10^3	9.9780×10^6
27	-3.0404×10^5	5.3940×10^3	2.5490×10^3	2.0226×10^7
28	-1.1858×10^5	1.1420×10^3	0.1740×10^2	4.2840×10^6
29	5.9780×10^4	1.0440×10^3	1.9630×10^3	7.3620×10^6
30	-2.1266×10^5	2.8000×10^3	2.1410×10^3	1.0500×10^7
31	-3.7197×10^5	3.4720×10^3	2.8950×10^3	1.3020×10^7
32	-5.3297×10^5	8.3520×10^3	4.3970×10^3	3.1320×10^7
33	-7.1233×10^5	6.4020×10^3	3.5540×10^3	2.7420×10^7
水平向最大位移/m	6.7259×10^{-3}（19698 号单元）	水平向最小位移/m		-5.4670×10^{-5}（277 号单元）
竖直向最大位移/m	1.6480×10^{-4}（24951 号单元）	竖直向最小位移/m		-1.708×10^{-2}（26577 号单元）
最大等效应力/Pa	2.096×10^8（28218 号单元）	最小等效应力/Pa		2.9846×10^5（2794 号单元）
最大应力/Pa	1.240×10^8（29531 号单元）	最大压应力/Pa		-1.820×10^8（36620 号单元）

3. 模型对比分析

将采用两类单元求得的轴力和应力值进行对比，可归纳为表 3.7。

表 3.7　LINK1 单元与 SHELL181 单元模型杆件轴力和应力对比

杆件编号	N_2/N_1	σ_c/σ_z	杆件编号	N_2/N_1	σ_c/σ_z	杆件编号	N_2/N_1	σ_c/σ_z
1	89.57%	111.28%	12	97.45%	15.47%	23	96.34%	104.30%
2	95.79%	17.22%	13	90.33%	32.54%	24	97.60%	113.30%
3	86.78%	10.68%	14	93.68%	166.74%	25	99.00%	0.00%
4	98.60%	13.95%	15	97.72%	54.62%	26	107.57%	13.73%
5	79.52%	15.99%	16	90.30%	40.86%	27	117.66%	45.08%
6	97.05%	37.64%	17	107.11%	644.63%	28	120.60%	25.10%
7	92.14%	174.62%	18	86.96%	126.26%	29	96.80%	68.67%
8	92.48%	179.81%	19	103.73%	134.47%	30	95.86%	27.26%
9	2.93×10^{13}	4.45×10^{14}	20	85.36%	24.64%	31	97.40%	19.64%
10	92.37%	42.30%	21	2.79×10^{12}	1.59×10^8	32	98.34%	33.29%
11	96.51%	17.54%	22	94.70%	119.21%	33	101.46%	19.69%

注：9 号、21 号杆为不符合规律杆件。

由表 3.7 可见，除上弦端部的 9 号杆和跨中 21 号直腹杆外（因其为零杆，壳单元桁架模型与杆单元模型存在一定差距），其他杆件实际轴力 N_2 与理想轴力 N_1 之比均介于 85%～121%。

针对 σ_c/σ_z ，桁架弦杆基本遵循从边支座节间至跨中递减再上升的规律，大部分下弦杆该值在 10%～40%间浮动，上弦杆则介于 15%～55%；腹杆波动最明显，直腹杆始终受次应力影响较大，普遍大于 100%，而斜腹杆最大值为 68.67%。

在整榀桁架中，关于 σ_c/σ_z ，有几处特殊点：

1）支座节间弦杆和竖杆的次应力与正应力之比相当大，特别是 9 号上弦杆，由于该处轴向力较小，因此 σ_c/σ_z 达到 10^{14} 数量级；相对来讲，该节间斜腹杆截面较弱，承担弯矩也较小，反而呈现最小值。

2）14 号上弦杆出现 166.74%的峰值，由于此杆位于轴力从跨中至中间支座渐变段的波谷处，故明显超出其他杆件。

3）21 号直腹杆轴力极小，σ_c/σ_z 达 10^8 数量级，但实际次应力并不大，为 1.41×10^7Pa。

4）由于中间支座处杆件负弯矩较大，偏中间支座侧杆件的次应力明显高于端支座侧杆件。

由此，连续跨桁架与简支跨桁架相同：

1）理想桁架在轴力较小处，次应力影响程度均较大，甚至可达 10^{14}；反之，轴力较大的杆件，其杆件截面的次应力相对较小，如边支座斜腹杆仅为 13.73%。

2）次应力变化趋势与桁架结构布置形式相匹配：越靠近支座处，杆件变形越受到支座位移约束的牵制，故产生较大的弯曲应力；而在桁架跨中，支座约束的影响力最小，相应次应力也较小。

3.2.3　无量纲几何参数分析

参照上述方法，并依据表 3.1 中的几何参数，共建立 15 榀 LINK1 单元桁架模型和 15 榀 SHELL181 单元桁架模型，按 7 类参数对其进行综合比较，分析次应力对结构的影响。

1. 桁架高度与跨度之比 λ（ $\lambda = H/L$ ）

选取 1 号～4 号模型，桁架跨度为 2×24m，高度从 1.8m 渐变至 3.6m，λ 分别为 1/13.3、1/10、1/8 和 1/6.7。它们对次应力及次应力与正应力之比的影响见图 3.41 和图 3.42（取其中一跨桁架分析）。

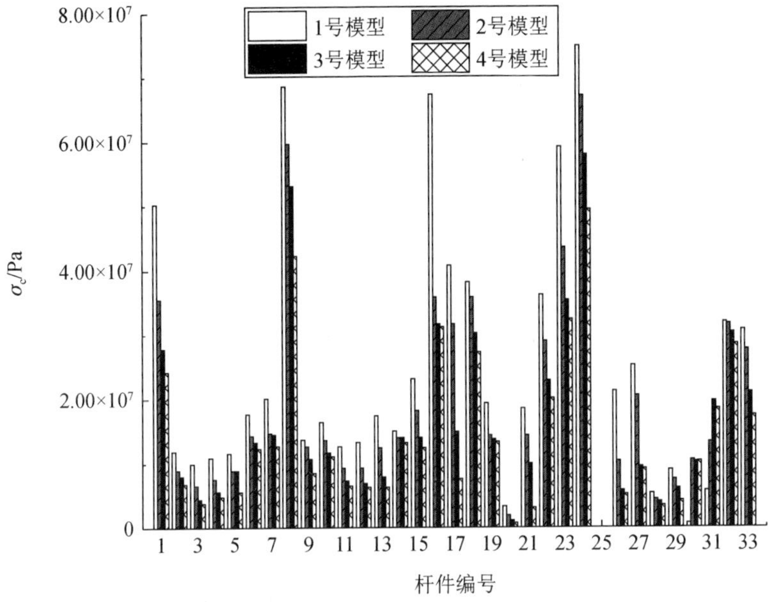

图 3.41　λ 对 σ_c 的影响

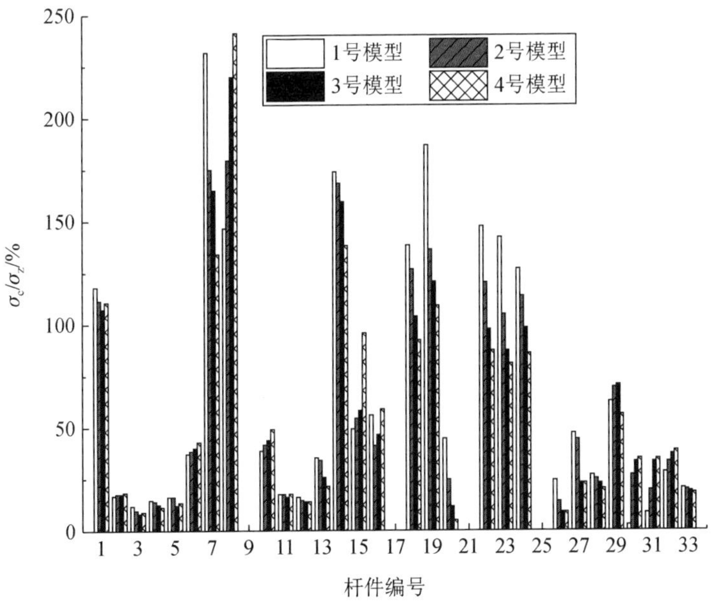

图 3.42　λ 对 σ_c/σ_z 的影响

由图 3.41 和图 3.42 可见，从 1 号模型至 4 号模型，高跨比渐增，杆件 σ_c 值基本呈下降趋势（30 号、31 号斜腹杆反向增长）；1 号、8 号、16 号、23 号和 24 号杆出现次应力峰值，这些杆件均分布在支座两侧，为大弯矩产生点。随着 λ 的增大，跨中杆件整体呈下降趋势，斜腹杆和近支座端弦杆有一定程度的上扬；支座处弦杆、直腹杆和支座竖杆的次应力与正应力之比普遍超过 100%，且不同模型之间变化梯度较大；而跨中下弦杆、跨中上弦杆和斜腹杆的变化梯度较缓，次应力波动空间递次增高，分别介于 10%～40%、15%～55%和 15%～70%，说明三者之中，斜腹杆受次应力影响较显著。

与简支跨桁架类似，随着模型高度的增加，腹杆体系加强，结构的整体刚度增大，荷载作用时桁架变形减小，杆件弯矩大幅下降，对次应力的影响也相对减弱。但斜腹杆体系的加强，使得某些节间的次应力有所上升，σ_c/σ_z 在 30%徘徊。因此，连续跨桁架在基本保证弦、腹杆夹角在 30°～50°范围内，仍可适当增加桁架高度，以减小次应力的影响。

说明：图 3.42 中未纳入 9 号、17 号和 21 号杆的数值，因为其数量级较大，最大值达 10^{14}，会影响其他杆件数据的观测。

2. 腹杆杆宽与弦杆杆宽之比 β_1（$\beta_1 = b_i/b_0$）

1）变化腹杆宽度而固定弦杆杆宽：选取 5 号、6 号和 2 号模型，腹杆宽度分别为 60mm、100mm 和 150mm，弦杆宽度为 200mm，β_{1-1} 取为 0.3、0.5 和 0.75，见图 3.43 和图 3.44。

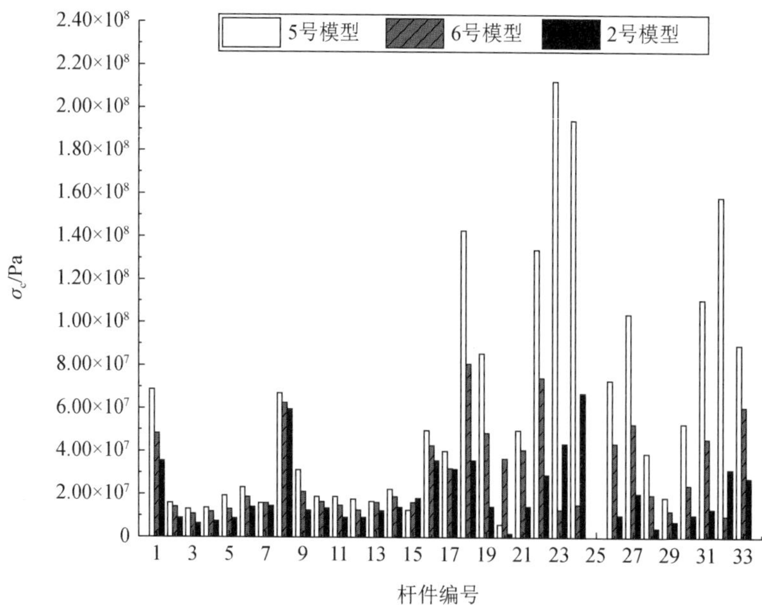

图 3.43　β_{1-1} 对 σ_c 的影响

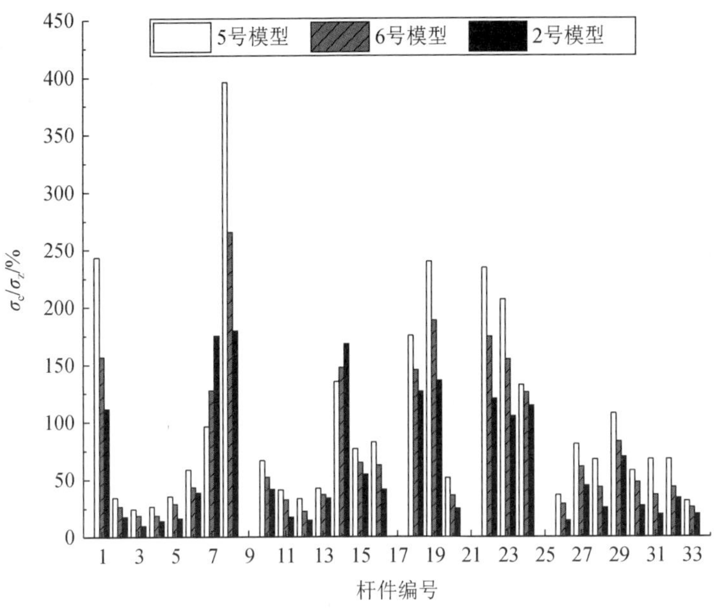

图 3.44　β_{1-1} 对 σ_c/σ_z 的影响

由图 3.43 和图 3.44 可见，随着 β_{1-1} 的增大，各杆件次应力值下降（在 23 号、24 号和 32 号杆略有波动）。5 号模型采用 60mm×60mm×5mm 腹杆，杆件中多处出现超过 100MPa 的次应力，23 号杆达 212MPa。在图 3.44 中，次应力与正应力之比除近支座端弦杆外，也基本呈下降趋势，但 3 个模型值相差悬殊，很多杆件差值在 100%以上。5 号模型直腹杆的次应力与正应力之比突破 200%，斜腹杆上该值也集中于 50%～100%。故腹杆与弦杆相比截面过小，将引起较大次应力的产生，这一规律同样适用于连续跨桁架。

2）变化弦杆宽度而固定腹杆杆宽：选取 8 号、2 号和 7 号模型，弦杆宽度分别为 240mm、200mm 和 180mm，腹杆宽度为 150mm，β_{1-2} 取为 0.625、0.75 和 0.83，见图 3.45 和图 3.46。

由图 3.45 和图 3.46 可见，对比 8 号、2 号和 7 号模型，σ_c 除在支座附近有波动外，其余各杆均逐级下降；σ_c/σ_z 基本递减。针对 8 号模型中杆宽为 240mm 的大截面杆件，无论是次应力本身还是次应力与正应力之比，都高出其他杆件相当大的幅度，在对比图上形成较大的落差。该模型有多根弦杆和直腹杆的 σ_c/σ_z 高于 200%，29 号斜腹杆的 σ_c/σ_z 达 122%，受次应力影响很大。

综上所述，随着腹杆宽度与弦杆宽度之比的增大，即杆件截面宽度渐趋接近，次应力及次应力与正应力之比均减小，对结构的影响削弱。当弦、腹杆刚度相差较大，即 β_1 过小时，如 5 号和 8 号模型，次应力影响最为显著。设计时需本着均匀分布刚度的原则，适当选取 β_{1-2} 较大的截面。

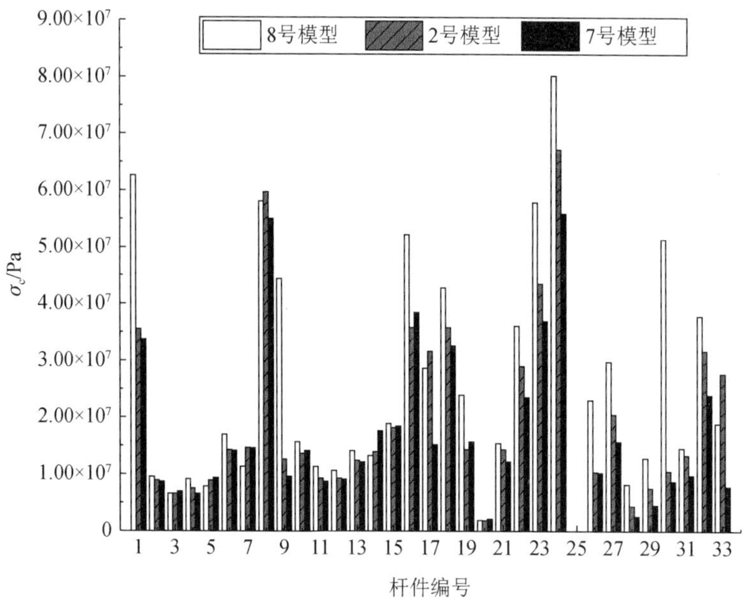

图 3.45　β_{1-2} 对 σ_c 的影响

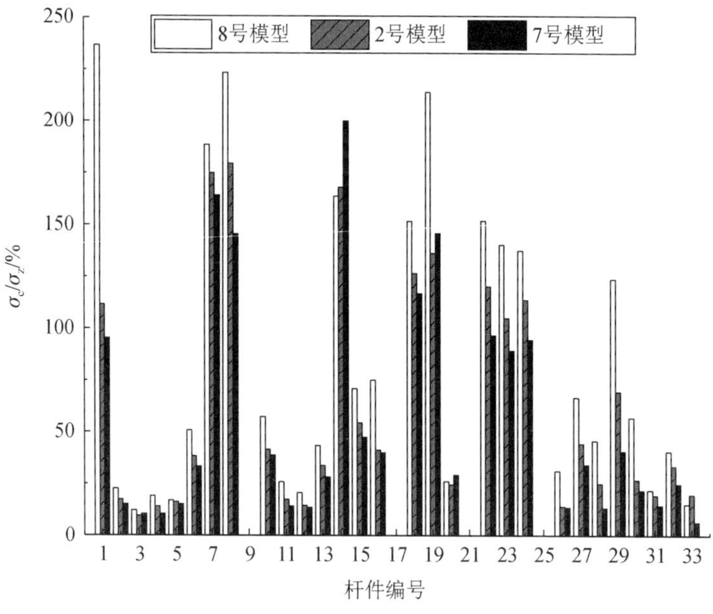

图 3.46　β_{1-2} 对 σ_c/σ_z 的影响

3. 腹杆壁厚与弦杆壁厚之比 β_2（$\beta_2 = t_i/t_0$）

1）变化腹杆壁厚而固定弦杆壁厚：选取 9 号、2 号和 10 号模型，腹杆壁厚分别为 5mm、6mm 和 8mm，弦杆壁厚为 8mm，β_{2-1} 取为 0.625、0.75 和 1，见图 3.47 和图 3.48。

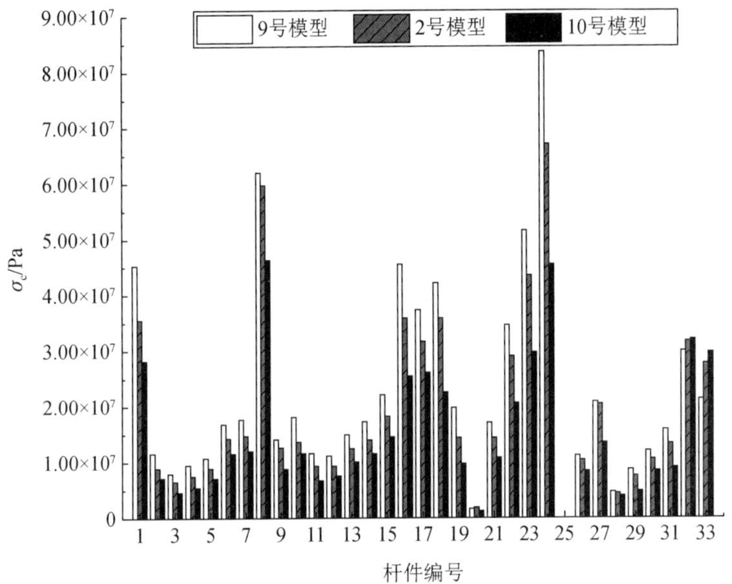

图 3.47　β_{2-1} 对 σ_c 的影响

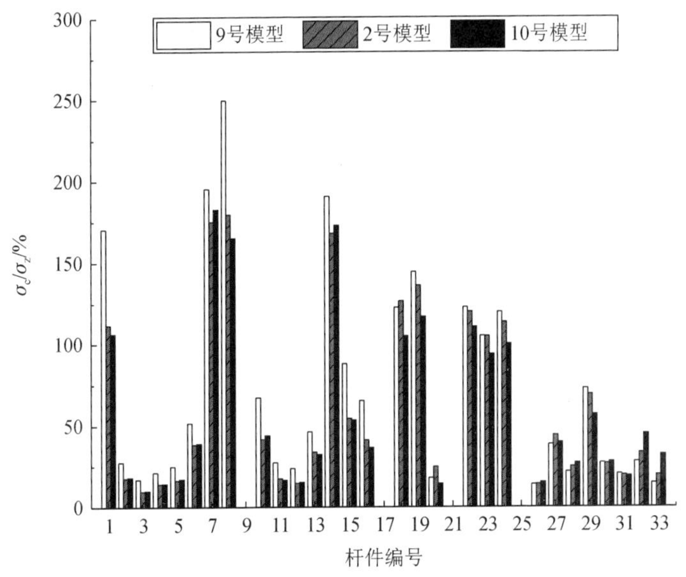

图 3.48　β_{2-1} 对 σ_c/σ_z 的影响

由图 3.47 和图 3.48 可见，随着腹杆壁厚的增大，各杆 σ_c 和 σ_c/σ_z 多依次减小，针对斜腹杆，由于其较弦杆的相对刚度增大，分担的弯矩值也增大，因而 σ_c

和 σ_c/σ_z 出现一定波动。9 号模型与其余两模型的 σ_c/σ_z 相差幅度较大，在 1 号和 8 号弦杆中相差近 70%，其余杆件变化较均匀。

2）变化弦杆壁厚而固定腹杆壁厚：选取 13 号、12 号和 11 号模型，弦杆壁厚分别为 12mm、10mm 和 6mm，腹杆壁厚为 6mm，β_{2-2} 取 0.5、0.6 和 1，见图 3.49 和图 3.50。

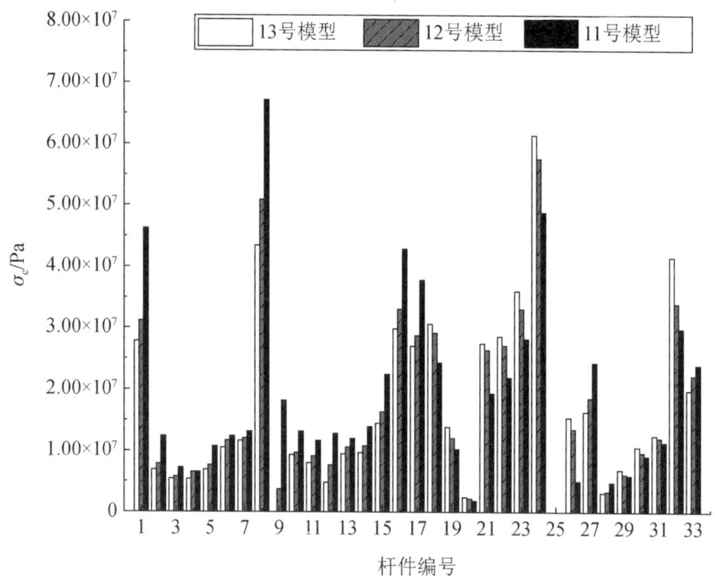

图 3.49　β_{2-2} 对 σ_c 的影响

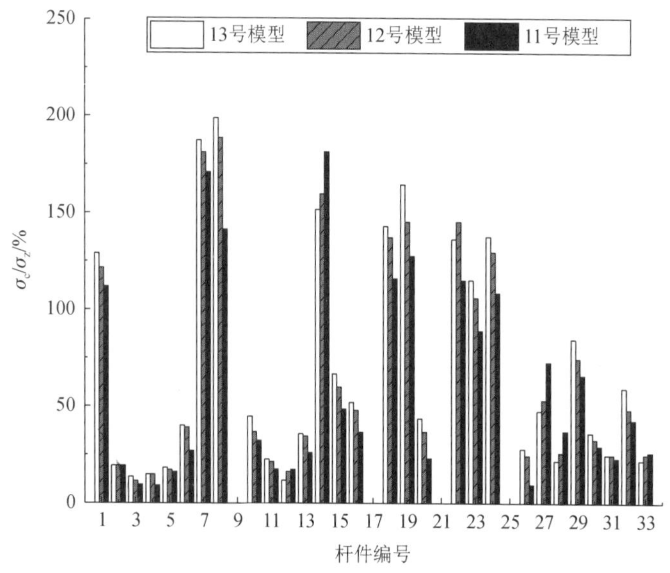

图 3.50　β_{2-2} 对 σ_c/σ_z 的影响

由图 3.49 和图 3.50 可见，随着弦杆壁厚的减小，各弦杆杆端弯矩也多依次减小，但因截面面积同时缩减，σ_c/σ_z 值反而上扬；直腹杆 σ_c/σ_z 值多有下降；斜腹杆体系相对增强，部分杆件弯矩略有上升，故 σ_c 值波动较大。总体来看，σ_c/σ_z 值也在斜腹杆上存在波动，其余杆件大部递次减小。不同模型之间该值变化幅度较小，没有出现大的落差，且未出现如前 60mm 腹杆（5 号模型）和 240mm 弦杆（8 号模型）模型中直腹杆达 200%、斜腹杆达 120%的较大次应力与正应力之比。

综上所述，β 数值越大，弦、腹杆截面间刚度越接近，因而整体结构次生弯矩值下降，次应力对结构的影响减弱，有利于结构受力。

对比第 2 小节和第 3 小节的分析结果，针对腹杆，变化杆宽时，直杆的次应力与正应力之比多数在 100%～240%波动，斜杆在 20%～120%波动；而改变壁厚时，直杆该值多集中在 100%～150%，斜杆该值集中在 20%～70%。杆宽变化对结构次应力的影响程度远大于壁厚变化。

4. 弦杆杆宽与弦杆壁厚之比 γ_1（$\gamma_1 = b_0/t_0$）

1）变化弦杆壁厚而固定弦杆杆宽：选取 13 号、12 号和 11 号模型，弦杆壁厚分别为 12mm、10mm 和 6mm，弦杆杆宽为 200mm，γ_{1-1} 取为 16.7、20 和 33.3，见图 3.49 和图 3.50。γ_{1-1} 越大，弦杆 σ_c 值越大，腹杆无明显变化规律；除斜杆外，σ_c/σ_z 基本呈下降趋势。这说明随着壁厚值的减小，γ_{1-1} 增大，次应力的影响力减弱，当弦、腹杆壁厚同为 6mm 时，次应力最小。

2）变化弦杆杆宽而固定弦杆壁厚：选取 8 号、2 号、7 号模型，弦杆杆宽分别为 240mm、200mm 和 180mm，弦杆壁厚 8mm，γ_{1-2} 取为 30、25 和 22.5，见图 3.45 和图 3.46。随着杆宽的减小，γ_{1-2} 减小，各杆件次应力及次应力与正应力之比均逐步降低，当弦杆杆宽取 180mm 时，弦、腹杆截面宽度最接近，次应力也达最小值。

5. 腹杆杆宽与腹杆壁厚之比 γ_2（$\gamma_2 = b_i/t_i$）

1）变化腹杆杆宽而固定腹杆壁厚：选取 5 号、6 号、2 号模型，腹杆杆宽分别为 60mm、100mm 和 150mm，腹杆壁厚 6mm，γ_{2-1} 取为 10、16.7 和 25，见图 3.43 和图 3.44。随着腹杆宽厚比的上升，各杆件次应力值基本下降（腹杆略有波动），次应力与正应力之比也基本呈下降趋势。说明随着杆宽的增大，次应力的影响力减弱，至腹杆取 150mm 时，弦、腹杆截面最为接近，次应力最小。

2）变化腹杆壁厚而固定腹杆杆宽：选取 9 号、2 号、10 号模型，腹杆壁厚分别为 5mm、6mm 和 8mm，腹杆杆宽为 150mm，γ_{2-2} 取为 30、25 和 18.75，见图 3.47 和图 3.48。随着腹杆宽厚比的下降，各杆件次应力值基本呈下降趋势（近中间支座处的斜杆反向增长)，除斜腹杆外其余杆件的次应力与正应力之比也递次下降。说明随着壁厚的增大，桁架次应力减小，当弦、腹杆壁厚同为 8mm 时，次应力达最小值。

综合第 4 小节和第 5 小节所述，与简支桁架类似，两跨连续桁架的杆件宽厚比γ对次应力影响也无明确的渐变规律可循，仅当弦、腹杆截面最接近时，杆件受次应力影响最小。

6. 杆宽与节点中心间距离χ（$\chi_1 = b_0/l_0$，$\chi_2 = b_i/l_i$）

选取 14 号、15 号和 2 号模型，桁架高度为 2.4m，节间长度从 1.8m 渐变至 3.0m，χ_1分别取 1/9、1/12 和 1/15，对应的χ_2为 1/20、1/23 和 1/25。它们对次应力及次应力与正应力之比的影响见图 3.51 和图 3.52。

由图 3.51 和图 3.52 可见，随着节间长度的增加，各杆σ_c亦逐渐增大（部分腹杆例外），σ_c/σ_z在弦杆和斜杆部分多呈下降趋势，直腹杆段多为上升段，整体趋势下降。说明随着杆宽与杆长比值的减小，杆件的线刚度减小，次应力的影响减弱。节间变化对次应力的影响远没有弦、腹杆截面变化的影响大，特别体现在腹杆上：直杆均在 130%以内，斜杆除 29 号杆外，其他各杆均不超出 50%。

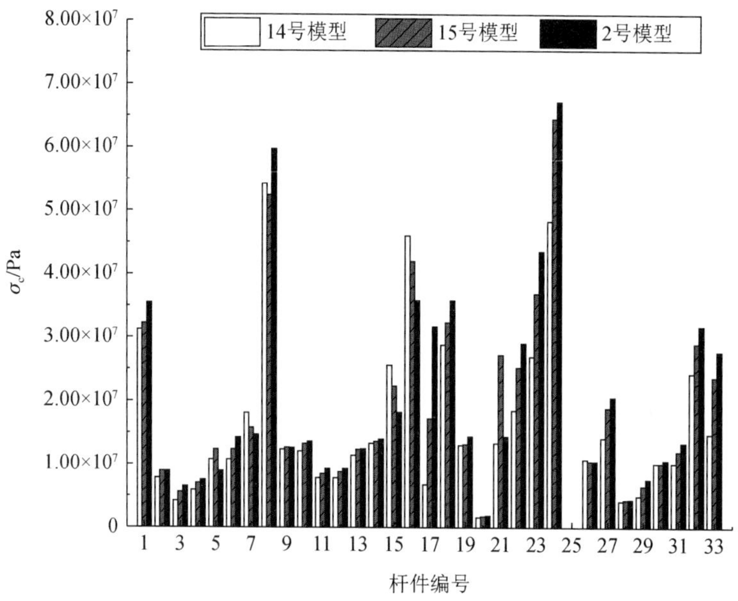

图 3.51　χ对σ_c的影响

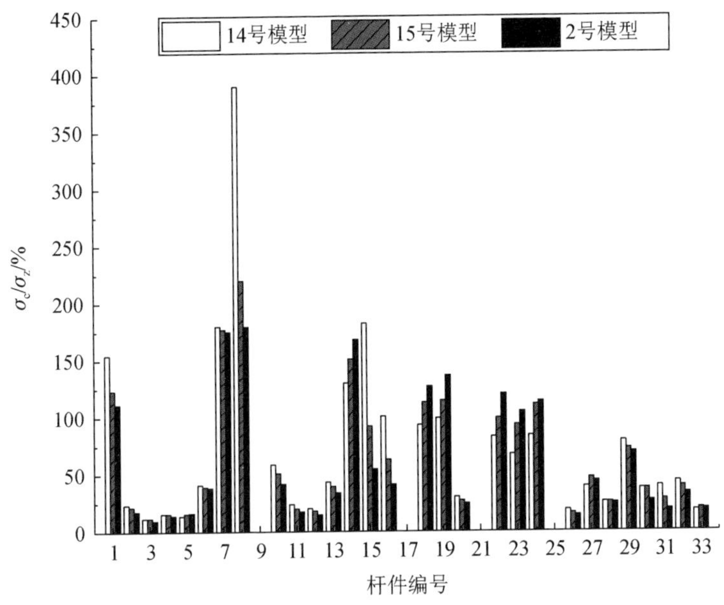

图 3.52　χ 对 σ_c/σ_z 的影响

3.3　次应力分布的多因素方差分析

在所有对桁架次应力分布产生影响的因素中，各因素的影响程度不尽相同。为了明确设计指标，减少次应力对结构性能的影响，有必要将各因素对次应力的影响程度进行分析，从多因素中找出对次应力分布有显著影响的因素，并确定此类因素在什么水平上对结构的受力更为有利。数理统计理论中的多因素方差分析法，就是通过对有限元计算结果进行分析，并鉴别出各因素的影响程度。本书采用多因素方差分析法，实现对影响方钢管桁架结构次应力分布的主要因素的甄别和影响程度的确定。

3.3.1　无交互作用的双因素方差分析

在某一分析中有两个因素 A、B 作用于分析指标时，因素 A 有 l 个水平 A_1，A_2，…，A_l，因素 B 有 m 个水平 B_1，B_2，…，B_m。在因素 A 的水平 A_i 与因素 B 的水平 B_j 的组合（A_i, B_j）下，总体 X_{ij} 服从正态分布 $N(\mu_{ij}, \sigma^2)$（$i=1,2,\cdots,l; j=1,2,\cdots,m$），所有这些总体均具有相同的方差 σ^2。设在每对组合（A_i, B_j）下各进行一次试验，所有试验均为互相独立，得到样本观测值 x_{ij} 见表 3.8。

表 3.8　分析样本双因素影响观测值

A \ B	B_1	B_2	…	B_m
A_1	x_{11}	x_{12}	…	x_{1m}
A_2	x_{21}	x_{22}	…	x_{2m}
⋮	⋮	⋮	⋮	⋮
A_l	x_{l1}	x_{l2}	…	x_{lm}

设在水平 A_i 下样本均值为 $\overline{X}_{i\cdot}$，即

$$\overline{X}_{i\cdot}=\frac{1}{m}\sum_{i=1}^{m}X_{ij},\quad i=1,2,\cdots,l$$

在水平 B_j 下样本均值为 $\overline{X}_{\cdot j}$，即

$$\overline{X}_{\cdot j}=\frac{1}{l}\sum_{i=1}^{l}X_{ij},\quad j=1,2,\cdots,m$$

则样本的总平均值为

$$\overline{X}=\frac{1}{lm}\sum_{i=1}^{l}\sum_{j=1}^{m}X_{ij}=\frac{1}{l}\sum_{i=1}^{l}\overline{X}_{i\cdot}=\frac{1}{m}\sum_{j=1}^{m}\overline{X}_{\cdot j}$$

总离差平方和为

$$S_{\mathrm{T}}=\sum_{i=1}^{l}\sum_{j=1}^{m}(X_{ij}-\overline{X})^2=S_{\mathrm{E}}+S_A+S_B$$

其中，

$$S_{\mathrm{E}}=\sum_{i=1}^{l}\sum_{j=1}^{m}(X_{ij}-\overline{X}_{i\cdot}-\overline{X}_{\cdot j}+\overline{X})^2$$

$$S_A=m\sum_{i=1}^{l}(\overline{X}_{i\cdot}-\overline{X})^2$$

$$S_B=l\sum_{j=1}^{m}(\overline{X}_{\cdot j}-\overline{X})^2$$

式中，S_{E}——误差离差平方和，反映了由各种随机因素引起的试验误差；

S_A——因素 A 的离差平方和，反映了因素 A 的不同水平引起的系统误差；

S_B——因素 B 的离差平方和，反映了因素 B 的不同水平引起的系统误差。

假设 H_0 成立，则所有的 lm 个总体 X_{ij} 均服从同样的正态分布 $N(\mu_{ij},\sigma^2)$，故

$$\frac{S_{\mathrm{T}}}{\sigma^2}=\frac{1}{\sigma^2}\sum_{i=1}^{l}\sum_{j=1}^{m}(X_{ij}-\overline{X})^2\sim\chi^2(lm-1)$$

由于$\overline{X}_{1\cdot},\overline{X}_{2\cdot},\cdots,\overline{X}_{l\cdot}$相互独立，且

$$\overline{X}_{i\cdot}\sim N\left(\mu,\frac{\sigma^2}{m}\right),\quad i=1,2,\cdots,l$$

故

$$\frac{S_A}{\sigma^2}=\frac{\sum_{i=1}^{l}(\overline{X}_{i\cdot}-\overline{X})^2}{\sigma^2/m}\sim\chi^2(l-1)$$

同理，有

$$\frac{S_B}{\sigma^2}=\frac{\sum_{j=1}^{m}(\overline{X}_{\cdot j}-\overline{X})^2}{\sigma^2/l}\sim\chi^2(m-1)$$

S_A、S_B、$S_{\rm E}$相互独立，并且

$$\frac{S_{\rm E}}{\sigma^2}\sim\chi^2((l-1)(m-1))$$

因素A、因素B及误差的平均离差平方和分别为$\overline{S}_A$、$\overline{S}_B$和$\overline{S}_{\rm E}$，即

$$\overline{S}_A=\frac{S_A}{l-1},\quad \overline{S}_B=\frac{S_B}{m-1},\quad \overline{S}_{\rm E}=\frac{S_{\rm E}}{(l-1)(m-1)}$$

由F分布的定义可得检验统计量分别为

$$F_A=\frac{\overline{S}_A}{\overline{S}_{\rm E}}\sim F(l-1,(l-1)(m-1))$$

$$F_B=\frac{\overline{S}_B}{\overline{S}_{\rm E}}\sim F(m-1,(l-1)(m-1))$$

在不考虑交互作用时，分别检验因素A和B对总体的影响是否显著。对给定的显著性水平α，查F分布表得到$F_{A\alpha}(l-1,(l-1)(m-1))$和$F_{B\alpha}(m-1,(l-1)(m-1))$。若$F_A\geqslant F_{A\alpha}$，则认为因素$A$对总体有显著影响；若$F_A<F_{A\alpha}$，则认为因素$A$对总体的影响不显著。对于因素$B$同理。

可定义下述参数：

$$P=\frac{1}{lm}\left(\sum_{i=1}^{l}\sum_{j=1}^{m}X_{ij}\right)^2,\quad Q_A=\frac{1}{m}\sum_{i=1}^{l}\left(\sum_{j=1}^{m}X_{ij}\right)^2$$

$$Q_B=\frac{1}{l}\sum_{j=1}^{m}\left(\sum_{i=1}^{l}X_{ij}\right)^2,\quad R=\sum_{i=1}^{l}\sum_{j=1}^{m}X_{ij}^2$$

则有

$$S_{\mathrm{T}}=R-P,\quad S_A=Q_A-P$$

$$S_B=Q_B-P,\quad S_{\mathrm{E}}=R-Q_A-Q_B+P$$

对于样本的实际观测值 $x_{ij}(i=1,2,\cdots,l;j=1,2,\cdots,m)$，可求得 P,Q_A,Q_B,R 值，并换算出 $S_{\mathrm{T}},S_A,S_B,S_{\mathrm{E}}$ 值后，再通过方差分析表 3.9 计算 F_A 和 F_B。

表 3.9　方差分析表

方差来源	离差平方和	自由度	平均离差平方和	F 值	显著性
因素 A	$S_A=Q_A-P$	$l-1$	$\bar{S}_A=\frac{S_A}{l-1}$	$F_A=\frac{\bar{S}_A}{\bar{S}_{\mathrm{E}}}$	Sig.A
因素 B	$S_B=Q_B-P$	$m-1$	$\bar{S}_B=\frac{S_B}{m-1}$	$F_B=\frac{\bar{S}_B}{\bar{S}_{\mathrm{E}}}$	Sig.B
误差	$S_{\mathrm{E}}=R-Q_A-Q_B+P$	$(l-1)(m-1)$	$\bar{S}_{\mathrm{E}}=\frac{S_{\mathrm{E}}}{(l-1)(m-1)}$		
总和	$S_{\mathrm{T}}=R-P$	$lm-1$			

对于给定的显著性水平 α，查 F 分布表得到其 $F_{A\alpha}(l-1,(l-1)(m-1))$ 和 $F_{B\alpha}(m-1,(l-1)(m-1))$。如果 $F_A\geqslant F_{A\alpha}$，则认为因素 A 对总体有显著影响；如果 $F_A<F_{A\alpha}$，则认为因素 A 对总体影响不显著。对于因素 B 同理。

显著性分析是用来测验假设的概率标准，一般以 α 表示显著性水平，如 $\alpha=0.05$ 或 $\alpha=0.01$。根据“小概率事件实际上不可能发生的原理”，当假设由随机误差导致差异时，计算所得概率如果小于显著性水平，可以认为假设不成立，即差异不是随机造成的，样本存在本质差异，样本数据呈显著性（$\alpha\leqslant0.05$）或极显著性（$\alpha\leqslant0.01$）；反之，如果计算概率大于显著性水平，则接受随机误差导致差异的假设。

3.3.2　单跨桁架次应力影响因素方差分析

1. 桁架高度与跨度之比 λ 的影响

选取 1 号～4 号模型，桁架跨度为 24m，高度从 1.8m 渐变至 3.6m，λ 分别取为 1/13.3、1/10、1/8 和 1/6.7。约定杆件编号 1～33（个别应力异常杆件剔除，以下用 G 表示杆件编号）为影响因素 A，桁架高跨比 λ 为影响因素 B。在 G 和 λ 双因素影响下桁架杆件 $\sigma_{\mathrm{c}}/\sigma_{\mathrm{z}}$ 的观测样本见表 3.10。

表 3.10　在 G 和 λ 双因素影响下桁架杆件 σ_c/σ_z 的观测样本

杆件编号 G	λ				杆件编号 G	λ			
	$\lambda=\frac{1}{13.3}$	$\lambda=\frac{1}{10}$	$\lambda=\frac{1}{8}$	$\lambda=\frac{1}{6.7}$		$\lambda=\frac{1}{13.3}$	$\lambda=\frac{1}{10}$	$\lambda=\frac{1}{8}$	$\lambda=\frac{1}{6.7}$
1	0.94	1.01	0.94	0.91	18	1.38	1.17	0.96	0.86
2	0.16	0.17	0.19	0.20	19	1.37	1.10	0.90	0.82
3	0.13	0.15	0.14	0.14	20	1.99	1.73	1.33	1.16
4	0.12	0.10	0.09	0.09	22	1.99	1.73	1.33	1.16
5	0.12	0.10	0.09	0.09	23	1.37	1.10	0.90	0.83
6	0.13	0.15	0.14	0.15	24	1.38	1.17	0.96	0.86
7	0.15	0.18	0.19	0.20	26	0.29	0.14	0.14	0.12
8	0.94	1.01	0.94	0.91	27	0.39	0.45	0.31	0.40
10	0.45	0.50	0.50	0.53	28	0.22	0.31	0.34	0.32
11	0.21	0.21	0.20	0.19	29	0.39	0.33	0.33	0.31
12	0.10	0.09	0.09	0.07	30	0.39	0.33	0.33	0.31
13	0.11	0.09	0.09	0.07	31	0.22	0.30	0.34	0.31
14	0.21	0.21	0.20	0.19	32	0.39	0.45	0.31	0.40
15	0.46	0.50	0.49	0.53	33	0.29	0.14	0.14	0.12

针对上述样本，采用统计软件 IBM-SPSS 进行杆件编号和桁架高跨比双因素影响下无交互作用的方差分析，获得的计算结果见表 3.11。

表 3.11　在 G 和 λ 双因素影响下的方差分析结果

方差来源	离差平方和	自由度	平均离差平方和	F 值	显著性
杆件编号 G	22.392	27	0.829	53.396	0.000
桁架高跨比 λ	0.375	3	0.125	8.054	0.000
误差	1.258	81	0.016		
校正后总和	24.026	111			

经过计算，对于给定的显著性水平 α=0.05，查 F 分布表得 $F_{G0.05}(27,81)=1.65$，$F_{\lambda0.05}(3,81)=2.73$。$F_G=53.396>F_{G0.05}(27,81)=1.65$，$F_\lambda=8.054>F_{\lambda0.05}(3,81)=2.73$，因此在显著性水平 α=0.05 情况下，可认为杆件编号和桁架高跨比对桁架杆件 σ_c/σ_z 有显著性影响。对 $\text{Sig}.G=0<0.01$，$\text{Sig}.\lambda=0<0.01$，亦显示双因素样本数据对桁架 σ_c/σ_z 有显著性影响。

2. 腹杆杆宽与弦杆杆宽之比 β_1 的影响

1）变化腹杆宽度而固定弦杆杆宽：选取 5 号、6 号和 2 号模型，β_{1-1} 取为 0.3、

0.5 和 0.75。约定杆件编号 1～33（个别应力异常杆件剔除）为影响因素 A，桁架杆宽比 β_{1-1} 为影响因素 B。在双因素影响下桁架杆件 σ_c/σ_z 的观测样本见表 3.12。

表 3.12　在 G 和 β_{1-1} 双因素影响下桁架杆件 σ_c/σ_z 的观测样本

杆件编号 G	β_{1-1}			杆件编号 G	β_{1-1}		
	$\beta_{1-1}=0.3$	$\beta_{1-1}=0.5$	$\beta_{1-1}=0.75$		$\beta_{1-1}=0.3$	$\beta_{1-1}=0.5$	$\beta_{1-1}=0.75$
1	1.54	1.13	1.01	18	1.48	0.86	1.17
2	0.35	0.20	0.17	19	1.77	1.76	1.10
3	0.20	0.14	0.15	20	2.63	1.75	1.73
4	0.17	0.10	0.10	22	2.61	1.75	1.73
5	0.17	0.10	0.10	23	1.76	1.75	1.10
6	0.20	0.14	0.15	24	1.48	0.86	1.17
7	0.34	0.20	0.18	26	0.40	0.40	0.14
8	1.51	1.13	1.01	27	0.67	0.63	0.45
10	0.51	0.54	0.50	28	0.68	0.64	0.31
11	0.28	0.25	0.21	29	0.57	0.35	0.33
12	0.17	0.12	0.09	30	0.55	0.36	0.33
13	0.17	0.12	0.09	31	0.68	0.65	0.30
14	0.28	0.25	0.21	32	0.67	0.63	0.45
15	0.53	0.51	0.50	33	0.40	0.40	0.14

针对上述样本，采用统计软件 IBM-SPSS 进行杆件编号和杆宽比双因素影响下无交互作用的方差分析，获得的计算结果见表 3.13。

表 3.13　在 G 和 β_{1-1} 双因素影响下的方差分析结果

方差来源	离差平方和	自由度	平均离差平方和	F 值	显著性
杆件编号 G	27.739	27	0.829	34.748	0.000
桁架杆宽比 β_{1-1}	1.131	2	0.125	19.118	0.000
误差	1.597	54	0.016		
校正后总和	30.466	83			

经过计算，对于给定的显著性水平 $\alpha=0.05$，可在应用数理统计类教材中查 F 分布表得 $F_{G0.05}(27,54)=1.70$，$F_{\beta 1-0.05}(2,54)=3.18$。由于 $F_G=34.748>F_{G0.05}(27,54)=1.70$，$F_{\beta 1}=19.118>F_{\beta 1-0.05}(2,54)=3.18$，因此在显著性水平 α=0.05 情况下，可认为杆件编号和桁架杆宽比对桁架杆件 σ_c/σ_z 有显著性影响。对 $\text{Sig}.G=0<0.01$，$\text{Sig}.\beta_1=0<0.01$，亦显示双因素样本数据对桁架 σ_c/σ_z 有显著性影响。

2）变化弦杆宽度而固定腹杆杆宽：选取 8 号、2 号和 7 号模型，β_{1-2} 取为 0.625、0.75 和 0.83。约定杆件编号 1～33（个别应力异常杆件剔除）为影响因素 A，桁架杆宽比 β_{1-2} 为影响因素 B。在 G 和 β_{1-2} 双因素影响下桁架杆件 σ_c/σ_z 的观测样本见表 3.14。

表 3.14　在 G 和 β_{1-2} 双因素影响下桁架杆件 σ_c/σ_z 的观测样本

杆件编号 G	β_{1-2}			杆件编号 G	β_{1-2}		
	$\beta_{1-2}=0.625$	$\beta_{1-2}=0.75$	$\beta_{1-3}=0.83$		$\beta_{1-2}=0.625$	$\beta_{1-2}=0.75$	$\beta_{1-3}=0.83$
1	1.13	1.01	1.09	18	1.27	1.17	1.07
2	0.22	0.17	0.17	19	1.43	1.10	0.90
3	0.17	0.15	0.13	20	1.84	1.73	1.40
4	0.13	0.10	0.10	22	1.89	1.73	1.41
5	0.13	0.10	0.10	23	1.41	1.10	0.90
6	0.17	0.15	0.12	24	1.27	1.17	1.07
7	0.21	0.18	0.17	26	0.36	0.14	0.12
8	1.13	1.01	1.09	27	0.66	0.45	0.35
10	0.56	0.50	0.42	28	0.58	0.31	0.19
11	0.23	0.21	0.18	29	0.49	0.33	0.15
12	0.12	0.09	0.08	30	0.49	0.33	0.15
13	0.12	0.09	0.08	31	0.58	0.30	0.19
14	0.23	0.21	0.18	32	0.66	0.45	0.35
15	0.57	0.50	0.42	33	0.36	0.14	0.12

针对上述样本，采用统计软件 IBM-SPSS 进行杆件编号和杆宽比双因素影响下无交互作用的方差分析，获得的计算结果见表 3.15。

表 3.15　在 G 和 β_{1-2} 双因素影响下的方差分析结果

方差来源	离差平方和	自由度	平均离差平方和	F 值	显著性
杆件编号 G	19.681	27	0.729	89.167	0.000
桁架杆宽比 β_{1-2}	0.592	2	0.296	36.197	0.000
误差	0.441	54	0.008		
校正后总和	20.715	83			

经过计算，对于给定的显著性水平 α=0.05，查 F 分布表得 $F_{G0.05}(27,54)$=1.70，$F_{\beta1-0.05}(2,54)=3.18$。$F_G=89.167>F_{G0.05}(27,54)=1.70$，$F_{\beta1}=19.118>F_{\beta1-0.05}(2,54)=3.18$，因此在显著性水平 α=0.05 情况下，可认为杆件编号和桁架杆宽比对桁架杆件 σ_c/σ_z 有显著性影响。对 $\text{Sig}.G=0<0.01$，$\text{Sig}.\beta_1=0<0.01$，亦显示双因素样本数据对桁架 σ_c/σ_z 有显著性影响。

3. 腹杆壁厚与弦杆壁厚之比 β_2 的影响

1）变化腹杆壁厚而固定弦杆壁厚：选取 9 号、2 号和 10 号模型，β_{2-1} 取为 0.625、0.75 和 1。约定杆件编号 1～33（个别应力异常杆件剔除）为影响因素 A，桁架壁厚比 β_{2-1} 为影响因素 B。在 G 和 β_{2-1} 双因素影响下桁架杆件 σ_c/σ_z 的观测样本见表 3.16。

表 3.16　在 G 和 β_{2-1} 双因素影响下桁架杆件的 σ_c/σ_z 的观测样本

杆件编号 G	β_{2-1}			杆件编号 G	β_{2-1}		
	$\beta_{2-1}=0.625$	$\beta_{2-1}=0.75$	$\beta_{2-1}=1$		$\beta_{2-1}=0.625$	$\beta_{2-1}=0.75$	$\beta_{2-1}=1$
1	1.24	1.01	0.96	18	1.20	1.17	1.11
2	0.18	0.17	0.18	19	1.11	1.10	1.11
3	0.16	0.15	0.15	20	1.70	1.73	1.73
4	0.11	0.10	0.10	22	1.71	1.73	1.73
5	0.11	0.10	0.10	23	1.11	1.10	1.11
6	0.16	0.15	0.15	24	1.20	1.17	1.11
7	0.18	0.18	0.18	26	0.13	0.14	0.19
8	1.26	1.01	0.97	27	0.43	0.45	0.48
10	0.54	0.50	0.50	28	0.30	0.31	0.71
11	0.23	0.21	0.21	29	0.31	0.33	0.90
12	0.10	0.09	0.09	30	0.31	0.33	0.90
13	0.10	0.09	0.09	31	0.30	0.30	0.70
14	0.23	0.21	0.21	32	0.42	0.45	0.47
15	0.53	0.50	0.50	33	0.13	0.14	0.19

针对上述样本，采用统计软件 IBM-SPSS 进行杆件编号和杆件壁厚比双因素影响下无交互作用的方差分析，获得的计算结果见表 3.17。

表 3.17　在 G 和 β_{2-1} 双因素影响下的方差分析结果

方差来源	离差平方和	自由度	平均离差平方和	F 值	显著性
杆件编号 G	19.956	27	0.739	56.288	0.000
桁架壁厚比 β_{2-1}	0.069	2	0.034	2.615	0.082
误差	0.709	54	0.013		
校正后总和	20.734	83			

经过计算，对于给定的显著性水平 α=0.05，查 F 分布表得 $F_{G0.05}(27,81)=1.65$，$F_{\beta2-0.05}(3,81)=2.73$。$F_G=56.288>F_{G0.05}(27,54)=1.70$，$F_{\beta2}=2.615<F_{\beta2-0.05}(2,54)=3.18$，因此在显著性水平 α=0.05 情况下，可认为杆件编号对桁架杆件 σ_c/σ_z 有显

著性影响，桁架杆件壁厚比对桁架杆件 σ_c/σ_z 无显著性影响。对 $\text{Sig}.G = 0 < 0.01$，$\text{Sig}.\beta_2 = 0.082 > 0.05$，亦显示同样结果。

2）变化弦杆壁厚而固定腹杆壁厚：选取 13 号、12 号、2 号和 11 号模型，β_{2-2} 取为 0.5、0.6、0.75 和 1。约定杆件编号 1～33（个别应力异常杆件剔除）为影响因素 A，桁架壁厚比 β_{2-2} 为影响因素 B。在 G 和 β_{2-2} 双因素影响下桁架杆件 σ_c/σ_z 的观测样本见表 3.18。

表 3.18　在 G 和 β_{2-2} 双因素影响下桁架杆件 σ_c/σ_z 的观测样本

杆件编号 G	β_{2-2}				杆件编号 G	β_{2-2}			
	$\beta_{2-2}=0.5$	$\beta_{2-2}=0.6$	$\beta_{2-2}=0.75$	$\beta_{2-2}=1$		$\beta_{2-2}=0.5$	$\beta_{2-2}=0.6$	$\beta_{2-2}=0.75$	$\beta_{2-2}=1$
1	1.05	1.03	1.01	0.99	18	1.25	1.21	1.17	1.10
2	0.17	0.19	0.17	0.20	19	1.38	1.24	1.10	1.08
3	0.14	0.14	0.15	0.16	20	1.98	1.70	1.73	1.01
4	0.11	0.11	0.10	0.10	22	1.92	1.71	1.73	1.00
5	0.11	0.11	0.10	0.10	23	1.36	1.24	1.10	1.08
6	0.13	0.14	0.15	0.16	24	1.26	1.22	1.17	1.10
7	0.17	0.18	0.18	0.20	26	0.20	0.19	0.14	0.09
8	1.05	1.02	1.01	0.98	27	0.34	0.39	0.45	0.29
10	0.47	0.49	0.50	0.54	28	0.20	0.25	0.31	0.21
11	0.22	0.22	0.21	0.22	29	0.23	0.34	0.33	0.26
12	0.11	0.11	0.09	0.09	30	0.24	0.34	0.33	0.25
13	0.11	0.11	0.09	0.09	31	0.20	0.25	0.30	0.22
14	0.22	0.22	0.21	0.22	32	0.34	0.40	0.45	0.29
15	0.48	0.49	0.50	0.54	33	0.20	0.19	0.14	0.09

针对上述样本，采用统计软件 IBM-SPSS 进行杆件编号和杆件壁厚比双因素影响下无交互作用的方差分析，获得的计算结果见表 3.19。

表 3.19　在 G 和 β_{2-2} 双因素影响下的方差分析结果

方差来源	离差平方和	自由度	平均离差平方和	F 值	显著性
杆件编号 G	26.319	27	0.975	75.762	0.000
桁架壁厚比 β_{2-2}	0.191	3	0.064	4.945	0.003
误差	1.042	81	0.013		
校正后总和	27.552	111			

经过计算，对于给定的显著性水平 α=0.05，查 F 分布表得 $F_{G0.05}(27,54)$= 1.70，

$F_{\beta2-0.05}(2,54)=3.18$。$F_G=75.762>F_{G0.05}(27,81)=1.65$，$F_{\beta2}=4.945>F_{\beta2-0.05}(3,81)=2.73$，因此在显著性水平$\alpha$=0.05情况下，可认为杆件编号和桁架壁厚比$\beta_{2-2}$对桁架杆件$\sigma_c/\sigma_z$有显著性影响。对$\text{Sig}.G=0<0.01$，$\text{Sig}.\beta_2=0.003<0.01$，亦显示双因素样本数据对桁架$\sigma_c/\sigma_z$有显著性影响。

4. 弦杆杆宽与弦杆壁厚之比γ_1的影响

1）变化弦杆壁厚而固定弦杆杆宽：选取13号、12号、2号和11号模型，γ_{1-1}取为16.7、20、25和33.3。方差分析结果与考虑因素β_{2-2}相同时，杆件编号和弦杆杆宽与壁厚比对桁架杆件σ_c/σ_z有显著性影响。

2）变化弦杆杆宽而固定弦杆壁厚：选取8号、2号和7号模型，γ_{1-2}取为30、25和22.5。方差分析结果与考虑因素β_{1-2}相同时，杆件编号和弦杆杆宽与壁厚比对桁架杆件σ_c/σ_z有显著性影响。

5. 腹杆杆宽与腹杆壁厚之比γ_2的影响

1）变化腹杆杆宽而固定腹杆壁厚：选取5号、6号和2号模型，γ_{2-1}取为10、16.7和25。方差分析结果与考虑因素β_{1-1}相同时，杆件编号和腹杆杆宽与壁厚比对桁架杆件σ_c/σ_z有显著性影响。

2）变化腹杆壁厚而固定腹杆杆宽：选取9号、2号和10号模型，γ_{2-2}取为30、25和18.75。方差分析结果与考虑因素β_{2-1}相同时，杆件编号对桁架杆件σ_c/σ_z有显著性影响，腹杆杆宽与壁厚比对桁架杆件σ_c/σ_z无显著性影响。

6. 杆宽与节点中心间距离之比χ的影响

选取14号、15号和2号模型，χ_1分别取1/9、1/12和1/15，对应的χ_2为1/20、1/23和1/25。约定杆件编号1～33（个别应力异常杆件剔除）为影响因素A，桁架杆宽与节点中心间距离比χ为影响因素B。在G和χ_1双因素影响下桁架杆件σ_c/σ_z的观测样本见表3.20。

表3.20 在G和χ_1双因素影响下桁架杆件σ_c/σ_z的观测样本

杆件编号G	χ_1			杆件编号G	χ_1		
	$\chi_1=1/9$	$\chi_1=1/12$	$\chi_1=1/15$		$\chi_1=1/9$	$\chi_1=1/12$	$\chi_1=1/15$
1	1.22	1.12	1.01	7	0.28	0.24	0.18
2	0.28	0.23	0.17	8	1.22	1.13	1.01
3	0.20	0.18	0.15	10	1.22	0.61	0.50
4	0.11	0.11	0.10	11	0.29	0.26	0.21
5	0.11	0.11	0.10	12	0.10	0.11	0.09
6	0.20	0.18	0.15	13	0.10	0.11	0.09

续表

杆件编号 G	χ_1			杆件编号 G	χ_1		
	$\chi_1=1/9$	$\chi_1=1/12$	$\chi_1=1/15$		$\chi_1=1/9$	$\chi_1=1/12$	$\chi_1=1/15$
14	0.29	0.26	0.21	26	0.17	0.17	0.14
15	0.68	0.61	0.50	27	0.38	0.47	0.45
18	0.98	1.30	1.17	28	0.37	0.36	0.31
19	0.95	1.08	1.10	29	0.30	0.38	0.33
20	1.59	1.60	1.73	30	0.30	0.39	0.33
22	1.58	1.65	1.73	31	0.37	0.36	0.30
23	0.95	1.08	1.10	32	0.38	0.47	0.45
24	0.98	1.31	1.17	33	0.17	0.17	0.14

针对上述样本，采用统计软件 IBM-SPSS 进行杆件编号和杆宽与节点中心间距离比双因素影响下无交互作用的方差分析，获得的计算结果见表 3.21。

表 3.21　在 G 和 χ 双因素影响下的方差分析结果

方差来源	离差平方和	自由度	平均离差平方和	F 值	显著性
杆件编号 G	18.832	27	0.697	70.165	0.000
杆宽与节点中心间距离比 χ	0.025	2	0.012	1.244	0.296
误差	0.537	54	0.010		
校正后总和	19.394	83			

经过计算，对于给定的显著性水平 α=0.05，查 F 分布表得 $F_{G0.05}(27,54)=1.70$，$F_{\chi0.05}(2,54)=3.18$。$F_G=70.165>F_{G0.05}(27,54)=1.70$，$F_\chi=1.244<F_{\chi0.05}(2,54)=3.18$，因此在显著性水平 α=0.05 情况下，可认为杆件编号对桁架杆件 σ_c/σ_z 有显著性影响，桁架杆宽与节点中心间距离比 χ 对 σ_c/σ_z 无显著性影响。对 $\text{Sig.}G=0<0.01$，$\text{Sig.}\chi=0.296>0.05$，显示同样结果。

3.3.3　两跨连续桁架次应力影响因素方差分析

1. 桁架高度与跨度之比 λ 的影响

选取 1 号～4 号模型，桁架跨度为 2×24m，高度从 1.8m 渐变至 3.6m，λ 分别为 1/13.3、1/10、1/8 和 1/6.7。约定杆件编号 1～33（个别应力异常杆件剔除）为影响因素 A，桁架高跨比 λ 为影响因素 B。在 G 和 λ 双因素影响下桁架杆件 σ_c/σ_z 的观测样本见表 3.22。

表 3.22 在 G 和 λ 双因素影响下桁架杆件 σ_c/σ_z 的观测样本

杆件编号 G	λ				杆件编号 G	λ			
	$\lambda=\frac{1}{13.3}$	$\lambda=\frac{1}{10}$	$\lambda=\frac{1}{8}$	$\lambda=\frac{1}{6.7}$		$\lambda=\frac{1}{13.3}$	$\lambda=\frac{1}{10}$	$\lambda=\frac{1}{8}$	$\lambda=\frac{1}{6.7}$
1	1.18	1.11	1.07	1.11	18	1.38	1.27	1.04	0.92
2	0.17	0.18	0.18	0.18	19	1.87	1.36	1.21	1.09
3	0.12	0.10	0.08	0.09	20	0.45	0.25	0.12	0.05
4	0.15	0.14	0.13	0.11	22	1.47	1.20	0.97	0.87
5	0.16	0.16	0.12	0.13	23	1.42	1.05	0.87	0.81
6	0.37	0.38	0.40	0.43	24	1.27	1.14	0.98	0.86
7	2.31	1.75	1.65	1.34	26	0.24	0.14	0.09	0.09
8	1.46	1.79	2.20	2.41	27	0.47	0.44	0.23	0.23
10	0.39	0.42	0.44	0.49	28	0.27	0.25	0.23	0.20
11	0.18	0.17	0.16	0.18	29	0.63	0.69	0.71	0.56
12	0.16	0.15	0.14	0.14	30	0.03	0.27	0.33	0.35
13	0.35	0.34	0.26	0.21	31	0.09	0.20	0.34	0.35
14	1.74	1.68	1.59	1.38	32	0.28	0.33	0.37	0.39
15	0.49	0.54	0.58	0.96	33	0.20	0.20	0.19	0.18
16	0.56	0.41	0.46	0.59					

针对上述样本，采用统计软件 IBM-SPSS 进行杆件编号和桁架高跨比双因素影响下无交互作用的方差分析，获得的计算结果见表 3.23。

表 3.23 在 G 和 λ 双因素影响下的方差分析结果

方差来源	离差平方和	自由度	平均离差平方和	F 值	显著性
杆件编号 G	34.152	28	1.220	42.631	0.000
桁架高跨比 λ	0.202	3	0.067	2.349	0.078
误差	2.403	84	0.029		
校正后总和	36.757	115			

经过计算，对于给定的显著性水平 α=0.05，查 F 分布表得 $F_{G0.05}(28,84)=1.65$，$F_{\lambda 0.05}(3,84)=2.73$。$F_G=42.631>F_{G0.05}(28,84)=1.65$，$F_\lambda=2.349<F_{\lambda 0.05}(3,84)=2.73$，因此在显著性水平 $\alpha=0.05$ 情况下，可认为杆件编号对桁架杆件 σ_c/σ_z 有显著性影响，桁架高跨比对 σ_c/σ_z 无显著性影响。对 $\text{Sig}.G=0<0.01$，$\text{Sig}.\lambda=0.078>0.05$，亦显示同样结果。

2. 腹杆杆宽与弦杆杆宽之比 β_1 的影响

1）变化腹杆宽度而固定弦杆杆宽：选取 5 号、6 号和 2 号模型，β_{1-1} 取为 0.3、0.5 和 0.75。约定杆件编号 1～33（个别应力异常杆件剔除）为影响因素 A，桁架杆宽比 β_{1-1} 为影响因素 B。在 G 和 β_{1-1} 双因素影响下桁架杆件 σ_c/σ_z 的观测样本见表 3.24。

表 3.24　在 G 和 β_{1-1} 双因素影响下桁架杆件 σ_c/σ_z 的观测样本

杆件编号 G	β_{1-1}			杆件编号 G	β_{1-1}		
	$\beta_{1-1}=0.3$	$\beta_{1-1}=0.5$	$\beta_{1-1}=0.75$		$\beta_{1-1}=0.3$	$\beta_{1-1}=0.5$	$\beta_{1-1}=0.75$
1	2.43	1.57	1.11	18	1.75	1.45	1.27
2	0.34	0.26	0.18	19	2.39	1.89	1.36
3	0.24	0.19	0.10	20	0.51	0.36	0.25
4	0.27	0.19	0.14	22	2.34	1.74	1.20
5	0.35	0.29	0.16	23	2.06	1.54	1.05
6	0.59	0.43	0.38	24	1.32	1.26	1.14
7	0.96	1.27	1.75	26	0.36	0.29	0.14
8	3.96	2.66	1.79	27	0.80	0.61	0.44
10	0.66	0.52	0.42	28	0.67	0.43	0.25
11	0.41	0.32	0.17	29	1.07	0.83	0.69
12	0.33	0.22	0.15	30	0.57	0.47	0.27
13	0.42	0.37	0.34	31	0.67	0.36	0.20
14	1.35	1.47	1.68	32	0.68	0.43	0.33
15	0.77	0.65	0.54	33	0.31	0.26	0.20
16	0.82	0.62	0.41				

针对上述样本，采用统计软件 IBM-SPSS 进行杆件编号和杆宽比双因素影响下无交互作用的方差分析，获得的计算结果见表 3.25。

表 3.25　在 G 和 β_{1-1} 双因素影响下的方差分析结果

方差来源	离差平方和	自由度	平均离差平方和	F 值	显著性
杆件编号 G	37.613	28	1.343	18.595	0.000
桁架杆宽比 β_{1-1}	2.236	2	1.118	15.475	0.000
误差	4.046	56	0. 072		
校正后总和	43.894	86			

经过计算，对于给定的显著性水平 α=0.05，查 F 分布表得 $F_{G0.05}(28,56)=1.68$，$F_{\beta1-0.05}(2,56)=3.17$。$F_G=18.595>F_{G0.05}(28,56)=1.68$，$F_{\beta1}=15.475>F_{\beta1-0.05}(2,56)=3.17$，因此在显著性水平 α=0.05 情况下，可认为杆件编号和桁架杆宽比对桁架杆件 σ_c/σ_z 有显著性影响。对 $\mathrm{Sig}.G=0<0.01$，$\mathrm{Sig}.\beta_1=0<0.01$，亦显示双因素样本数据对桁架 σ_c/σ_z 有显著性影响。

2）变化弦杆宽度而固定腹杆杆宽：选取 8 号、2 号和 7 号模型，β_{1-2} 取为 0.625、0.75 和 0.83。约定杆件编号 1～33（个别应力异常杆件剔除）为影响因素 A，桁架杆宽比 β_{1-2} 为影响因素 B。在 G 和 β_{1-2} 双因素影响下桁架杆件 σ_c/σ_z 的观测样本见表 3.26。

表 3.26　在 G 和 β_{1-2} 双因素影响下桁架杆件 σ_c/σ_z 的观测样本

杆件编号 G	β_{1-2}			杆件编号 G	β_{1-2}		
	$\beta_{1-2}=0.625$	$\beta_{1-2}=0.75$	$\beta_{1-2}=0.83$		$\beta_{1-2}=0.625$	$\beta_{1-2}=0.75$	$\beta_{1-2}=0.83$
1	8.00	2.00	7.00	18	1.52	1.27	1.17
2	2.37	1.11	0.95	19	2.14	1.36	1.46
3	0.23	0.18	0.15	20	0.26	0.25	0.29
4	0.12	0.10	0.11	22	1.52	1.20	0.97
5	0.19	0.14	0.11	23	1.40	1.05	0.89
6	0.17	0.16	0.15	24	1.37	1.14	0.94
7	0.51	0.38	0.33	26	0.31	0.14	0.14
8	1.89	1.75	1.64	27	0.67	0.44	0.34
10	0.57	0.42	0.39	28	0.46	0.25	0.13
11	0.26	0.17	0.14	29	1.24	0.69	0.41
12	0.21	0.15	0.14	30	0.57	0.27	0.22
13	0.43	0.34	0.28	31	0.22	0.20	0.14
14	1.64	1.68	2.00	32	0.41	0.33	0.25
15	0.71	0.54	0.47	33	0.15	0.20	0.06
16	0.75	0.41	0.40				

针对上述样本，采用统计软件 IBM-SPSS 进行杆件编号和杆宽比双因素影响下无交互作用的方差分析，获得的计算结果见表 3.27。

表 3.27　在 G 和 β_{1-2} 双因素影响下的方差分析结果

方差来源	离差平方和	自由度	平均离差平方和	F 值	显著性
杆件编号 G	28.692	28	1.034	31.215	0.000
桁架杆宽比 β_{1-2}	1.320	2	0.660	19.918	0.000
误差	1.856	56	0.033		
校正后总和	32.137	86			

经过计算，对于给定的显著性水平 α=0.05，查 F 分布表得 $F_{G0.05}(28,56)$= 1.68，$F_{\beta1-0.05}(2,56)=3.17$。$F_G=31.215>F_{G0.05}(28,56)=1.68$，$F_{\beta1}=19.918>F_{\beta1-0.05}(2,56)=3.17$，因此在显著性水平 $\alpha=0.05$ 情况下，可认为杆件编号和桁架杆宽比对桁架杆件 σ_c/σ_z 有显著性影响。又由 $\text{Sig}.G=0<0.01$，$\text{Sig}.\beta_1=0<0.01$，亦显示双因素样本数据对桁架 σ_c/σ_z 有显著性影响。

3. 腹杆壁厚与弦杆壁厚之比 β_2 的影响

1）变化腹杆壁厚而固定弦杆壁厚：选取 9 号、2 号和 10 号模型，β_{2-1} 取为 0.625、0.75 和 1。约定杆件编号 1～33（个别应力异常杆件剔除）为影响因素 A，桁架壁厚比 β_{2-1} 为影响因素 B。在 G 和 β_{2-1} 双因素影响下桁架杆件 σ_c/σ_z 的观测样本见表 3.28。

表 3.28　在 G 和 β_{2-1} 双因素影响下桁架杆件 σ_c/σ_z 的观测样本

杆件编号 G	β_{2-1}			杆件编号 G	β_{2-1}		
	$\beta_{2-1}=0.625$	$\beta_{2-1}=0.75$	$\beta_{2-1}=1$		$\beta_{2-1}=0.625$	$\beta_{2-1}=0.75$	$\beta_{2-1}=1$
1	9.00	2.00	10.00	18	1.23	1.27	1.05
2	1.70	1.11	1.06	19	1.45	1.36	1.17
3	0.28	0.18	0.18	20	0.18	0.25	0.14
4	0.17	0.10	0.10	22	1.23	1.20	1.11
5	0.21	0.14	0.14	23	1.05	1.05	0.94
6	0.25	0.16	0.17	24	1.20	1.14	1.00
7	0.52	0.38	0.39	26	0.14	0.14	0.15
8	1.95	1.75	1.83	27	0.39	0.44	0.40
10	0.67	0.42	0.44	28	0.22	0.25	0.27
11	0.27	0.17	0.17	29	0.73	0.69	0.57
12	0.24	0.15	0.15	30	0.27	0.27	0.28
13	0.46	0.34	0.32	31	0.20	0.20	0.19
14	1.91	1.68	1.73	32	0.28	0.33	0.45
15	0.88	0.54	0.53	33	0.15	0.20	0.32
16	0.65	0.41	0.37				

针对上述样本，采用统计软件 IBM-SPSS 进行杆件编号和杆件壁厚比双因素影响下无交互作用的方差分析，获得的计算结果见表 3.29。

表 3.29　在 G 和 β_{2-1} 双因素影响下的方差分析结果

方差来源	离差平方和	自由度	平均离差平方和	F 值	显著性
杆件编号 G	27.133	28	0.969	70.276	0.000
桁架壁厚比 β_{2-1}	0.320	2	0.160	11.599	0.000
误差	0.772	56	0.014		
校正后总和	28.225	86			

经过计算，对于给定的显著性水平 α=0.05，查 F 分布表得 $F_{G0.05}(28,56)$= 1.68，$F_{\beta 2-0.05}(2,56) = 3.17$。$F_G = 70.276 > F_{G0.05}(28,56) = 1.68$，$F_{\beta 2} = 11.599 <$ $F_{\beta 2-0.05}(2,56) = 3.17$，因此在显著性水平 $\alpha = 0.05$ 情况下，可认为杆件编号对桁架杆件 σ_c/σ_z 有显著性影响，桁架杆件壁厚比对桁架杆件 σ_c/σ_z 无显著性影响。对 $\mathrm{Sig}.G = 0 < 0.01$，$\mathrm{Sig}.\beta_2 = 0.082 > 0.05$，亦显示同样结果。

2）变化弦杆壁厚而固定腹杆壁厚：选取 13 号、12 号、2 号和 11 号模型，β_{2-2} 取为 0.5、0.6、0.75 和 1。约定杆件编号 1～33（个别应力异常杆件剔除）为影响因素 A，桁架壁厚比 β_{2-2} 为影响因素 B。在 G 和 β_{2-2} 双因素影响下桁架杆件 σ_c/σ_z 的观测样本见表 3.30。

表 3.30　在 G 和 β_{2-2} 双因素影响下桁架杆件 σ_c/σ_z 的观测样本

杆件编号 G	β_{2-2}				杆件编号 G	β_{2-2}			
	$\beta_{2-2}=0.5$	$\beta_{2-2}=0.6$	$\beta_{2-2}=0.75$	$\beta_{2-2}=1$		$\beta_{2-2}=0.5$	$\beta_{2-2}=0.6$	$\beta_{2-2}=0.75$	$\beta_{2-2}=1$
1	13.00	12.00	2.00	11.00	18	1.43	1.37	1.27	1.16
2	1.29	1.22	1.11	1.12	19	1.65	1.45	1.36	1.28
3	0.19	0.19	0.18	0.19	20	0.44	0.37	0.25	0.23
4	0.14	0.11	0.10	0.10	22	1.36	1.45	1.20	1.15
5	0.15	0.15	0.14	0.09	23	1.15	1.06	1.05	0.89
6	0.18	0.17	0.16	0.16	24	1.38	1.30	1.14	1.09
7	0.40	0.39	0.38	0.27	26	0.28	0.25	0.14	0.10
8	1.88	1.81	1.75	1.71	27	0.48	0.53	0.44	0.73
10	0.45	0.37	0.42	0.32	28	0.22	0.26	0.25	0.37
11	0.23	0.22	0.17	0.18	29	0.85	0.75	0.69	0.66
12	0.12	0.16	0.15	0.18	30	0.36	0.33	0.27	0.29
13	0.36	0.35	0.34	0.26	31	0.25	0.25	0.20	0.23
14	1.52	1.60	1.68	1.82	32	0.59	0.48	0.33	0.43
15	0.67	0.60	0.54	0.49	33	0.22	0.25	0.20	0.26
16	0.52	0.48	0.41	0.37					

注：在有限元分析中，杆件计算发生异常，故 17 号杆件未计入。

针对上述样本，采用统计软件 IBM-SPSS 进行杆件编号和杆件壁厚比双因素影响下无交互作用的方差分析，获得的计算结果见表 3.31。

表 3.31 G 和 β_{2-2} 影响下方差分析结果

方差来源	离差平方和	自由度	平均离差平方和	F 值	显著性
杆件编号 G	34.058	28	1.216	181.471	0.000
桁架壁厚比 β_{2-2}	0.228	3	0.076	11.333	0.000
误差	0.563	84	0.007		
校正后总和	34.849	115			

经过计算，对于给定的显著性水平 α=0.05，查 F 分布表得 $F_{G0.05}(28,84)$= 1.65，$F_{\beta2-0.05}(3,84)$=2.73。$F_G=181.471>F_{G0.05}(28,84)=1.65$，$F_{\beta2}=11.333>F_{\beta2-0.05}(3,84)=2.73$，因此在显著性水平 $\alpha=0.05$ 情况下，可认为杆件编号和桁架壁厚比 β_{2-2} 对桁架杆件 σ_c/σ_z 有显著性影响。对 $\mathrm{Sig}.G=0<0.01$，$\mathrm{Sig}.\beta_2=0.003<0.01$，亦显示双因素样本数据对桁架 σ_c/σ_z 有显著性影响。

4. 弦杆杆宽与弦杆壁厚之比 γ_1 的影响

1）变化弦杆壁厚而固定弦杆杆宽：选取 13 号、12 号、2 号和 11 号模型，γ_{1-1} 取为 16.7、20、25 和 33.3。方差分析结果与考虑因素 β_{2-2} 相同时，杆件编号和弦杆杆宽与壁厚比对桁架杆件 σ_c/σ_z 有显著性影响。

2）变化弦杆杆宽而固定弦杆壁厚：选取 8 号、2 号、7 号模型，γ_{1-2} 取为 30、25 和 22.5。方差分析结果与考虑因素 β_{1-2} 相同时，杆件编号和弦杆杆宽与壁厚比对桁架杆件 σ_c/σ_z 有显著性影响。

5. 腹杆杆宽与腹杆壁厚之比 γ_2 的影响

1）变化腹杆杆宽而固定腹杆壁厚：选取 5 号、6 号和 2 号模型，γ_{2-1} 取为 10、16.7 和 25。方差分析结果与考虑因素 β_{1-1} 相同时，杆件编号和腹杆杆宽与壁厚比对桁架杆件 σ_c/σ_z 有显著性影响。

2）变化腹杆壁厚而固定腹杆杆宽：选取 9 号、2 号和 10 号模型，γ_{2-2} 取为 30、25 和 18.75。方差分析结果与考虑因素 β_{2-1} 相同时，杆件编号和腹杆杆宽与壁厚比对桁架杆件 σ_c/σ_z 有显著性影响。

6. 杆宽与节点中心间距离之比 χ 的影响

选取 14 号、15 号和 2 号模型，χ_1 分别取 1/9、1/12 和 1/15，对应的 χ_2 为 1/20、1/23 和 1/25。约定杆件编号 1～33（个别应力异常杆件剔除）为影响因素 A，桁架杆宽与节点中心间距离比 χ 为影响因素 B 。在 G 和 χ_1 双因素影响下桁架杆件 σ_c/σ_z 的观测样本见表 3.32。

表 3.32　在 G 和 χ_1 双因素影响下桁架杆件 σ_c/σ_z 的观测样本

杆件编号 G	χ_1			杆件编号 G	χ_1		
	$\chi_1=1/9$	$\chi_1=1/12$	$\chi_1=1/15$		$\chi_1=1/9$	$\chi_1=1/12$	$\chi_1=1/15$
1	1.54	1.23	1.11	18	0.93	1.13	1.27
2	0.23	0.21	0.18	19	0.99	1.15	1.36
3	0.12	0.12	0.10	20	0.30	0.27	0.25
4	0.16	0.16	0.14	22	0.83	0.99	1.20
5	0.14	0.16	0.16	23	0.67	0.94	1.05
6	0.41	0.39	0.38	24	0.84	1.11	1.14
7	1.80	1.77	1.75	26	0.19	0.16	0.14
8	3.90	2.20	1.79	27	0.39	0.47	0.44
10	0.59	0.51	0.42	28	0.26	0.26	0.25
11	0.24	0.20	0.17	29	0.79	0.73	0.69
12	0.20	0.18	0.15	30	0.38	0.38	0.27
13	0.43	0.39	0.34	31	0.40	0.28	0.20
14	1.30	1.51	1.68	32	0.44	0.40	0.33
15	1.82	0.92	0.54	33	0.18	0.20	0.20
16	1.01	0.63	0.41				

注：在有限元分析中，杆件计算发生异常，故 17 号杆件未计入。

针对上述样本，采用统计软件 IBM-SPSS 进行杆件编号和杆宽与节点中心间距离比双因素影响下无交互作用的方差分析，获得的计算结果见表 3.33。

表 3.33　在 G 和 χ 双因素影响下的方差分析结果

方差来源	离差平方和	自由度	平均离差平方和	F 值	显著性
杆件编号 G	29.839	28	1.066	15.273	0.000
杆宽与节点中心间距离比 χ	0.209	2	0.105	1.495	0.232
误差	3.907	56	0.070		
校正后总和	33.955	86			

经过计算，对于给定的显著性水平 α=0.05，查 F 分布表得 $F_{G0.05}(28,56)=1.68$，$F_{\chi-0.05}(2,56)=3.17$。$F_G=15.273>F_{G0.05}(28,56)=1.68$，$F_\chi=1.495<F_{\chi-0.05}(2,56)=3.17$，因此在显著性水平 $\alpha=0.05$ 情况下，可认为杆件编号对桁架杆件 σ_c/σ_z 有显著性影响，桁架杆宽与节点中心间距离比 χ 对 σ_c/σ_z 无显著性影响。对 $\text{Sig}.G=0<0.01$，$\text{Sig}.\chi=0.232>0.05$，亦显示同样结果。

3.4　本 章 小 结

本章突破了传统桁架节点理想铰接的建模方式，在考虑节点呈现一定刚性的基础上，以 ANSYS 程序为依托，建立了单跨简支和两跨连续共计 60 榀方钢管桁架有限元模型，重点分析杆件中次应力的递变规律，以及桁架高度与跨度之比 λ、腹杆杆宽与弦杆杆宽之比 β_1、腹杆壁厚与弦杆壁厚之比 β_2、弦杆杆宽与弦杆壁厚之比 γ_1、腹杆杆宽与腹杆壁厚之比 γ_2、弦杆杆宽与弦杆节间长度之比 χ_1 及腹杆杆宽与腹杆节间长度之比 χ_2（$\chi_2 = b_i/l_i$）等几何参数对次应力的影响规律及影响显著程度。

3.4.1　次应力分布状况

1. 单跨简支桁架

1）壳单元桁架计算的杆件轴力略低于杆单元桁架，差别多在 15%以内，说明考虑节点刚性对轴力计算有部分影响。

2）从近支座端第二节间至跨中，由于支座位移约束减弱，各杆件次应力呈递减趋势；支座所在节点，因多根杆件交汇，内力分配复杂，相对而言，下弦杆产生较大次应力，上弦杆该值较小。

3）从近支座端第二节间至跨中，弦杆和斜杆次应力与正应力之比持续下降；弦杆基本低于 50%，特别是在跨中节间，多组桁架次应力与正应力之比均低于 10%；斜腹杆多在 30%～60%徘徊；而直腹杆均高于 100%；次应力对下弦杆、上弦杆、斜腹杆和直腹杆的影响力依次增大。在近支座端，由于下弦杆和竖杆产生较大弯矩，该值普遍大于 100%；上弦杆因为理想桁架正应力计算值趋近零，故有 47%达 10^{14}～10^{15}；斜腹杆因其轴应力较大，绝大部分低于 20%。总之，轴向应力较小的杆件，如端部上、下弦杆，次应力均较大；相反，轴应力较大的杆件，如跨中上、下弦杆和端部斜杆，次应力相对较小。

4）需稳定跨中杆件，加强支座处各杆。支座处竖杆和下弦杆的次应力最大，设计时杆件和节点应做加强处理，并预留充分的强度空间，跨中节间则可适当忽略。杆件设计时，不宜轻易改变上、下弦杆的截面。若弦杆采用等截面设计，可按理想桁架模式计算，误差较小；但若因支座附近弦杆轴力较小而减小截面，则其次应力与正应力之比普遍大于 100%，因此次应力影响不可忽略，过于优化会导致杆件承载力严重不足。直腹杆的次应力不可忽略。直腹杆次应力与正应力之比也普遍超过 100%，若因其轴力较小而采用小截面杆件，可能引发结构破坏。

2. 两跨连续桁架

1）壳单元桁架计算的杆件轴力与杆单元桁架差别多在±20%以内。

2）除支座处斜腹杆外，各杆 σ_c 按照支座—跨中—中间支座的顺序呈现下降至低谷再上升至高峰的变化趋势，且中间支座处杆件的 σ_c 值明显高于边支座处杆件。

3）桁架弦杆的 σ_c/σ_z 基本遵循从边支座节间至跨中递减，然后再上升的规律，大部分下弦杆在10%～40%浮动，上弦杆则介于5%～55%；腹杆波动颇明显，斜腹杆多数以70%为上限，直腹杆始终受次应力影响较大，σ_c/σ_z 普遍大于100%。支座节间弦杆和竖杆的次应力与正应力之比相当大，特别是边支座处上弦杆，达到 10^{14} 数量级，而该节间斜腹杆截面较弱，反而呈现最小值。同样地，次应力对下弦杆、上弦杆、斜腹杆和直腹杆的影响力依次增大，且中间支座处杆件负弯矩较大，因此次应力对中间支座侧杆件的影响大于对边支座侧杆件的影响。另外，在连续跨桁架中，存在几根受力特殊的杆件：近中间支座侧上弦杆（14 号），位于轴力从跨中至支座的渐变段，轴应力较小，因而 σ_c/σ_z 出现高于150%的峰值，明显超出其他杆件；跨中直腹杆，轴力极小，σ_c/σ_z 达 10^8 数量级，但实际次应力并不大，多低于30MPa。与简支跨桁架类似，若杆件轴应力较小，则 σ_c/σ_z 较大；若轴应力较大，则 σ_c/σ_z 相对较小。

4）设计时，同样需加强支座杆件，尤其是中间支座杆件，不可忽视直腹杆的次应力，跨中弦杆可暂且不计。

3.4.2 几何参数影响趋势

对应不同的几何参数，简支跨和连续跨桁架适应相同的变化规律：

1）桁架高度与跨度之比 λ：随着 λ 的增大，腹杆体系加强，结构整体刚度增大，节间相对变形减小，次应力影响减弱，可在 λ 容许范围内控制弦杆与腹杆的夹角在 40° 左右，适当增大桁架高度。

2）腹杆杆宽与弦杆杆宽之比 β_1 和腹杆壁厚与弦杆壁厚之比 β_2：随着 β_1 和 β_2 的增大，弦、腹杆截面趋于接近，构件刚度分配更加均匀，次应力影响削弱。杆宽变化对结构次应力的影响程度大于壁厚变化。

3）弦杆杆宽与弦杆壁厚之比 γ_1 和腹杆杆宽与腹杆壁厚之比 γ_2：杆件宽厚比对次应力影响无统一的渐变规律，取决于是以杆宽还是壁厚为不变量。只有当弦、腹杆截面最接近时，结构刚度分配最均匀，杆件受次应力影响也最小。

综合2）、3），建议设计时尽量使弦、腹杆的杆宽和壁厚尽量接近，以提高刚度分配的均匀性，增加构件承载力。

4）杆宽与节点中心间距离之比 χ：随着 χ 的减小，即杆件线刚度的减小，次应力的影响减弱，设计时可适当增大杆件长度。节间变化对次应力的影响没有弦、腹杆截面变化的影响大，特别体现在腹杆上。

5）杆宽变化对结构受力影响最大，β_1 成为决定次应力大小的重要因素，故选取构件截面时可尽量增大 β_1，控制其在 75%以上。

6）当弦、腹杆刚度较接近且杆件长度接近时，由于结构内部刚度分配均匀，次应力较小。

7）腹杆因为杆件较弱，受几何参数变化影响显著，σ_c 和 σ_c/σ_z 会有较大波动。

3.4.3　次应力分布方差分析

1. 单跨桁架各因素影响显著程度对比

对于影响单跨方钢管桁架分布的 7 组无量纲几何参数中，桁架高度与跨度之比 λ 对应 $F_\lambda > F_{\lambda 0.05}$，$\mathrm{Sig}.\lambda = 0$；桁架腹杆与弦杆杆宽之比 β_1 对应 $F_{\beta 1} > F_{\beta 1-0.05}$，$\mathrm{Sig}.\beta_1 = 0$；弦杆杆宽与弦杆壁厚之比 γ_1 对应 $F_{\gamma 1} > F_{\gamma 1-0.05}$，$\mathrm{Sig}.\gamma_1 = 0$；三者均为对桁架 σ_c/σ_z 影响程度最高的参数，影响极显著。腹杆壁厚与弦杆壁厚之比 β_2 在腹杆壁厚变化时对应 $F_{\beta 2} < F_{\beta 2-0.05}$，$\mathrm{Sig}.\beta_2 > 0.05$；腹杆杆宽与腹杆壁厚之比 γ_2 在腹杆壁厚变化时对应 $F_{\gamma 2} < F_{\gamma 2-0.05}$，$\mathrm{Sig}.\gamma_2 > 0.05$；桁架杆宽与节点中心间距离之比 χ 对应 $F_\chi < F_{\chi-0.05}$，$\mathrm{Sig}.\chi > 0.05$；三者对桁架杆件 σ_c/σ_z 无显著影响。在对方钢管桁架进行设计时，需控制影响最为显著的 λ、β_1 和 γ_1 三因素的数值，以尽量减小次应力对结构受力的影响。

2. 连续跨桁架各因素影响显著程度对比

对于影响两跨方钢管桁架分布的 7 组无量纲几何参数中，桁架腹杆与弦杆杆宽之比 β_1 对应 $F_{\beta 1} > F_{\beta 1-0.05}$，$\mathrm{Sig}.\beta_1 = 0$；腹杆壁厚与弦杆壁厚之比 β_2 对应 $F_{\beta 2} > F_{\beta 2-0.05}$，$\mathrm{Sig}.\beta_2 = 0$；弦杆杆宽与弦杆壁厚之比 γ_1 对应 $F_{\gamma 1} > F_{\gamma 1-0.05}$，$\mathrm{Sig}.\gamma_1 = 0$；腹杆杆宽与腹杆壁厚之比 γ_2 对应 $F_{\gamma 2} > F_{\gamma 2-0.05}$，$\mathrm{Sig}.\gamma_2 = 0$；四者均为对桁架 σ_c/σ_z 影响程度最高的参数，影响极显著。桁架高度与跨度之比 λ 对应的 $F_\lambda < F_{\lambda 0.05}$，$\mathrm{Sig}.\lambda > 0.05$；桁架杆宽与节点中心间距离之比 χ 对应 $F_\chi < F_{\chi 0.05}$，$\mathrm{Sig}.\chi > 0.05$；两者对桁架杆件 σ_c/σ_z 无显著影响。在对连续跨方钢管桁架进行设计时，需控制影响最为显著的 β_1、β_2、γ_1 和 γ_2，以尽量减小次应力对结构受力的影响。

第 4 章　方钢管桁架 N 形搭接节点承载力分析

钢管桁架结构在节点处一般采用相贯节点形式，即将腹杆与弦杆直接焊接，不额外附加起连通作用的节点板。本书所分析的某栈桥结构，其大跨度钢管桁架设计即采用了大量的平面N形直接搭接节点。系统研究此类节点的变形性能和极限承载力，将有助于未来在大量钢结构工程中推广使用该类型节点。节点性能与其几何参数的选择密切相关，明确主要影响参数，并定量计入其对承载力和变形性能的影响程度，是通过理论推演并形成高精度承载力计算公式的根本。我国《钢结构设计标准》（GB 50017—2017）虽给定了方钢管N形搭接节点的承载力计算公式，但公式中未全面计入腹杆直径与弦杆直径之比、弦杆直径与弦杆壁厚之比、腹杆壁厚与弦杆壁厚之比、节点搭接率等几何因素对节点承载力的影响显著程度和影响趋势，也未就方钢管的变形历程和破坏模式进行阐述，为设计者深入了解和使用此类节点带来了一定的局限性。

本章归纳了影响节点承载力和变形性能的 4 组主要几何参数，即腹杆直径与弦杆直径之比、弦杆直径与弦杆壁厚之比、腹杆壁厚与弦杆壁厚之比和节点搭接率，采用正交试验法，构造了 27 个 N 形方钢管搭接节点模型。借助 ANSYS 软件，依据非线性有限元理论，通过追踪节点的承载力和变形的相互关系，研究了此类节点的受力性能、破坏模式和几何参数对极限承载力的影响显著程度等问题。最终以现行《钢结构设计标准》（GB 50017—2017）中弦、腹杆均为矩形钢管的 N 形搭接节点计算公式为基础，以几何参数分析结果为依据，采用多元线性回归分析方法，修正后获得了具有较高精度和适用性的平面 N 形方钢管搭接类节点的极限承载力计算公式，为以后针对此类节点性能的进一步研究积累了经验。

4.1　N 形搭接节点正交试验设计

4.1.1　桁架节点模型几何参数设置

本章将以有限元软件 ANSYS 为平台，采用实体单元（SOLID185）建立方钢管 N 形搭接节点模型，获得节点极限承载力与变形量的相关曲线。考虑桁架节点的几何参数比较多，为了便于分析比较，选取节点模型几何参数时，弦杆直径 b 均取 200mm，直腹杆与弦杆正交，斜腹杆与弦杆呈 60° 夹角。考虑弦杆与腹杆的直径、壁厚和搭接程度等变化，共设置了 4 组无量纲几何参数：β、γ、τ 和 O_v。方钢管 N 形搭接节点见图 4.1。

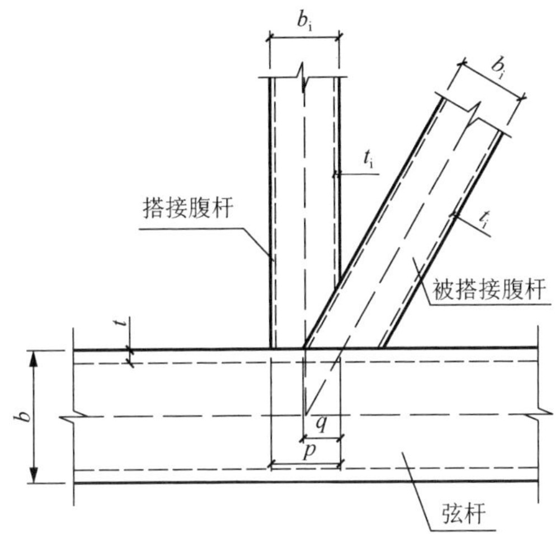

图 4.1　方钢管 N 形搭接节点

b_i—腹杆直径；t_i—腹杆壁厚；b—弦杆直径；t—弦杆壁厚；p—搭接腹杆时与主管的连接长度；q—两腹杆搭接长度

1）腹杆直径与弦杆直径之比 β：

$$\beta = b_i/b$$

2）弦杆直径与弦杆壁厚之比 γ：

$$\gamma = b/t$$

3）腹杆壁厚与弦杆壁厚之比 τ：

$$\tau = t_i/t$$

4）节点搭接率 O_v：

$$O_v = q/b_i$$

《钢结构设计标准》（GB 50017—2017）规定，对于方钢管 N 形搭接节点，需控制 $\beta \geqslant 0.25$，$\gamma \leqslant 40$，$25\% \leqslant O_v \leqslant 100\%$。

4.1.2　正交模型设计

对于科研性试验，实际问题错综复杂，影响试验结果的因素较多，因此往往要根据各因素构成的因子数和水平数决定模型数量。但进行多因素影响下的全面试验工作量巨大，故正交试验设计法是研究与处理多因素试验的较合理方法，既可以减少分析次数，又能确保结果分析的可靠性。

本章对钢管节点承载力的分析中，以几何参数 β、γ、τ 和 O_v 为影响因素。

前 3 个因素分别对应 3 个取值水平，第 4 个因素对应 6 个取值水平，见表 4.1。正交试验设计的基本方法为因子轮换法，即每个因素下各水平的出现次数近似。对于各因素非等水平的试验，采用正交分析法确定的节点建模方案见表 4.2。

表 4.1　节点几何参数具体水平

β	γ	τ	O_v	
0.5	15	0.4	0.30	0.45
0.7	20	0.6	0.65	0.75
0.9	25	0.8	0.85	0.95

表 4.2　节点建模正交设计方案

模型编号	β	γ	τ	O_v
1	0.7	25	0.8	0.30
2	0.7	15	0.6	0.45
3	0.5	20	0.8	0.45
4	0.9	25	0.4	0.45
5	0.5	25	0.4	0.30
6	0.7	20	0.4	0.65
7	0.7	25	0.6	0.45
8	0.5	20	0.6	0.65
9	0.5	15	0.4	0.30
10	0.9	15	0.4	0.85
11	0.9	20	0.4	0.45
12	0.9	25	0.6	0.75
13	0.5	20	0.4	0.75
14	0.5	15	0.8	0.45
15	0.5	15	0.6	0.95
16	0.7	25	0.4	0.95
17	0.7	15	0.8	0.75
18	0.7	15	0.4	0.65
19	0.9	15	0.6	0.30
20	0.9	15	0.8	0.65
21	0.9	20	0.6	0.30
22	0.5	25	0.6	0.65
23	0.5	25	0.8	0.85
24	0.7	20	0.6	0.85
25	0.9	25	0.8	0.65
26	0.7	20	0.8	0.30
27	0.9	20	0.8	0.95

由表 4.2，各模型主要几何参数如下：

1）1 号模型：弦杆直径为 200mm，壁厚为 8mm，腹杆直径为 140mm，壁厚为 6mm，搭接率为 0.30。

2）2 号模型：弦杆直径为 200mm，壁厚为 13mm，腹杆直径为 140mm，壁厚为 8mm，搭接率为 0.45。

3）3 号模型：弦杆直径为 200mm，壁厚为 10mm，腹杆直径为 100mm，壁厚为 8mm，搭接率为 0.45。

4）4 号模型：弦杆直径为 200mm，壁厚为 8mm，腹杆直径为 180mm，壁厚为 3mm，搭接率为 0.45。

5）5 号模型：弦杆直径为 200mm，壁厚为 8mm，腹杆直径为 100mm，壁厚为 3mm，搭接率为 0.30。

6）6 号模型：弦杆直径为 200mm，壁厚为 10mm，腹杆直径为 140mm，壁厚为 4mm，搭接率为 0.65。

7）7 号模型：弦杆直径为 200mm，壁厚为 8mm，腹杆直径为 140mm，壁厚为 5mm，搭接率为 0.45。

8）8 号模型：弦杆直径为 200mm，壁厚为 10mm，腹杆直径为 100mm，壁厚为 6mm，搭接率为 0.65。

9）9 号模型：弦杆直径为 200mm，壁厚为 13mm，腹杆直径为 100mm，壁厚为 5mm，搭接率为 0.30。

10）10 号模型：弦杆直径为 200mm，壁厚为 13mm，腹杆直径为 180mm，壁厚为 5mm，搭接率为 0.85。

11）11 号模型：弦杆直径为 200mm，壁厚为 10mm，腹杆直径为 180mm，壁厚为 4mm，搭接率为 0.45。

12）12 号模型：弦杆直径为 200mm，壁厚为 8mm，腹杆直径为 180mm，壁厚为 5mm，搭接率为 0.75。

13）13 号模型：弦杆直径为 200mm，壁厚为 10mm，腹杆直径为 100mm，壁厚为 4mm，搭接率为 0.75。

14）14 号模型：弦杆直径为 200mm，壁厚为 13mm，腹杆直径为 100mm，壁厚为 10mm，搭接率为 0.45。

15）15 号模型：弦杆直径为 200mm，壁厚为 13mm，腹杆直径为 100mm，壁厚为 8mm，搭接率为 0.95。

16）16 号模型：弦杆直径为 200mm，壁厚为 8mm，腹杆直径为 140mm，壁厚为 3mm，搭接率为 0.95。

17）17 号模型：弦杆直径为 200mm，壁厚为 13mm，腹杆直径为 140mm，壁厚为 10mm，搭接率为 0.75。

18）18 号模型：弦杆直径为 200mm，壁厚为 13mm，腹杆直径为 140mm，壁厚为 5mm，搭接率为 0.65。

19）19 号模型：弦杆直径为 200mm，壁厚为 13mm，腹杆直径为 180mm，壁厚为 8mm，搭接率为 0.30。

20）20 号模型：弦杆直径为 200mm，壁厚为 13mm，腹杆直径为 180mm，壁厚为 10mm，搭接率为 0.65。

21）21 号模型：弦杆直径为 200mm，壁厚为 10mm，腹杆直径为 180mm，壁厚为 6mm，搭接率为 0.30。

22）22 号模型：弦杆直径为 200mm，壁厚为 8mm，腹杆直径为 100mm，壁厚为 5mm，搭接率为 0.65。

23）23 号模型：弦杆直径为 200mm，壁厚为 8mm，腹杆直径为 100mm，壁厚为 6mm，搭接率为 0.85。

24）24 号模型：弦杆直径为 200mm，壁厚为 10mm，腹杆直径为 140mm，壁厚为 6mm，搭接率为 0.85。

25）25 号模型：弦杆直径为 200mm，壁厚为 8mm，腹杆直径为 180mm，壁厚为 6mm，搭接率为 0.85。

26）26 号模型：弦杆直径为 200mm，壁厚为 10mm，腹杆直径为 140mm，壁厚为 8mm，搭接率为 0.30。

27）27 号模型：弦杆直径为 200mm，壁厚为 10mm，腹杆直径为 180mm，壁厚为 8mm，搭接率为 0.95。

4.2　有限元建模

如图 4.2 所示，建立由弦杆、直腹杆及斜腹杆共同组成的 N 形搭接节点。3 根杆件均由两两相交杆件的根部向外延伸 3 倍管径的长度，以减小边界条件对节点区域的影响。其中弦杆一端为固定支座，另一端为仅有沿杆轴方向位移的固定支座；腹杆远端为滑动铰支座，仅允许杆件沿轴向自由平动。根据第 3 章标准栈桥桁架的杆系布置及受力情况，沿直腹杆施加轴向拉力 N_1，沿斜腹杆施加轴向压力 N_2。

计算单元采用 ANSYS 单元库中三维 8 节点弹塑性实体单元 SOLID185，每个节点具有 3 个线位移自由度，该单元具有大变形、大挠度性质。该节点模型在三管交汇处受力复杂，为提高计算精确度，可对交汇区域的实体细分单元网格，在杆件远端扩大单元网格，并尽量实现单元从细到粗的均匀过渡。沿直腹杆端部截面施加均匀面荷载，模拟杆件承受的轴向力。N 形方钢管节点单元网格划分见图 4.3。

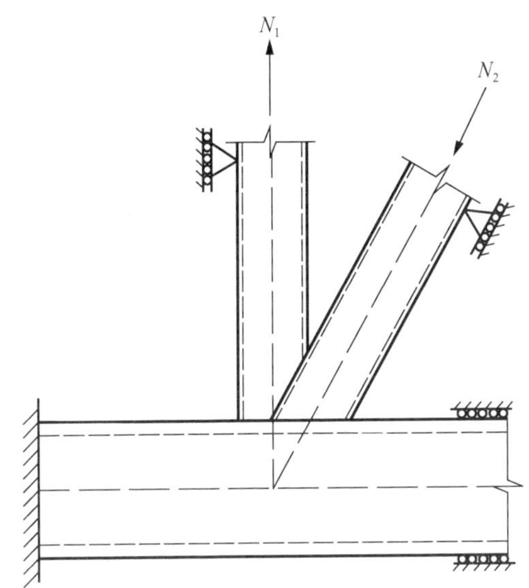

图 4.2　N 形方钢管搭接节点

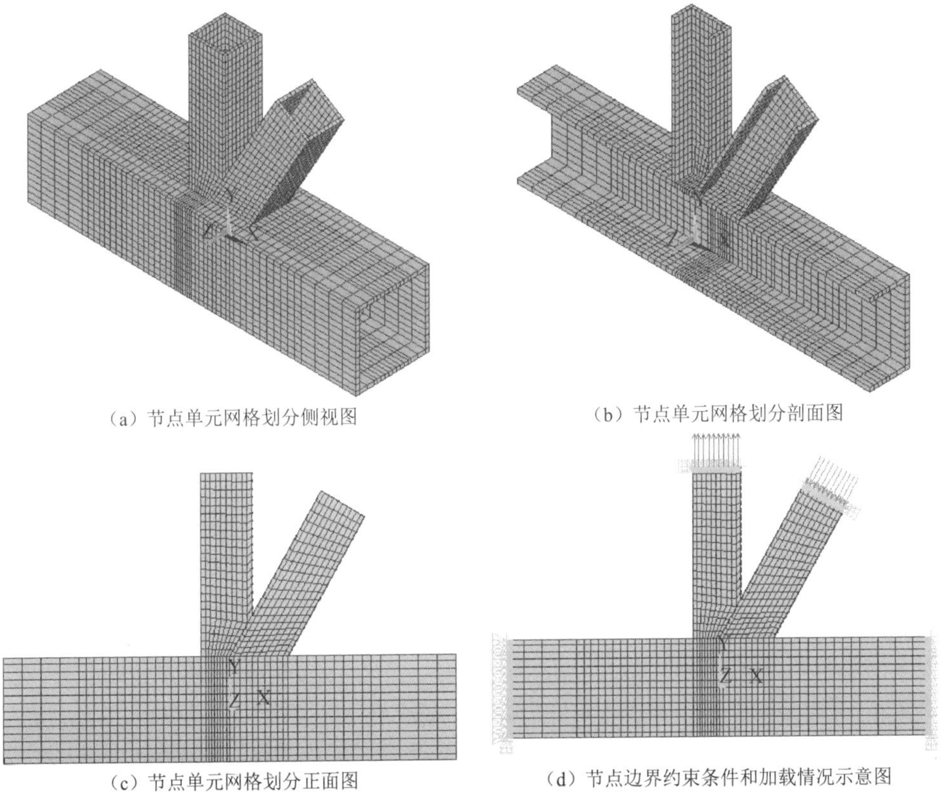

（a）节点单元网格划分侧视图

（b）节点单元网格划分剖面图

（c）节点单元网格划分正面图

（d）节点边界约束条件和加载情况示意图

图 4.3　N 形方钢管搭接节点单元网格划分及约束和加载情况示意图

4.3　节点极限承载力判别准则

根据已有研究成果，使用有限元法确定杆件承受轴向力为主的钢管节点的极限承载力时，一般根据腹杆轴力和对应于腹杆轴线方向的腹杆与弦杆管壁的相对变形作相关曲线，以判断节点的承载力。荷载-位移曲线包含两种形态：①曲线在很长的变形范围内未记录到极值点，即计算发散，意味着虽然腹杆未达到其轴向的极限承载力，但节点过度的塑性变形已影响到了结构的极限承载力，可取杆件的极限变形达到某个限值时对应的荷载作为节点的极限承载力；②曲线在一定变形范围内记录到腹杆轴力的极值点，可取此极值点作为腹杆的极限承载力。故在本章计算中，将以下列准则中的最小值作为节点的极限承载力：

1）有限元分析发散荷载的前一子步。

2）腹杆轴力-位移曲线中的极值点对应的荷载。

3）弦杆管壁沿腹杆方向变形达到某一限值，本章以 $0.03d$ 为依据。

4）受拉腹杆表面或杆件交汇处达到 20%的材料极限拉应变，此时近似认为节点已产生受拉初裂缝。

4.4　计算结果分析

4.4.1　有限元模型受力及变形分析

有限元分析时考虑材料的非线性和几何非线性，材料遵守 Von-Mises 屈服准则及相关的流动法则。设置荷载子步数为 100 步并逐步加载，开启节点大变形开关，采用牛顿-拉普森迭代方法进行求解，并记录每荷载子步下的模型分析结果。

1. 典型模型

针对 18 号典型模型，追踪其从加载至节点达极限承载力的全过程，绘制其 Mises 应力云图，以全面了解节点在渐进荷载作用下的受力机理，见图 4.4。

由图 4.4 可见，节点应力最大点位于两腹杆斜交区域。腹杆承受 153kN 轴力时，该区域呈现 186MPa 应力值，并影响周边板件的应力增长。腹杆承受 343kN 轴力时，该区域最大应力为 379MPa，其辐射区继续扩大，腹杆板件应力基本达到 200MPa 以上。腹杆承受 559kN 轴力时，该区域最大应力为 315MPa，峰值应力较前一加载点有所下降，但应力辐射区从腹杆向弦杆扩展，弦杆与腹杆交界处亦出现 280MPa 以上的高应力值。腹杆承受 775kN 轴力时，该区域最大应力为 385MPa，腹杆板件应力基本处于 300MPa 以上区间，接近全截面屈服，弦杆应力增长明显。腹杆承受 962kN 轴力时，该区域最大应力为 549MPa，腹杆全截面应力达 305MPa 以上，基本进入塑性状态，弦杆顶板在腹杆周边区域呈点状屈服状态。由于达到该加载量时，荷载无法继续增加，由 4.3 节的判别准则 1)，节点进入破坏状态。纵观 18 号模型的受力全历程，节点塑性区首先出现在两腹杆交汇区域，又逐渐向腹杆全截面及弦杆与腹杆的交汇点扩展。在腹杆轴力很小时，节点部位就开始进入塑性状态，但节点承载力却在不断提高，节点从开始屈服到最后破坏的过程中，强度储备很高。

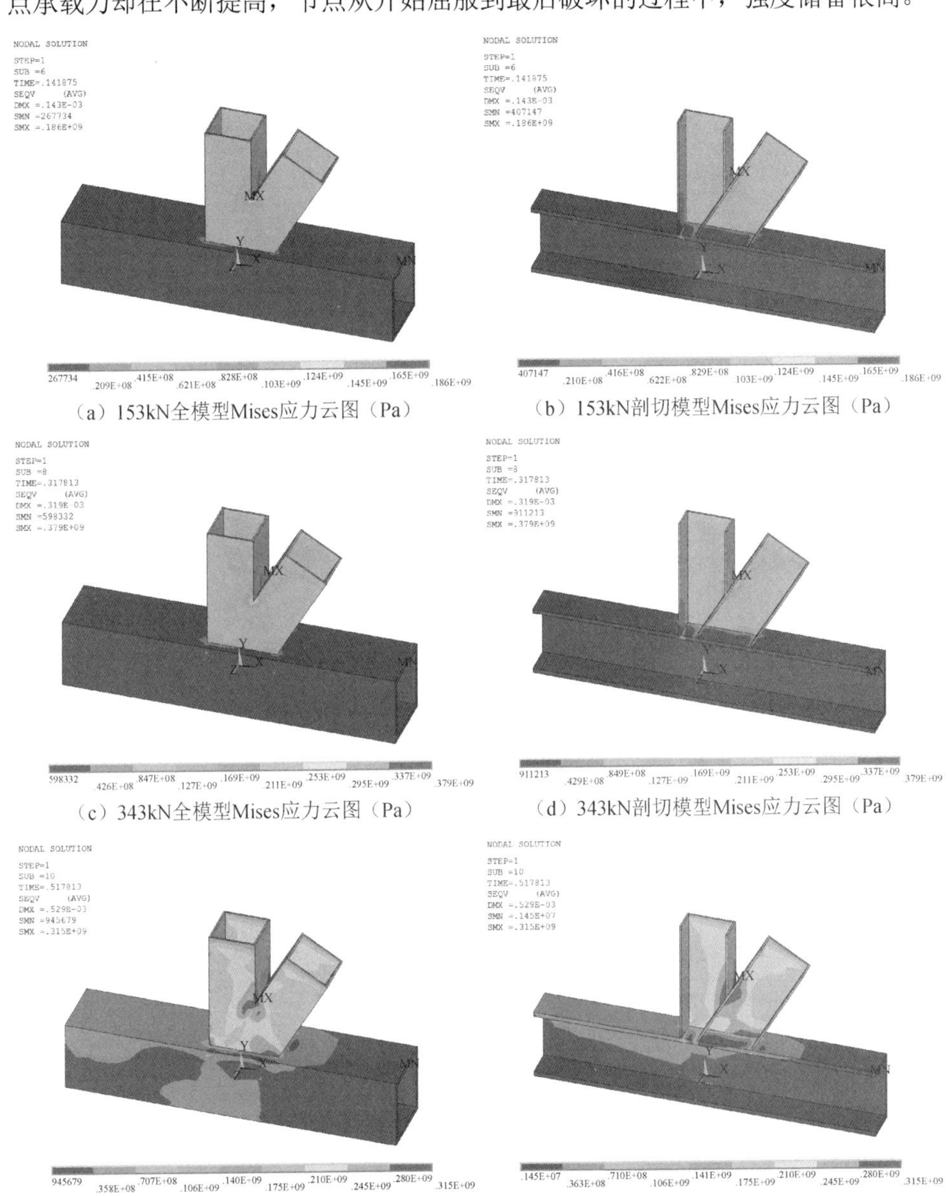

（a）153kN全模型Mises应力云图（Pa）　（b）153kN剖切模型Mises应力云图（Pa）

（c）343kN全模型Mises应力云图（Pa）　（d）343kN剖切模型Mises应力云图（Pa）

（e）559kN全模型Mises应力云图（Pa）　（f）559kN剖切模型Mises应力云图（Pa）

图 4.4　18 号模型逐级加载下的 Mises 应力云图

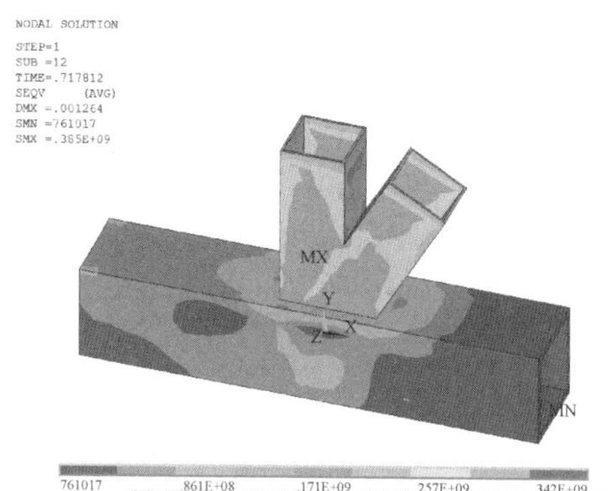

（g）775kN全模型Mises应力云图（Pa）

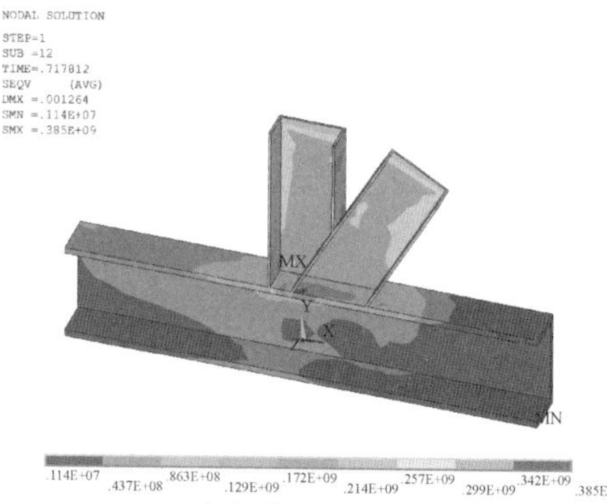

（h）775kN剖切模型Mises应力云图（Pa）

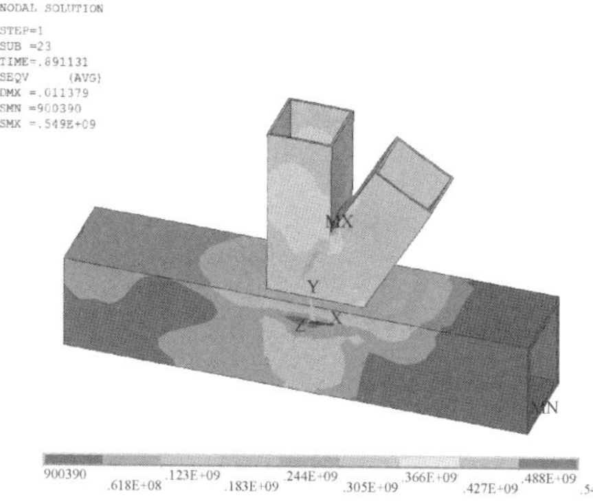

（i）962kN全模型Mises应力云图（Pa）

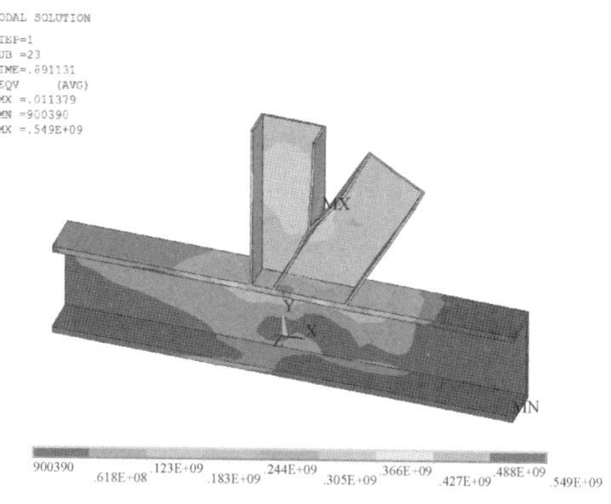

（j）962kN剖切模型Mises应力云图（Pa）

图 4.4（续）

针对 18 号模型，追踪其从加载至节点达极限承载力的全过程，绘制其位移云图，以全面了解节点在渐进荷载作用下的变形效应。节点沿 Z 向位移不明显，因此主要选取了沿 X、Y 及三向组合位移云图，见图 4.5。

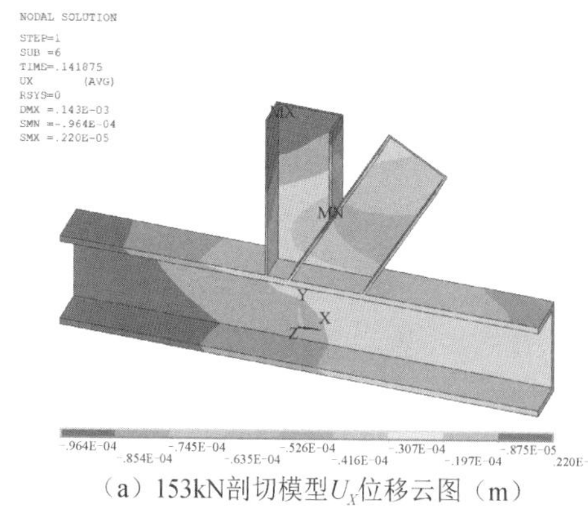

（a）153kN剖切模型U_X位移云图（m）

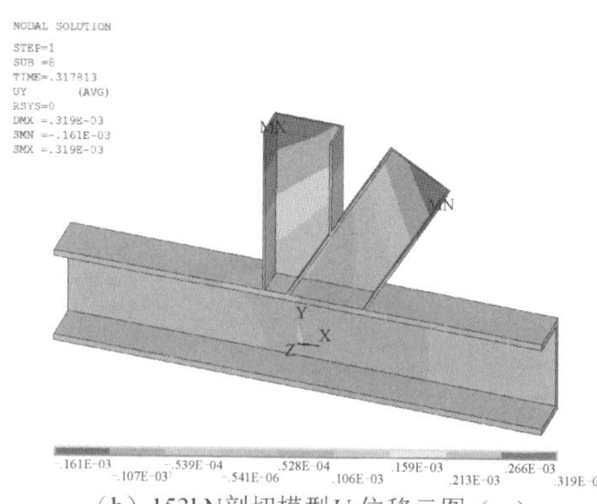

（b）153kN剖切模型U_Y位移云图（m）

图 4.5　18 号模型逐级加载下的位移云图

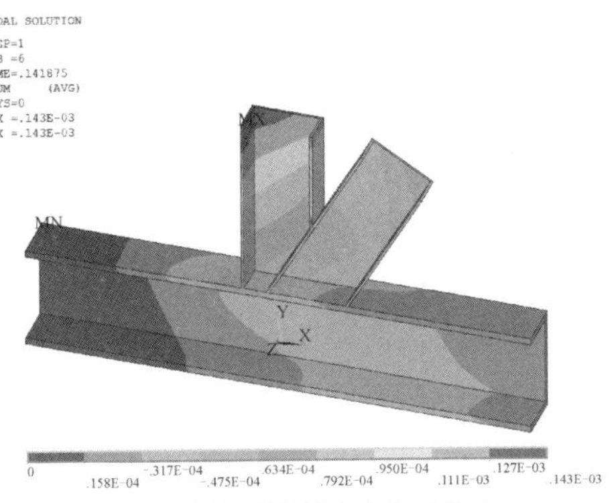

（c）153kN剖切模型组合位移云图（m）

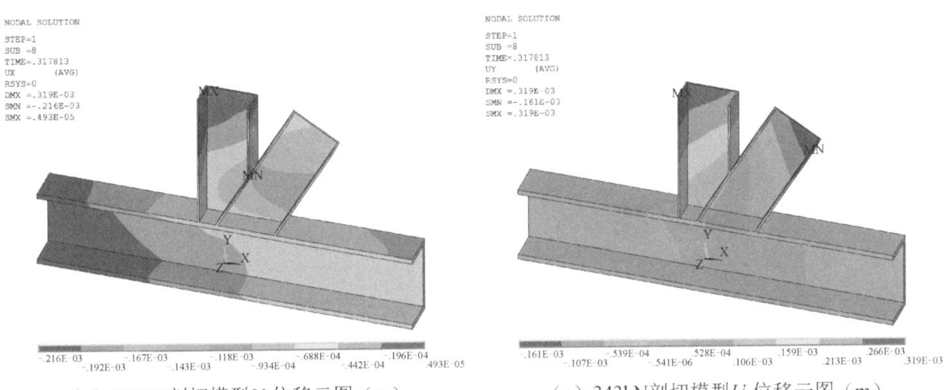

（d）343kN剖切模型U_X位移云图（m）　　（e）343kN剖切模型U_Y位移云图（m）

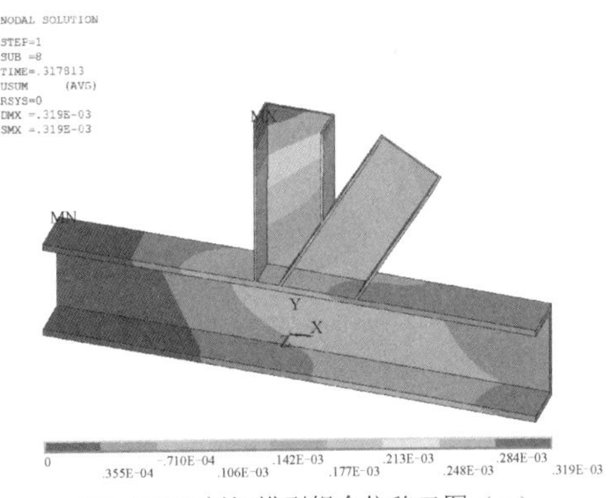

（f）343kN剖切模型组合位移云图（m）

图 4.5（续）

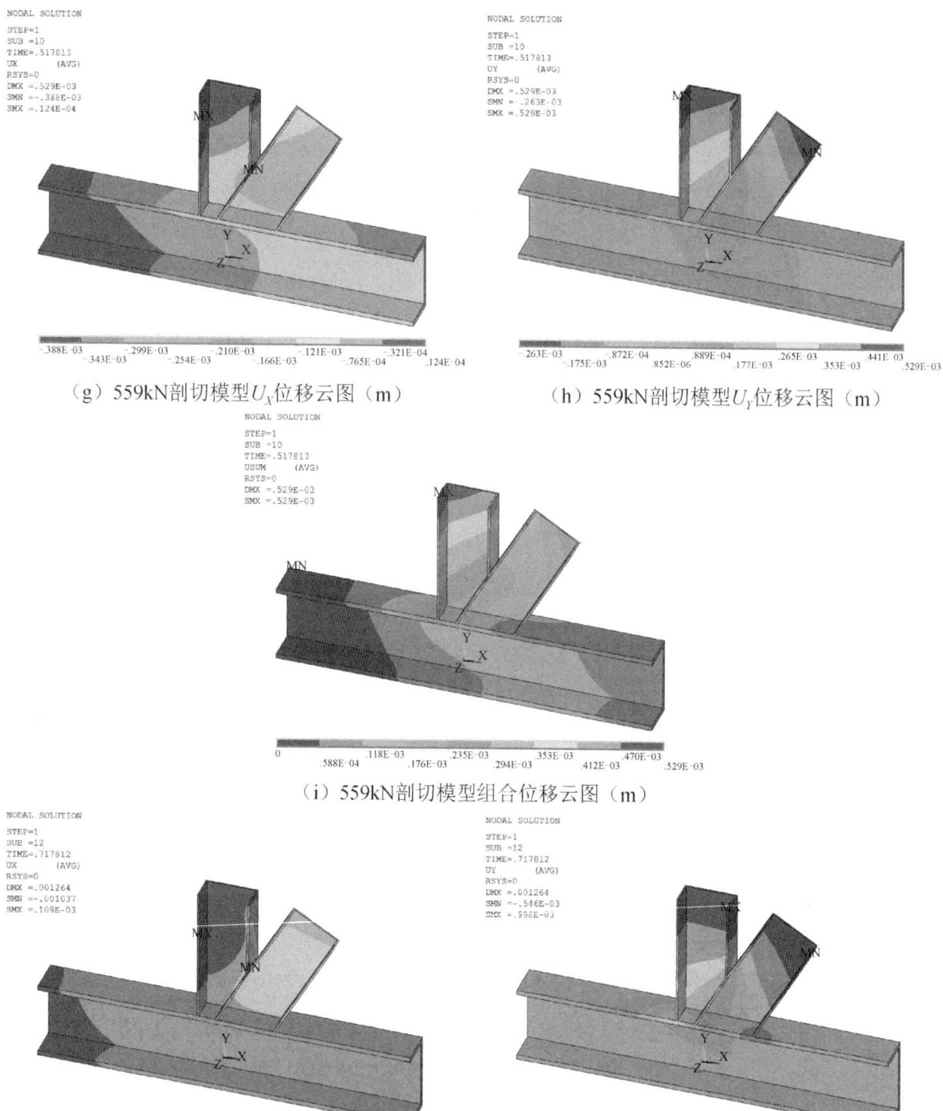

（g）559kN剖切模型U_X位移云图（m）

（h）559kN剖切模型U_Y位移云图（m）

（i）559kN剖切模型组合位移云图（m）

（j）775kN剖切模型U_X位移云图（m）

（k）775kN剖切模型U_Y位移云图（m）

图 4.5（续）

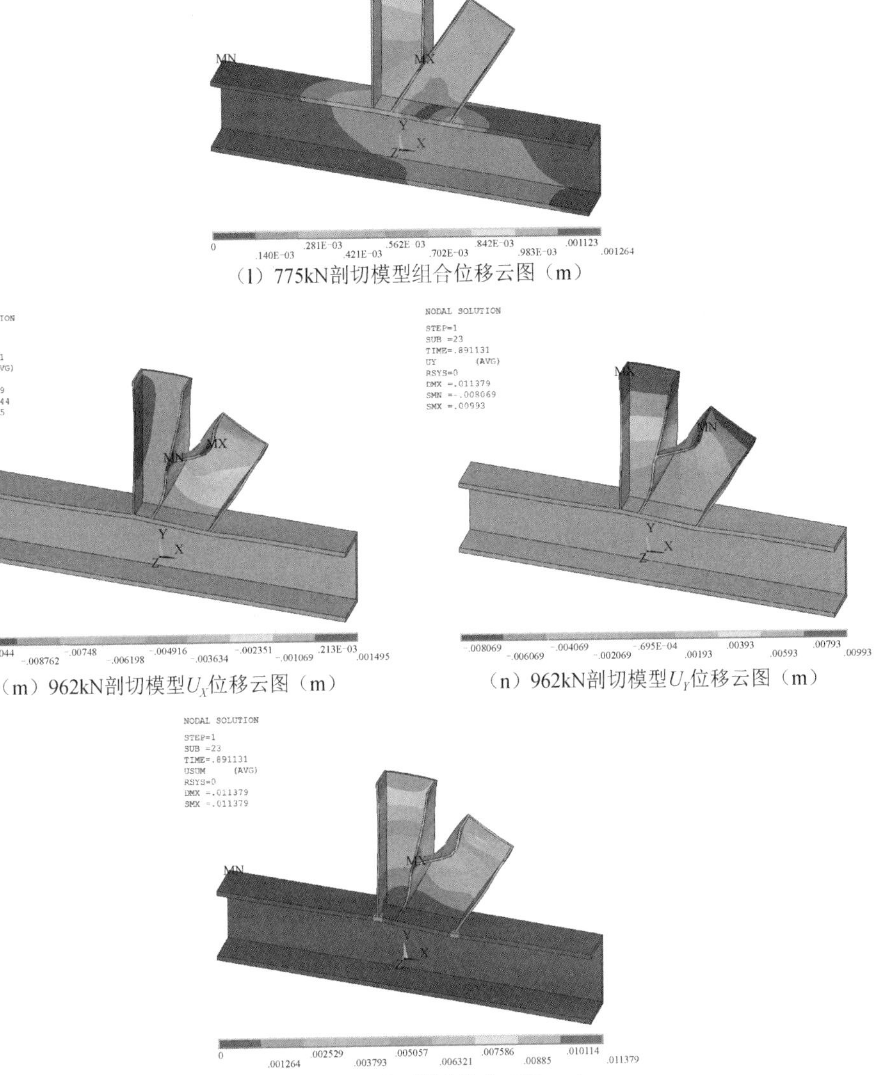

（l）775kN剖切模型组合位移云图（m）

（m）962kN剖切模型U_X位移云图（m）

（n）962kN剖切模型U_Y位移云图（m）

（o）962kN剖切模型组合位移云图（m）

图 4.5（续）

在图 4.5 中，变形效应均扩大 3 倍显示，且忽略各杆件端部因支座影响导致的较大位移效应。两腹杆交汇区域，腹杆位移较大，且有受压斜腹杆向受拉直腹杆方向侵入的趋势。为确定节点承载力需要，需研究弦、腹杆交接处弦杆沿腹杆轴向的变形量。直腹杆在加载 153～962kN 轴向拉力的历程中，弦杆与直腹杆左侧板件交界面中央表现出突出弦杆表面的较大正向变形，U_Y位移量从 0.071mm、0.159mm、0.268mm、0.571mm 增长至 1.32mm，但未超出 0.03D（D 为弦杆直径）即 6mm 的限制值。斜腹杆在加载-962～-153kN 轴向压力的历程中，弦杆与斜腹杆右侧板件交界面中央表现出凹进弦杆表面的较大负向变形，由该处节点各向变形折算后的沿腹杆轴向位移量从-0.019mm、-0.044mm、-0.076mm、-0.314mm 增长至-1.23mm，未超出限制值。因此，该节点的承载力未由弦杆变形量控制。对比图 4.4，在腹杆轴向加载量达到 775kN 后，腹杆全截面基本进入屈服状态，弦杆沿直腹杆轴向的变形从 0.571mm 急剧增加至 1.32mm，变形增量达到腹杆屈服前的 1.3 倍；弦杆沿斜腹杆轴向的变形从-0.314mm 急剧增加至-1.23mm，增量达到腹杆屈服前的 2.9 倍。这说明节点从开始屈服到最后破坏的过程中，承载力虽然增长缓慢，但变形急剧增加，节点具有很强的塑性变形能力。

2. 其余模型

针对其余 26 个模型开展应力及变形分析。为节省篇幅，仅将各模型在节点极限承载力下的 Mises 应力及位移云图列出。

图 4.6 为 1 号模型沿腹杆轴向加载至 954kN 破坏时的应力及位移云图。两腹杆交汇面内及腹杆前后侧面应力达 316MPa 以上，进入塑性状态，腹杆的交汇倒角处出现明显的应力集中，应力峰值达 707MPa。在弦杆顶板和前后侧板上环绕腹杆的区域内，弦杆板件呈环状屈服状态，应力峰值在 400MPa 以内。模型在腹杆轴力作用下，以 U_X和 U_Y两向位移为主。忽略杆件远端的变形，在弦、腹杆交界面内，受拉直腹杆拉动弦杆顶板有近 7.4mm 的向上凸起位移，受压斜腹杆压迫弦杆顶板有 4mm 左右的向内凹陷位移，三向组合位移最大点在两腹杆交界线附近，近 9.4mm。

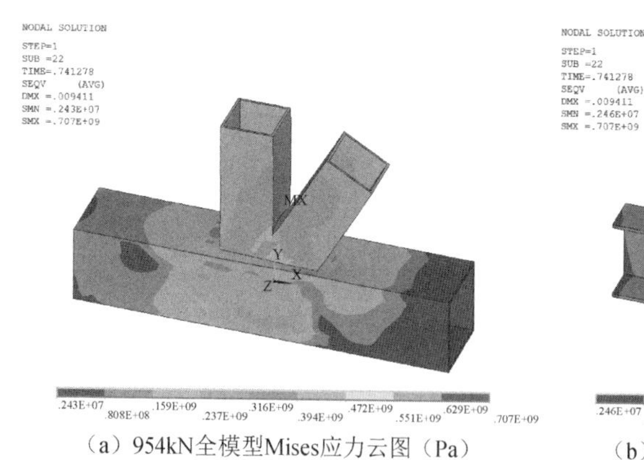

（a）954kN全模型Mises应力云图（Pa）

（b）954kN剖切模型Mises应力云图（Pa）

图 4.6　1 号模型极限承载力下的应力及位移云图

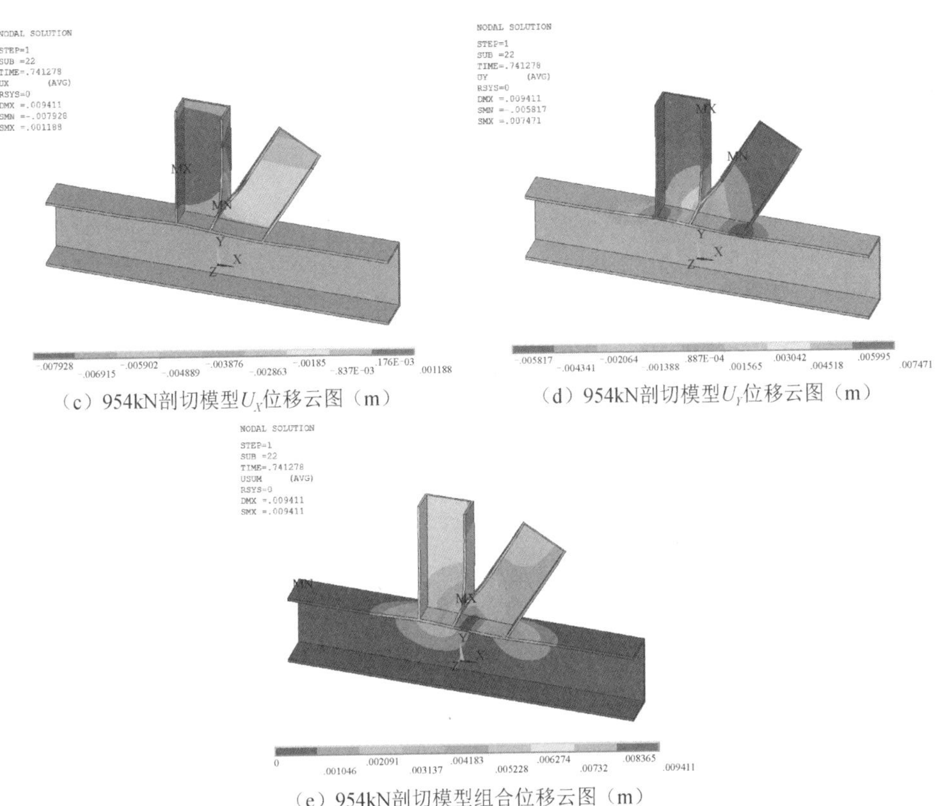

（c）954kN剖切模型U_X位移云图（m）　　（d）954kN剖切模型U_Y位移云图（m）

（e）954kN剖切模型组合位移云图（m）

图 4.6（续）

图 4.7 为 2 号模型沿腹杆轴向加载至 1370kN 破坏时的应力及位移云图。两腹杆交汇面内及腹杆前后侧面应力达 346MPa 以上，进入塑性状态，腹杆的交汇倒角处出现明显的应力集中，应力峰值达 778MPa。在弦杆顶板和前后侧板上环绕腹杆的区域内，弦杆板件呈环状屈服状态，应力峰值在 430MPa 以内。模型在腹杆轴力作用下，以 U_X和 U_Y两向位移为主。忽略杆件远端的变形，在弦、腹杆交界面内，受拉直腹杆拉动弦杆顶板有近 5～6mm 的向上凸起位移，受压斜腹杆压迫弦杆顶板有 3～4mm 的向内凹陷位移，三向组合位移最大点在两腹杆交界线附近，近 9.6mm。该模型因弦、腹杆壁厚及节点搭接率均较 1 号模型增大，表现出节点承载力明显提高，板件应力值增大，但弦杆与腹杆交界面处的位移量总体降低。这说明模型板件壁厚及节点搭接率协同增大时，具有改善节点受力和变形性能的优势。

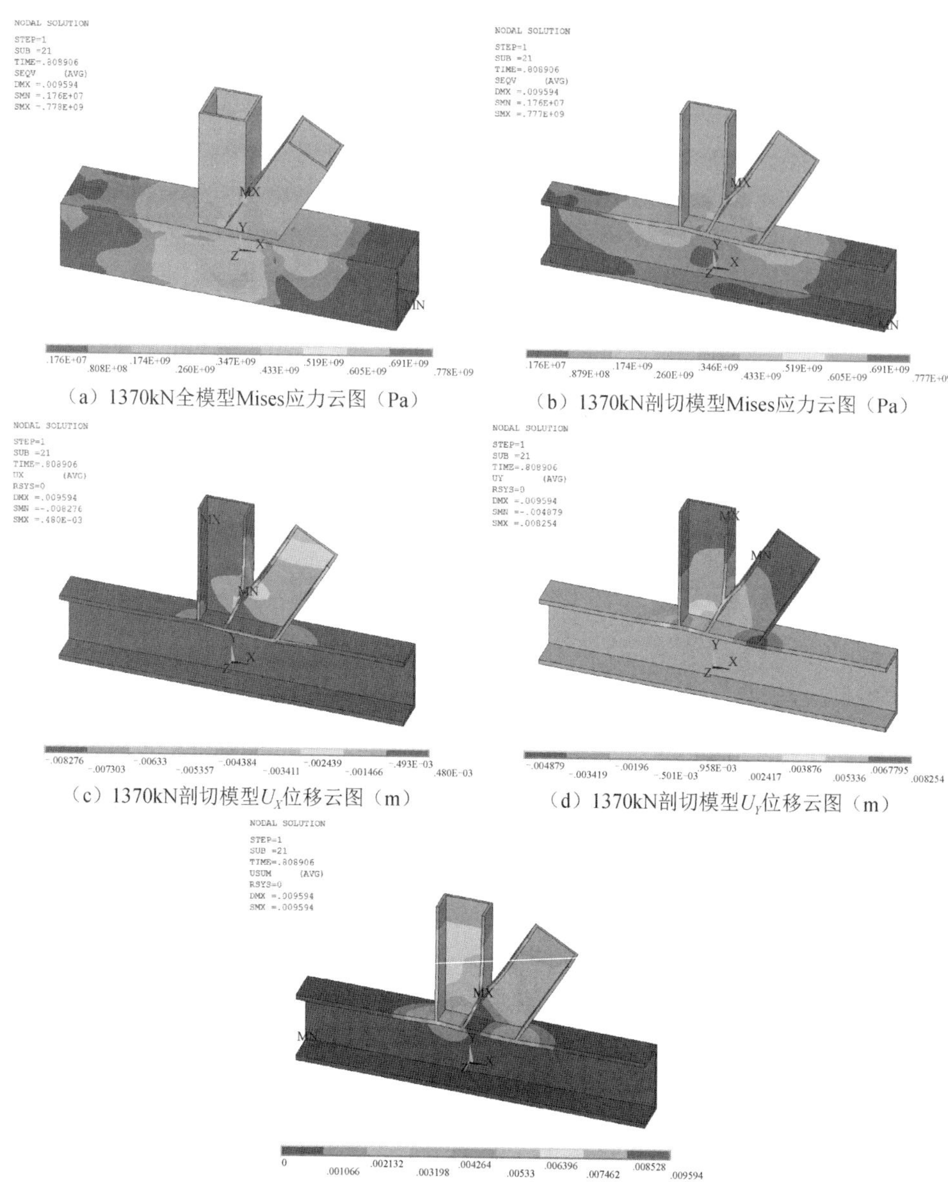

（a）1370kN全模型Mises应力云图（Pa）

（b）1370kN剖切模型Mises应力云图（Pa）

（c）1370kN剖切模型U_X位移云图（m）

（d）1370kN剖切模型U_Y位移云图（m）

（e）1370kN剖切模型组合位移云图（m）

图 4.7　2 号模型极限承载力下的应力及位移云图

图 4.8 为 3 号模型沿腹杆轴向加载至 835kN 破坏时的应力及位移云图。两腹杆交汇面内及腹杆前后侧面的应力达 320MPa 以上，进入塑性状态，腹杆的交汇倒角处出现明显的应力集中，应力峰值达 717MPa。在弦杆顶板和前后侧板上环绕腹杆的区域内，弦杆板件呈环状屈服状态，应力峰值在 399MPa 以内。模型在腹杆轴力作用下，以 U_X 和 U_Y 两向位移为主。忽略杆件远端的变形，在弦、腹杆

交界面内，受拉直腹杆拉动弦杆顶板有近 6.8mm 的向上凸起位移，受压斜腹杆压迫弦杆顶板有 2mm 左右的向内凹陷位移，三向组合位移最大点在直腹杆与弦杆左侧交界线附近。该模型因弦杆壁厚及腹杆直径均较 2 号模型降低，表现出节点承载力下降，板件应力值降低，但直腹杆带动弦杆上凸的位移量略有提高。这说明模型板件直径及壁厚协同作用减小时，节点刚度较小，变形增大且承载力下降。

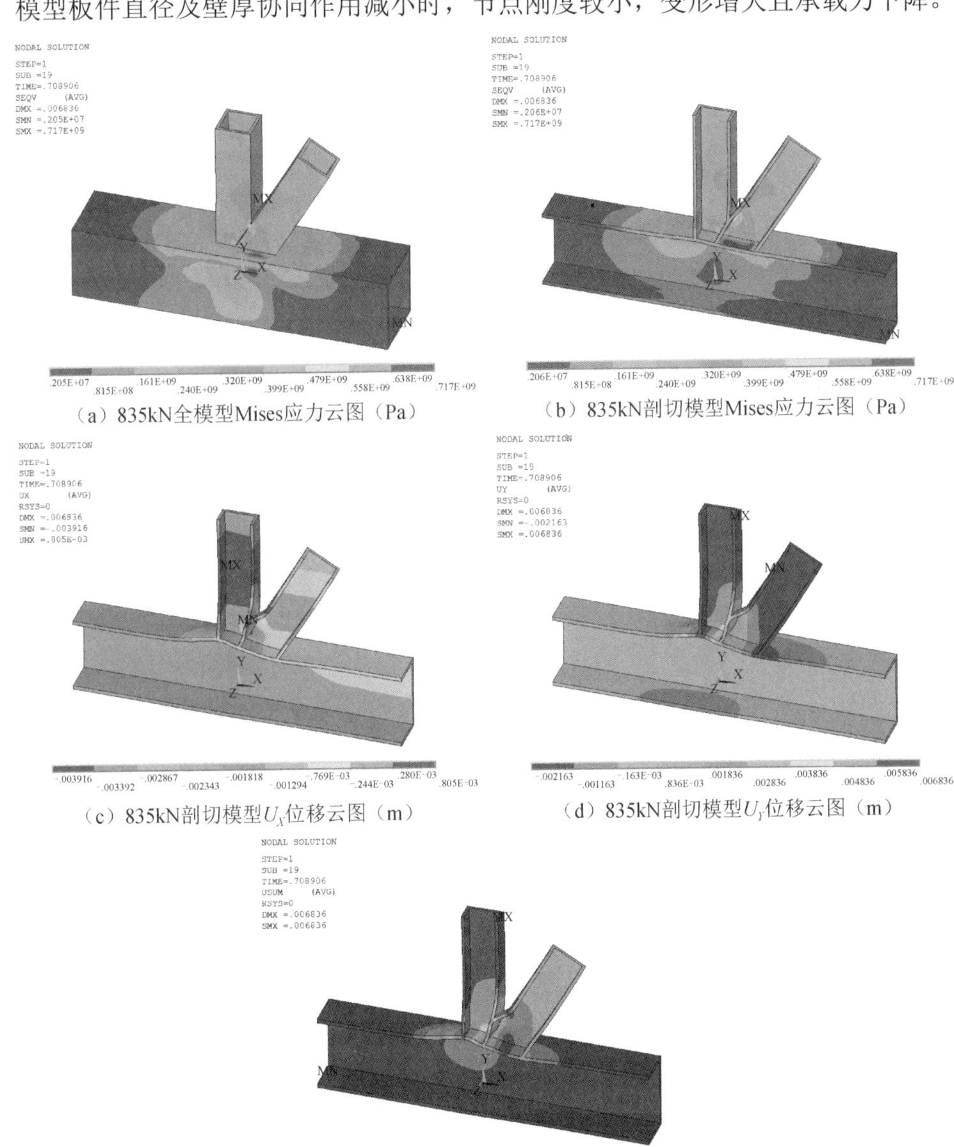

（a）835kN全模型Mises应力云图（Pa）

（b）835kN剖切模型Mises应力云图（Pa）

（c）835kN剖切模型U_X位移云图（m）

（d）835kN剖切模型U_Y位移云图（m）

（e）835kN剖切模型组合位移云图（m）

图 4.8　3 号模型极限承载力下的应力及位移云图

图 4.9 为 4 号模型沿腹杆轴向加载至 664kN 破坏时的应力及位移云图。两腹杆交汇面内及腹杆前后侧面的应力达 320MPa 以上，进入塑性状态，腹杆的交汇倒角处出现明显的应力集中，应力峰值达 649MPa。在弦杆顶板和前后侧板上环绕腹杆的区域内，弦杆板件呈环状屈服状态，但屈服面积较小，应力峰值在 500MPa 以内。模型在腹杆轴力作用下，以 U_X 和 U_Y 两向位移为主。忽略杆件远端的变形，

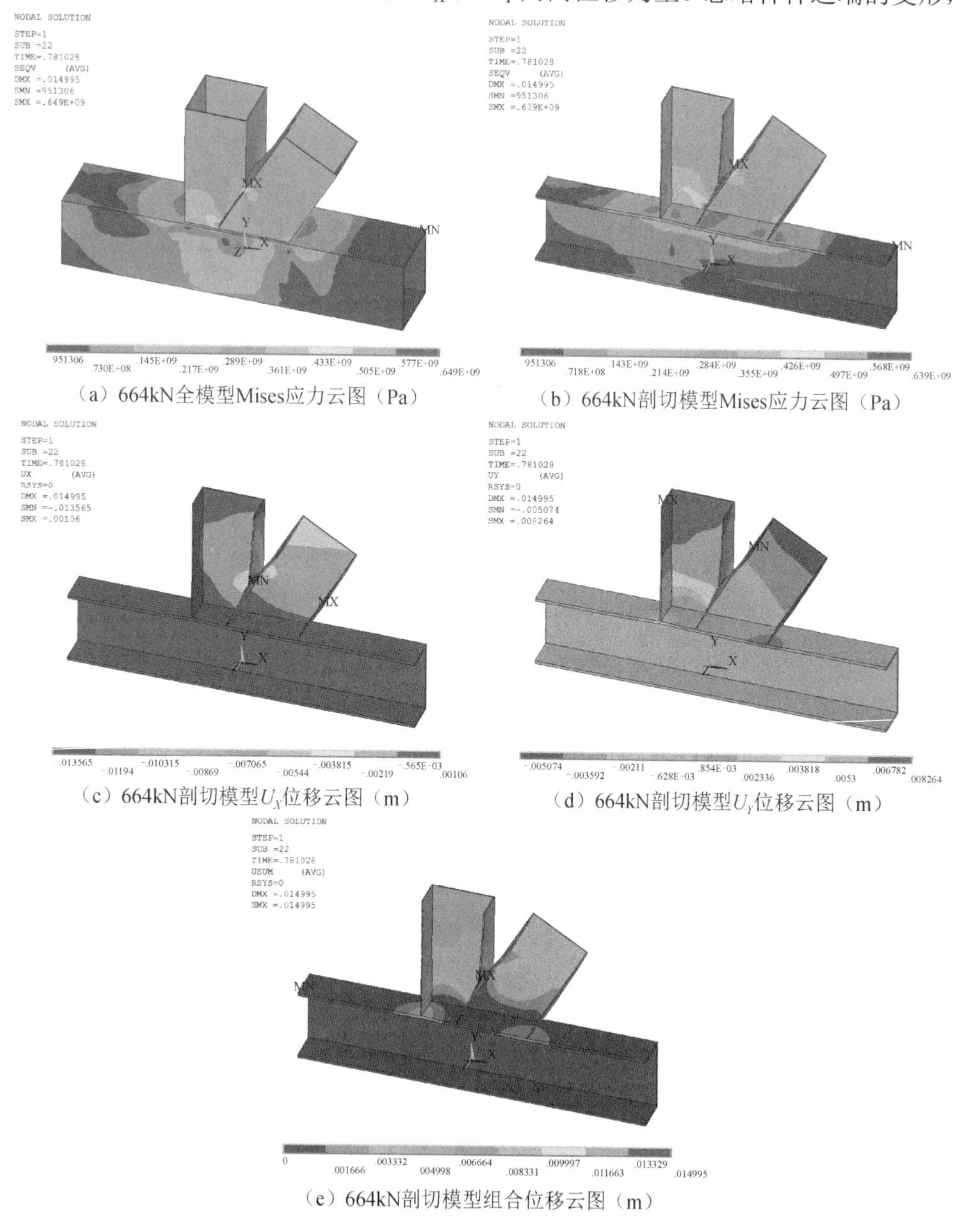

（a）664kN全模型Mises应力云图（Pa）　（b）664kN剖切模型Mises应力云图（Pa）

（c）664kN剖切模型U_X位移云图（m）　（d）664kN剖切模型U_Y位移云图（m）

（e）664kN剖切模型组合位移云图（m）

图 4.9　4 号模型极限承载力下的应力及位移云图

在弦、腹杆交界面内，受拉直腹杆拉动弦杆顶板有近 4～5mm 的向上凸起位移，受压斜腹杆压迫弦杆顶板有 3mm 左右的向内凹陷位移，三向组合位移最大点在两腹杆交界线附近，达 14.9mm。该模型弦、腹杆壁厚均较 3 号模型降低，但腹杆直径增大，表现出节点承载力下降，板件应力值降低，但关键节点的位移量明显提高。这说明模型板件壁厚减小会显著降低节点刚度。

图 4.10 为 5 号模型沿腹杆轴向加载至 367kN 破坏时的应力及位移云图。两腹杆交汇面的局部区域内及腹杆前后侧板应力达 350MPa 以上，进入塑性状态，腹杆的交汇倒角处出现明显的应力集中，应力峰值达 629MPa。弦杆顶板右侧在斜腹杆的影响区内，呈点状屈服状态，屈服面积较小，应力峰值在 350MPa 以内。模型在腹杆轴力作用下，以 U_X 和 U_Y 两向位移为主。忽略杆件远端的变形，在弦、腹杆交界面内，受拉直腹杆拉动弦杆顶板有近 5mm 的向上凸起位移，局部峰值达到 8.2mm，受压斜腹杆压迫弦杆顶板有 5mm 左右的向内凹陷位移，三向组合位移最大点在斜腹杆左侧腹板，达 11.5mm。该模型较 4 号模型腹杆直径减小，节点搭接率降低，表现出节点承载力下降，板件屈服区域缩小，但关键节点的位移量提高。这说明模型直径减小会显著降低节点刚度，影响承载力和变形性能。

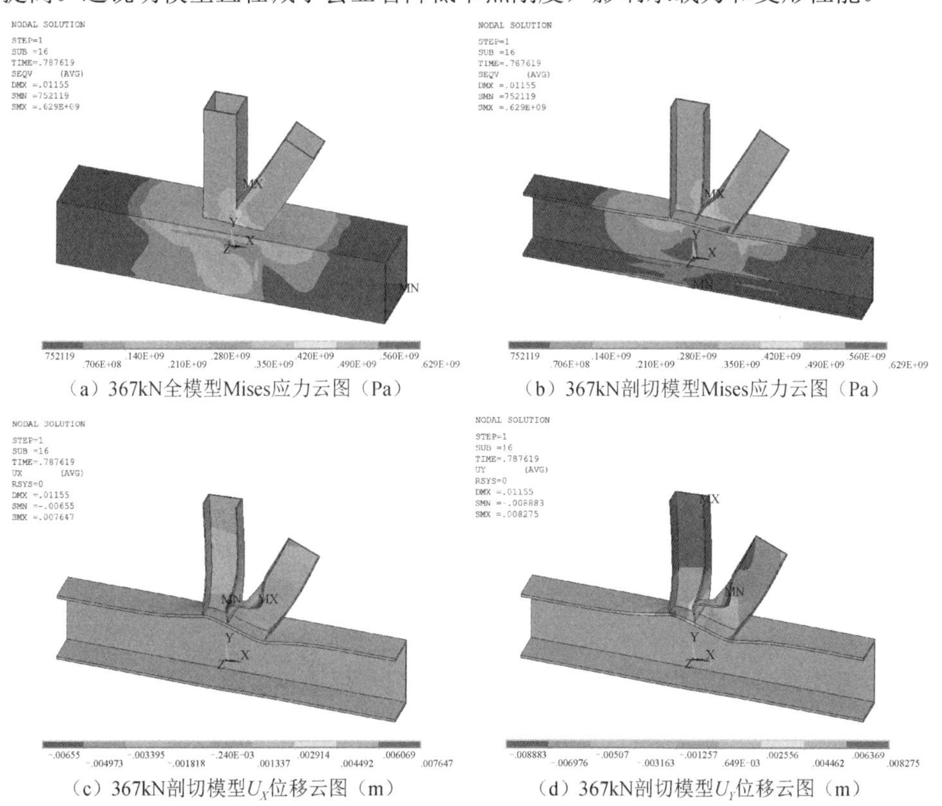

（a）367kN全模型Mises应力云图（Pa）　（b）367kN剖切模型Mises应力云图（Pa）

（c）367kN剖切模型U_X位移云图（m）　（d）367kN剖切模型U_Y位移云图（m）

图 4.10　5 号模型极限承载力下的应力及位移云图

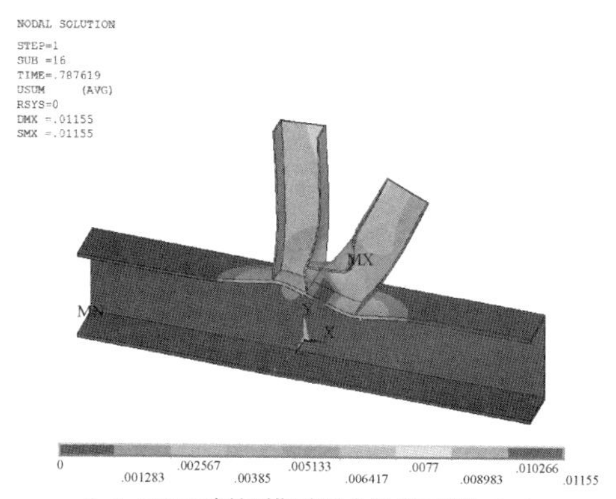

（e）367kN剖切模型组合位移云图（m）

图 4.10（续）

图 4.11 为 6 号模型沿腹杆轴向加载至 733kN 破坏时的应力及位移云图。两腹杆交汇面及腹杆前后侧板的大部分区域应力达 338MPa 以上，进入塑性状态，腹杆的交汇倒角处出现明显的应力集中，应力峰值达 607MPa。弦杆顶板呈点状屈服状态，屈服面积较小，在顶板右侧斜腹杆的影响区内，应力峰值在 470MPa 以内。模型在腹杆轴力作用下，以 U_X 和 U_Y 两向位移为主。忽略杆件远端的变形，在弦、腹杆交界面内，受拉直腹杆拉动弦杆顶板有 3～4mm 的向上凸起位移，受压斜腹杆压迫弦杆顶板有 3mm 左右的向内凹陷位移，三向组合位移最大点在两腹杆交界线上，达 10.1mm。该模型较 5 号模型弦、腹杆直径及壁厚普遍增大，节点搭接率提高，表现出节点承载力明显上升，板件屈服区域增大，但关键节点的位移量降低。这说明模型尺寸增大会显著增加节点刚度，改善承载力和变形性能。

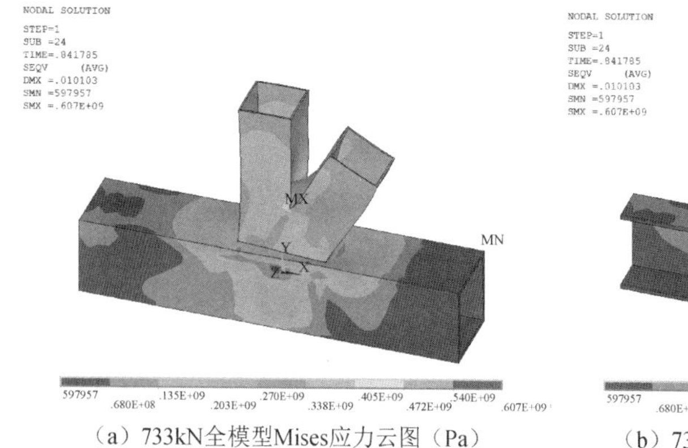

（a）733kN全模型Mises应力云图（Pa）

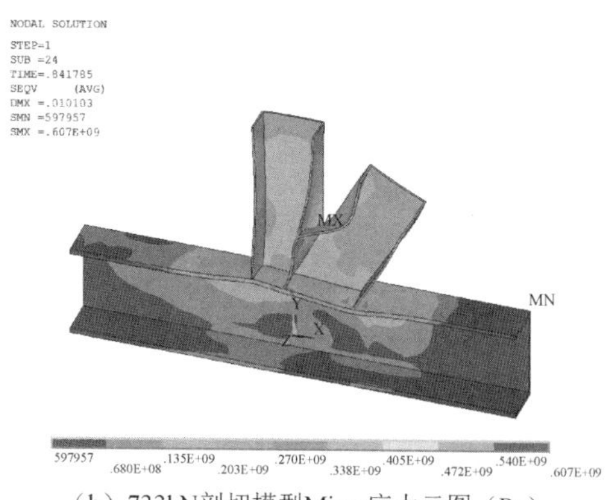

（b）733kN剖切模型Mises应力云图（Pa）

图 4.11　6 号模型极限承载力下的应力及位移云图

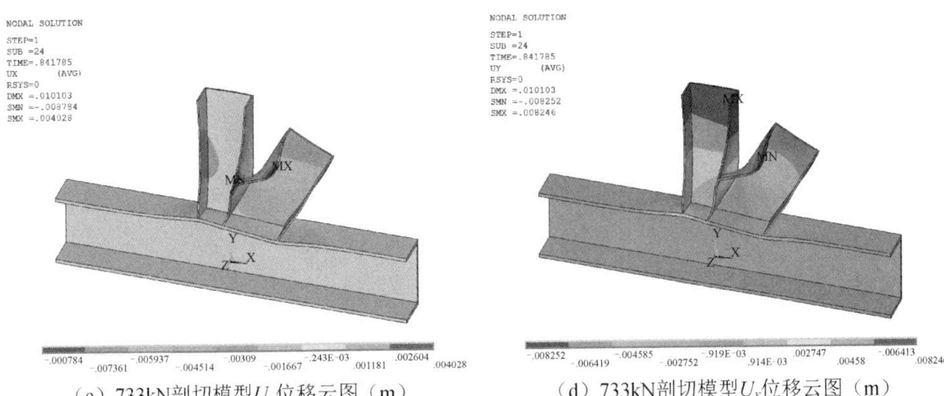

（c）733kN剖切模型U_X位移云图（m）　　（d）733kN剖切模型U_Y位移云图（m）

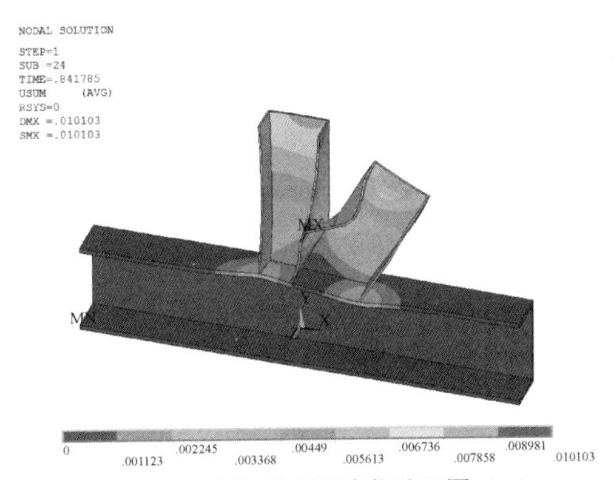

（e）733kN剖切模型组合位移云图（m）

图 4.11（续）

图 4.12 为 7 号模型沿腹杆轴向加载至 831kN 破坏时的应力及位移云图。两腹杆交汇面及腹杆前后侧板的大部分区域应力达 289MPa 以上，基本进入塑性状态，腹杆的交汇倒角处出现明显的应力集中，应力峰值达 650MPa。弦杆顶板及前后侧板呈点状屈服状态，在顶板右侧斜腹杆的影响区内及前后侧板中部，应力峰值在 360MPa 以内。模型在腹杆轴力作用下，以 U_X和 U_Y两向位移为主。忽略杆件远端的变形，在弦、腹杆交界面内，受拉直腹杆拉动弦杆顶板有 6～7mm 的向上凸起位移，受压斜腹杆压迫弦杆顶板有 3～4mm 的向内凹陷位移，三向组合位移最大点在两腹杆交界线上，达 10.1mm。该模型较 6 号模型弦杆壁厚略减小，腹杆壁厚略增大，节点搭接率下降，表现出节点承载力上升，板件屈服区域增大，关键节点的位移量增加。这说明模型节点搭接率下降不会显著降低节点承载力。

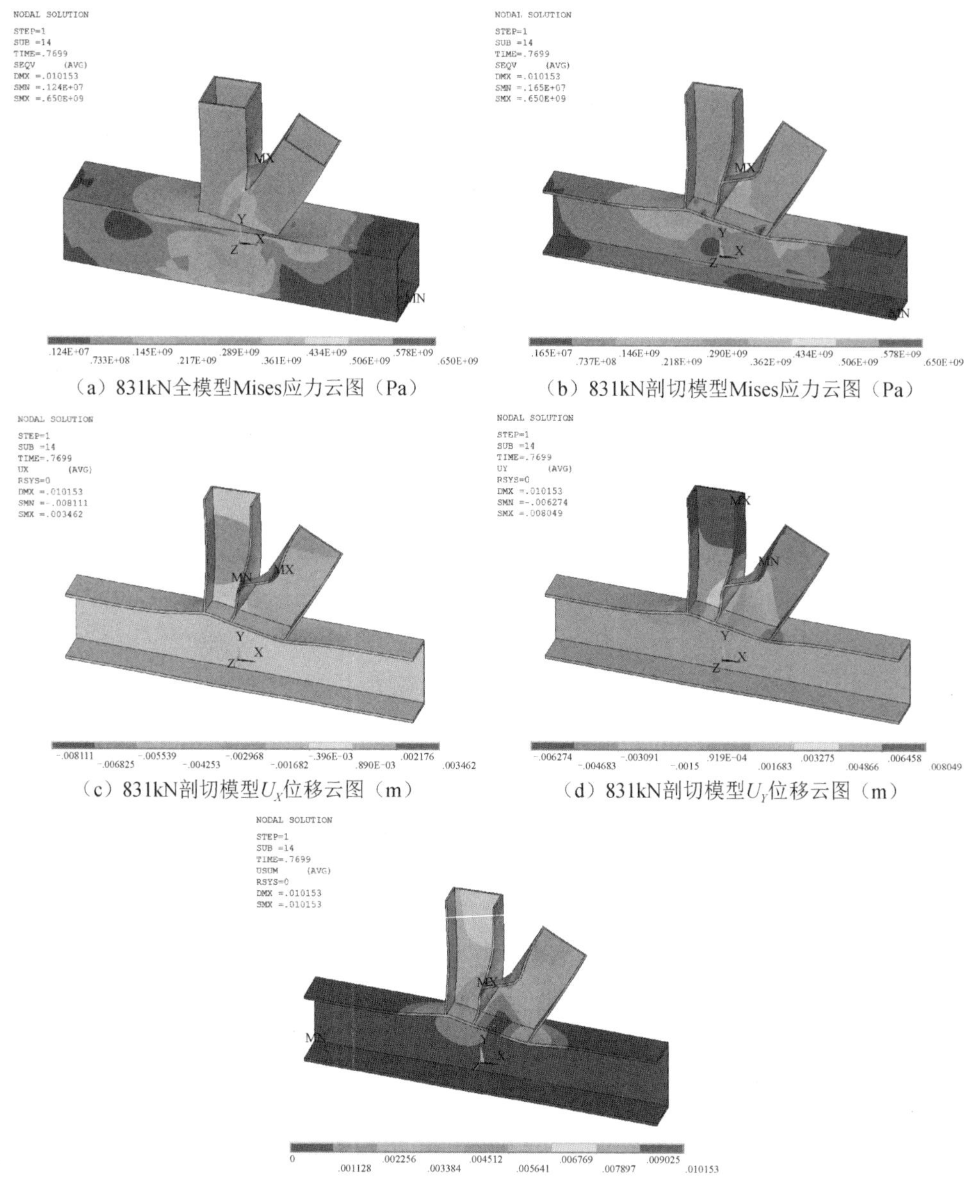

（a）831kN全模型Mises应力云图（Pa）

（b）831kN剖切模型Mises应力云图（Pa）

（c）831kN剖切模型U_X位移云图（m）

（d）831kN剖切模型U_Y位移云图（m）

（e）831kN剖切模型组合位移云图（m）

图 4.12　7 号模型极限承载力下的应力及位移云图

图 4.13 为 8 号模型沿腹杆轴向加载至 729kN 破坏时的应力及位移云图。两腹杆交汇面及腹杆前后侧板的大部分区域应力达 333MPa 以上，进入塑性状态，腹杆的交汇倒角处出现明显的应力集中，应力峰值达 599MPa。弦杆顶板呈点状屈服状态，屈服面积较小，弦杆前后侧中部屈服区内，应力峰值在 400MPa 以内。

模型在腹杆轴力作用下，以 U_X和 U_Y两向位移为主。忽略杆件远端的变形，在弦、腹杆交界面内，受拉直腹杆拉动弦杆顶板有 7～8mm 的向上凸起位移，受压斜腹杆压迫弦杆顶板有 3.5～4.7mm 的向内凹陷位移，三向组合位移最大点在直腹杆与弦杆左侧交界线上。该模型较 7 号模型弦、腹杆壁厚及节点搭接率增大，腹杆直径减小，表现出节点承载力下降，板件屈服区域增大，但关键节点的位移量略有提高。这说明模型直径减小会显著降低节点刚度，影响承载力和变形性能。

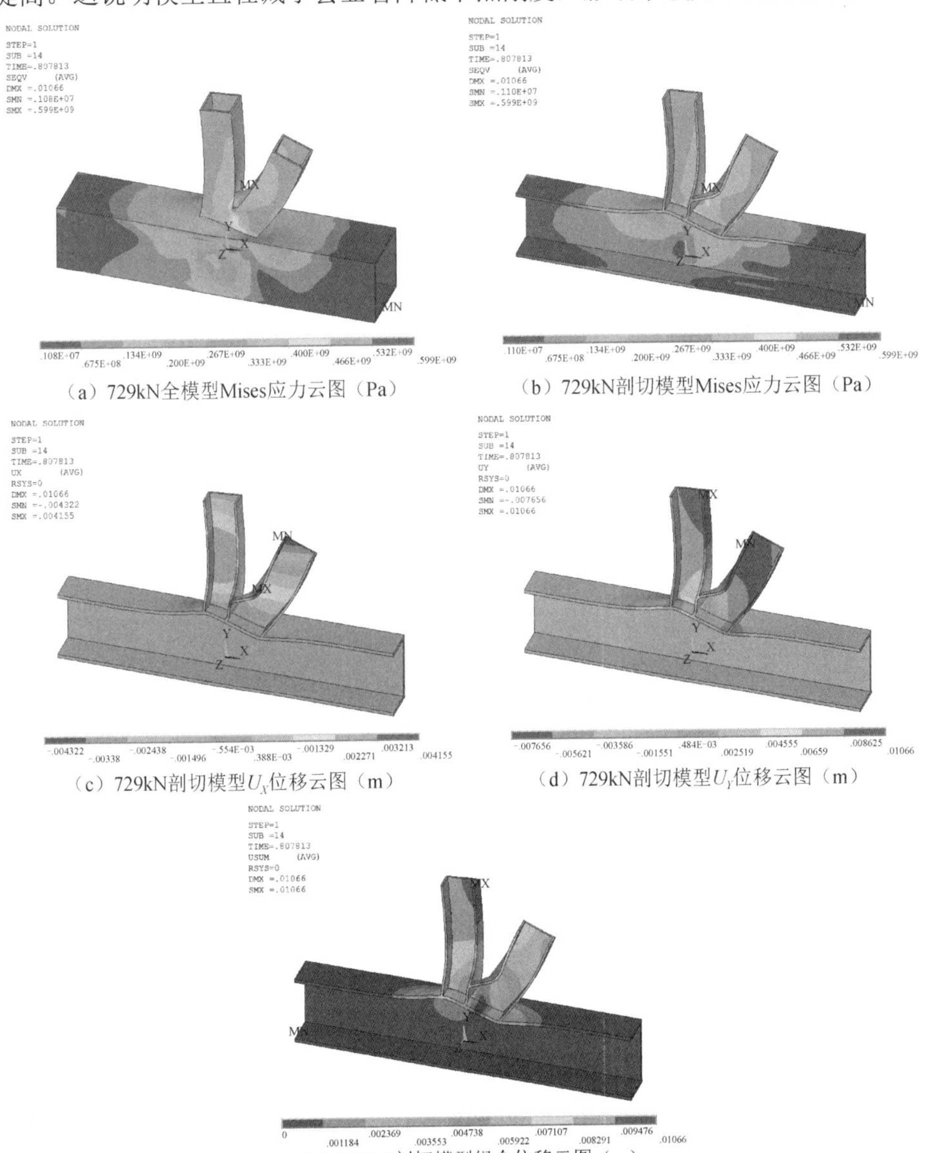

（a）729kN全模型Mises应力云图（Pa）

（b）729kN剖切模型Mises应力云图（Pa）

（c）729kN剖切模型U_X位移云图（m）

（d）729kN剖切模型U_Y位移云图（m）

（e）729kN剖切模型组合位移云图（m）

图 4.13　8 号模型极限承载力下的应力及位移云图

图 4.14 为 9 号模型沿腹杆轴向加载至 692kN 破坏时的应力及位移云图。两腹杆交汇面及腹杆前后侧板的大部分区域应力达 281MPa 以上，逐渐进入塑性状态，腹杆的交汇倒角处出现明显的应力集中，应力峰值达 630MPa。弦杆顶板呈点状屈服状态，屈服面积较小，弦杆前后侧中部屈服区内，应力峰值在 420MPa 以内。模型在腹杆轴力作用下，以 U_X 和 U_Y 两向位移为主。忽略杆件远端的变形，在弦、腹杆交界面内，受拉直腹杆拉动弦杆顶板有 6mm 左右的向上凸起位移，受压斜腹

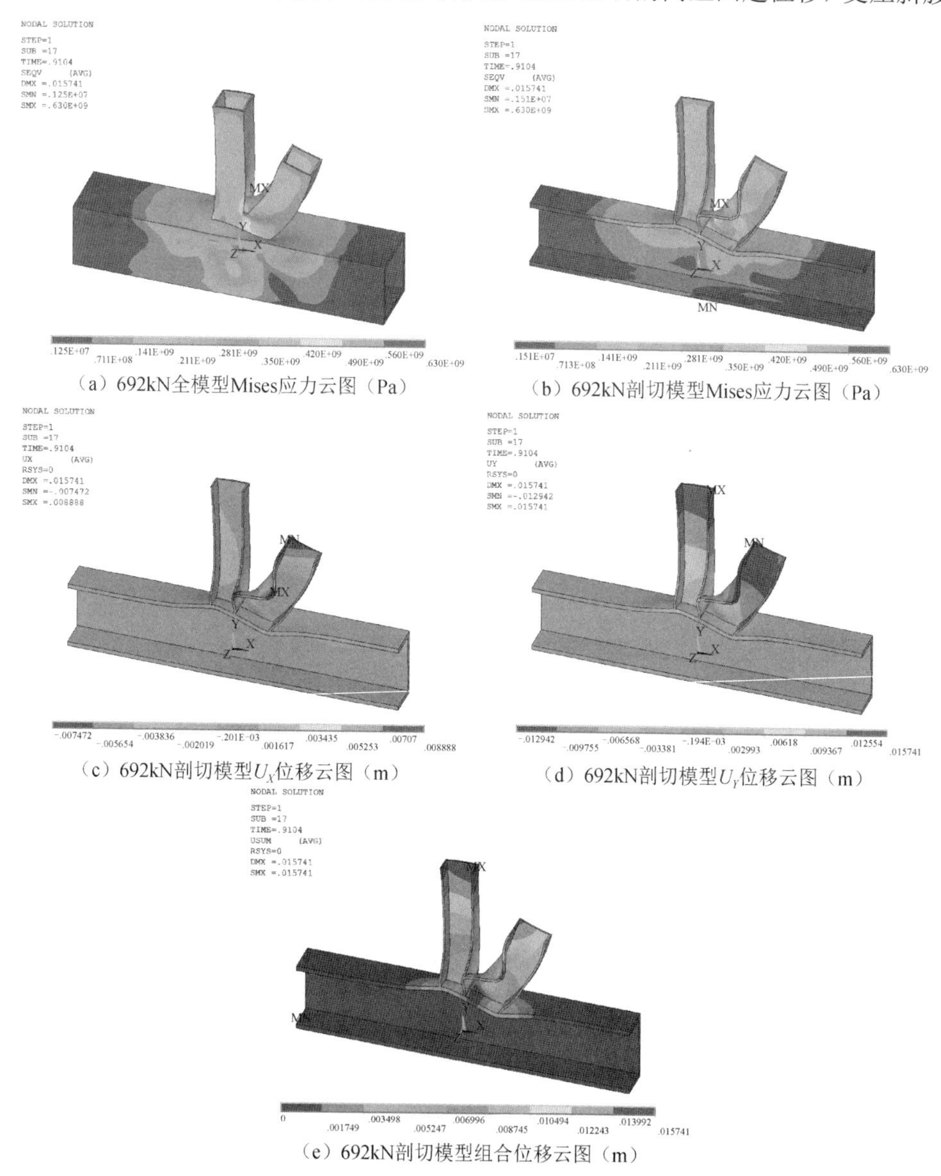

（a）692kN全模型Mises应力云图（Pa）

（b）692kN剖切模型Mises应力云图（Pa）

（c）692kN剖切模型U_X位移云图（m）

（d）692kN剖切模型U_Y位移云图（m）

（e）692kN剖切模型组合位移云图（m）

图 4.14　9 号模型极限承载力下的应力及位移云图

杆压迫弦杆顶板有 6mm 左右的向内凹陷位移，三向组合位移最大点在斜腹杆左侧板面上，峰值达 15.7mm。该模型较 8 号模型弦杆壁厚略增，腹杆壁厚略降，节点搭接率下降，表现出节点承载力下降，腹杆屈服区域明显增大，但位移最大点出现在腹杆上。这说明杆件壁厚的增减引起了弦、腹杆间刚度分配的变化，腹杆变弱引起其沿轴向变形增大，将直接导致承载力下降和位移增大。

图 4.15 为 10 号模型沿腹杆轴向加载至 1290kN 破坏时的应力及位移云图。两腹杆全截面应力基本达 315MPa 以上，进入塑性状态，腹杆的交汇倒角处出现明显的应力集中，应力峰值达 707MPa。弦杆顶板在斜腹杆右侧区域呈点状屈服状态，屈服面积较小，应力峰值在 315MPa 以内。模型在腹杆轴力作用下，以 U_X 和 U_Y 两向位移为主。忽略杆件远端的变形，在弦、腹杆交界面内，受拉直腹杆拉动弦杆顶板有 2mm 以内的向上凸起位移，受压斜腹杆压迫弦杆顶板有 2mm 以内的向内凹陷位移，变形量极小，三向组合位移最大点在斜腹杆左侧板面上，峰值达 23mm。该模型较 9 号模型腹杆直径增大，节点搭接率增大，表现出节点承载力明显提升，腹杆屈服区域明显增大，弦、腹杆交接处弦杆位移量极小。这说明杆件直径的增加将直接导致承载力上升和位移下降。

图 4.16 为 11 号模型沿腹杆轴向加载至 963kN 破坏时的应力及位移云图。两腹杆全截面应力基本达 299MPa 以上，接近塑性状态，腹杆的交汇倒角处出现明显的应力集中，应力峰值达 536MPa。弦杆顶板在腹杆各板件的分割区域内呈点状屈服状态，屈服面积较小，应力峰值在 418MPa 以内。模型在腹杆轴力作用下，以 U_X 和 U_Y 两向位移为主。忽略杆件远端的变形，在弦、腹杆交界面内，受拉直腹杆拉动弦杆顶板有 3mm 以内的向上凸起位移，受压斜腹杆压迫弦杆顶板有 3mm 以内的向内凹陷位移，变形量极小，三向组合位移最大点在斜腹杆左侧板面上，峰值达 14.3mm。该模型较 10 号模型各杆壁厚减小，节点搭接率降低，表现出节点承载力明显下降，腹杆屈服区域明显增大，弦、腹杆交接位移量略有提高。这说明杆件壁厚的降低将直接导致承载力下降和位移上升。

图 4.17 为 12 号模型沿腹杆轴向加载至 1130kN 破坏时的应力及位移云图。两腹杆全截面应力基本达 276MPa 以上，两腹杆交接处及弦、腹杆交接处应力达 345 MPa 以上，进入塑性状态，腹杆的交汇倒角处出现明显的应力集中，应力峰值达 620MPa。弦杆顶板环绕腹杆区域呈点状屈服状态，应力峰值在 414MPa 以内。模型在腹杆轴力作用下，以 U_X 和 U_Y 两向位移为主。忽略杆件远端的变形，在弦、腹杆交界面内，受拉直腹杆拉动弦杆顶板有 2.5mm 以内的向上凸起位移，受压斜腹杆压迫弦杆顶板有 3.8mm 以内的向内凹陷位移，变形量极小，三向组合位移最大点在斜腹杆左侧板面上，峰值达 11.6mm。该模型较 11 号模型弦杆壁厚减小，腹杆壁厚增大，节点搭接率提升，表现出节点承载力上升，弦、腹杆交接处位移量略有下降。在该模型中节点搭接率增大对承载力提升有一定作用。

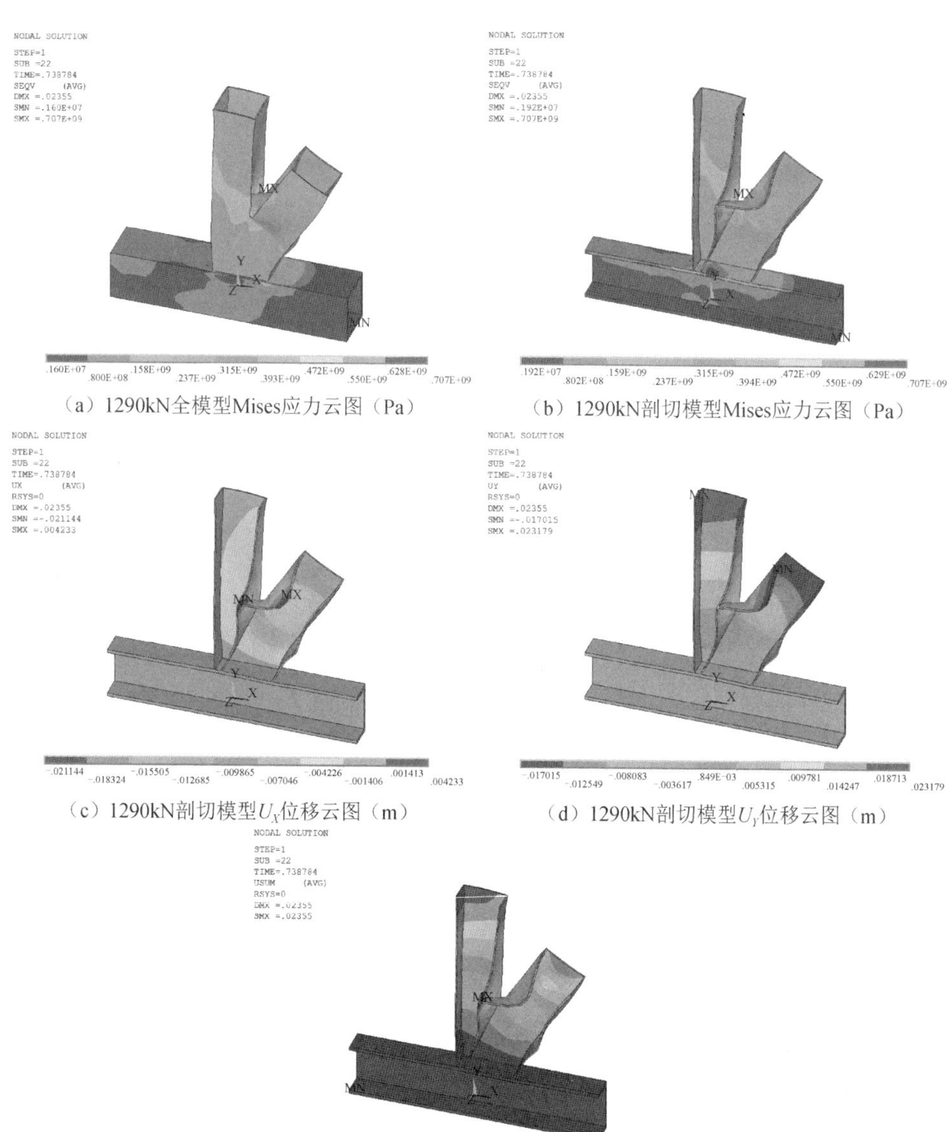

（a）1290kN全模型Mises应力云图（Pa）

（b）1290kN剖切模型Mises应力云图（Pa）

（c）1290kN剖切模型U_X位移云图（m）

（d）1290kN剖切模型U_Y位移云图（m）

（e）1290kN剖切模型组合位移云图（m）

图 4.15　10 号模型极限承载力下的应力及位移云图

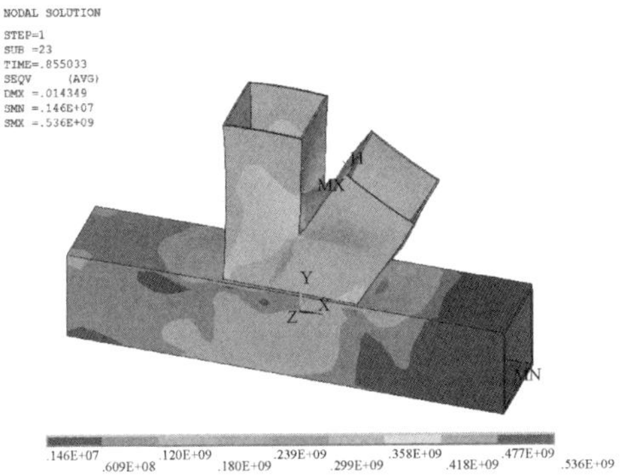

（a）963kN全模型Mises应力云图（Pa）

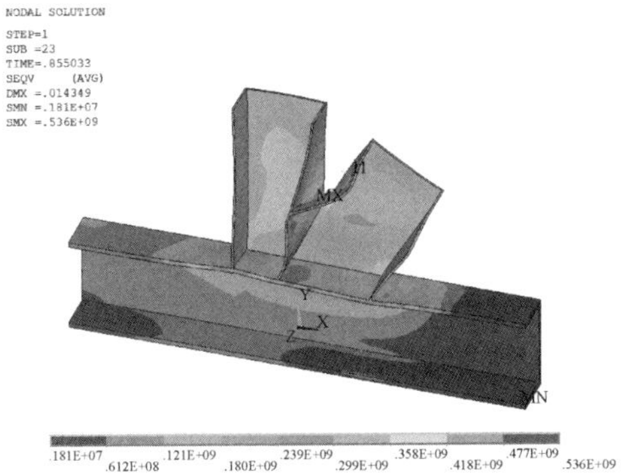

（b）963kN剖切模型Mises应力云图（Pa）

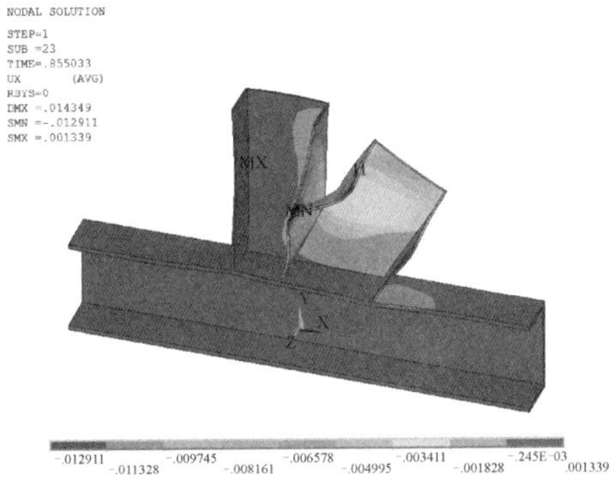

（c）963kN剖切模型U_X位移云图（m）

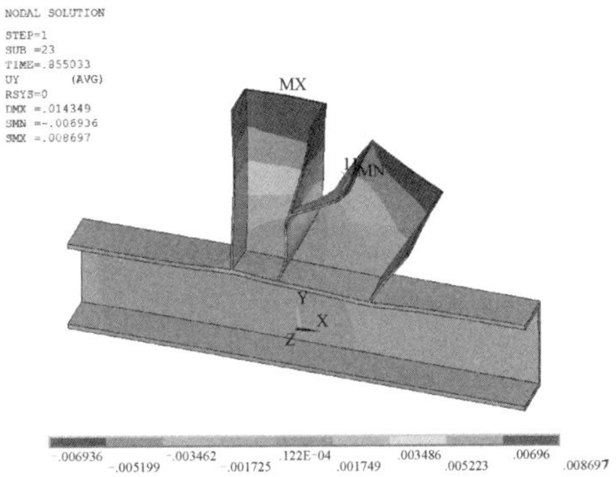

（d）963kN剖切模型U_Y位移云图（m）

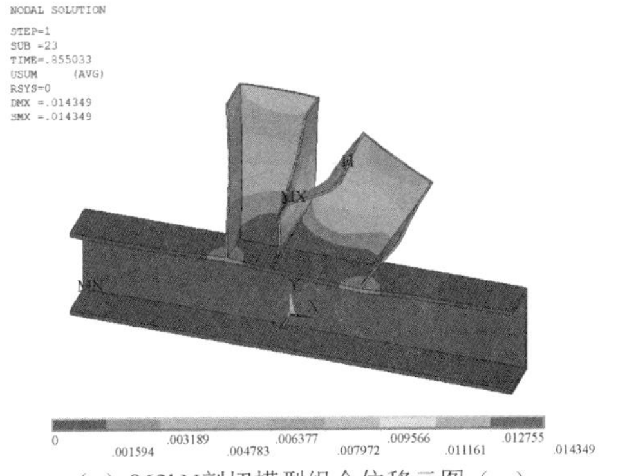

（e）963kN剖切模型组合位移云图（m）

图4.16　11号模型极限承载力下的应力及位移云图

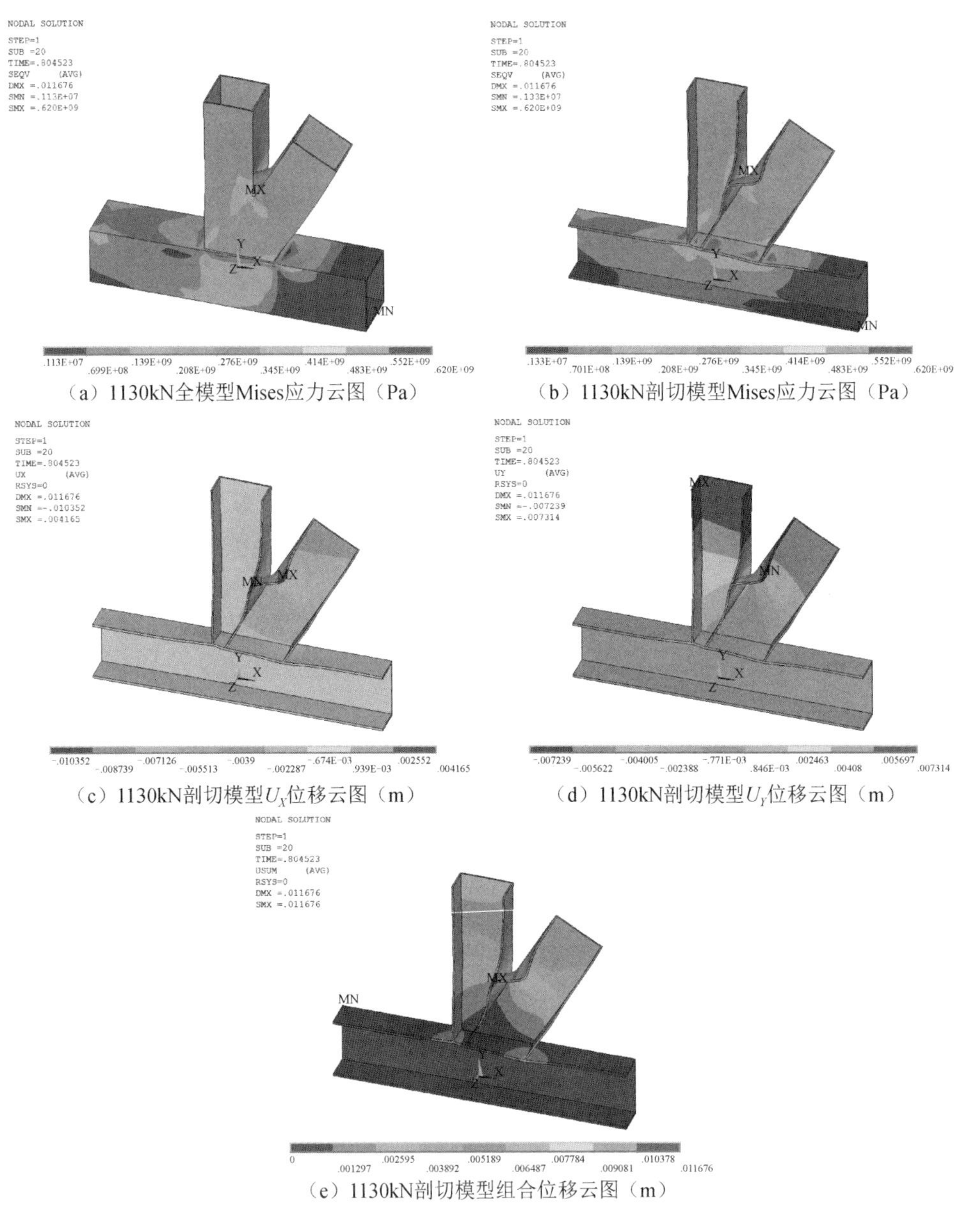

（a）1130kN全模型Mises应力云图（Pa）　（b）1130kN剖切模型Mises应力云图（Pa）

（c）1130kN剖切模型U_X位移云图（m）　（d）1130kN剖切模型U_Y位移云图（m）

（e）1130kN剖切模型组合位移云图（m）

图 4.17　12 号模型极限承载力下的应力及位移云图

图 4.18 为 13 号模型沿腹杆轴向加载至 569kN 破坏时的应力及位移云图。两腹杆全截面应力基本达 352MPa 以上，进入塑性状态，腹杆的交汇倒角处出现明显的应力集中，应力峰值达 634MPa。弦杆顶板环绕腹杆区域呈点状屈服状态，应力峰值在 420MPa 以上。模型在腹杆轴力作用下，以 U_X 和 U_Y 两向位移为主。

忽略杆件远端的变形，在弦、腹杆交界面内，受拉直腹杆拉动弦杆顶板有 2.8mm 以内的向上凸起位移，受压斜腹杆压迫弦杆顶板有 1.8mm 以内的向内凹陷位移，变形量极小，三向组合位移最大点在斜腹杆左侧板面上，峰值达 11.5mm。该模型较 12 号模型杆件壁厚略有变化，但腹杆直径明显降低，表现出节点承载力迅速下降，弦、腹杆交接处位移量略有下降。这说明杆件直径的降低将直接导致承载力下降。

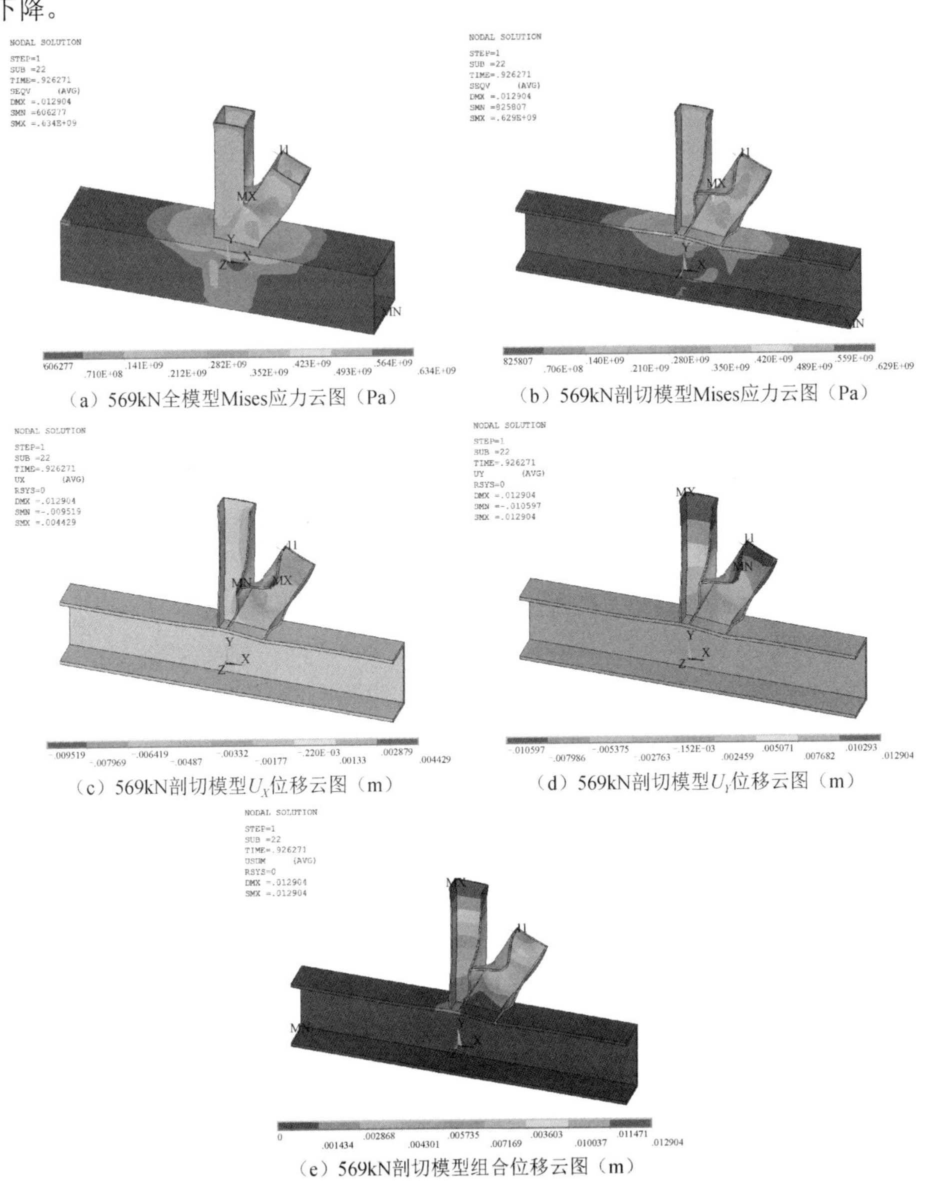

（a）569kN全模型Mises应力云图（Pa）

（b）569kN剖切模型Mises应力云图（Pa）

（c）569kN剖切模型U_X位移云图（m）

（d）569kN剖切模型U_Y位移云图（m）

（e）569kN剖切模型组合位移云图（m）

图 4.18　13 号模型极限承载力下的应力及位移云图

图 4.19 为 14 号模型沿腹杆轴向加载至 1290kN 破坏时的应力及位移云图。两腹杆除管件转角的局部区域外，应力基本达 331MPa 以上，进入塑性状态，腹杆的交汇倒角处出现明显的应力集中，应力峰值达 743MPa。弦杆顶板及前后侧板环绕腹杆区域呈点状屈服状态，应力峰值在 331MPa 以上。模型在腹杆轴力作用下，以 U_X 和 U_Y 两向位移为主。忽略杆件远端的变形，在弦、腹杆交界面内，受

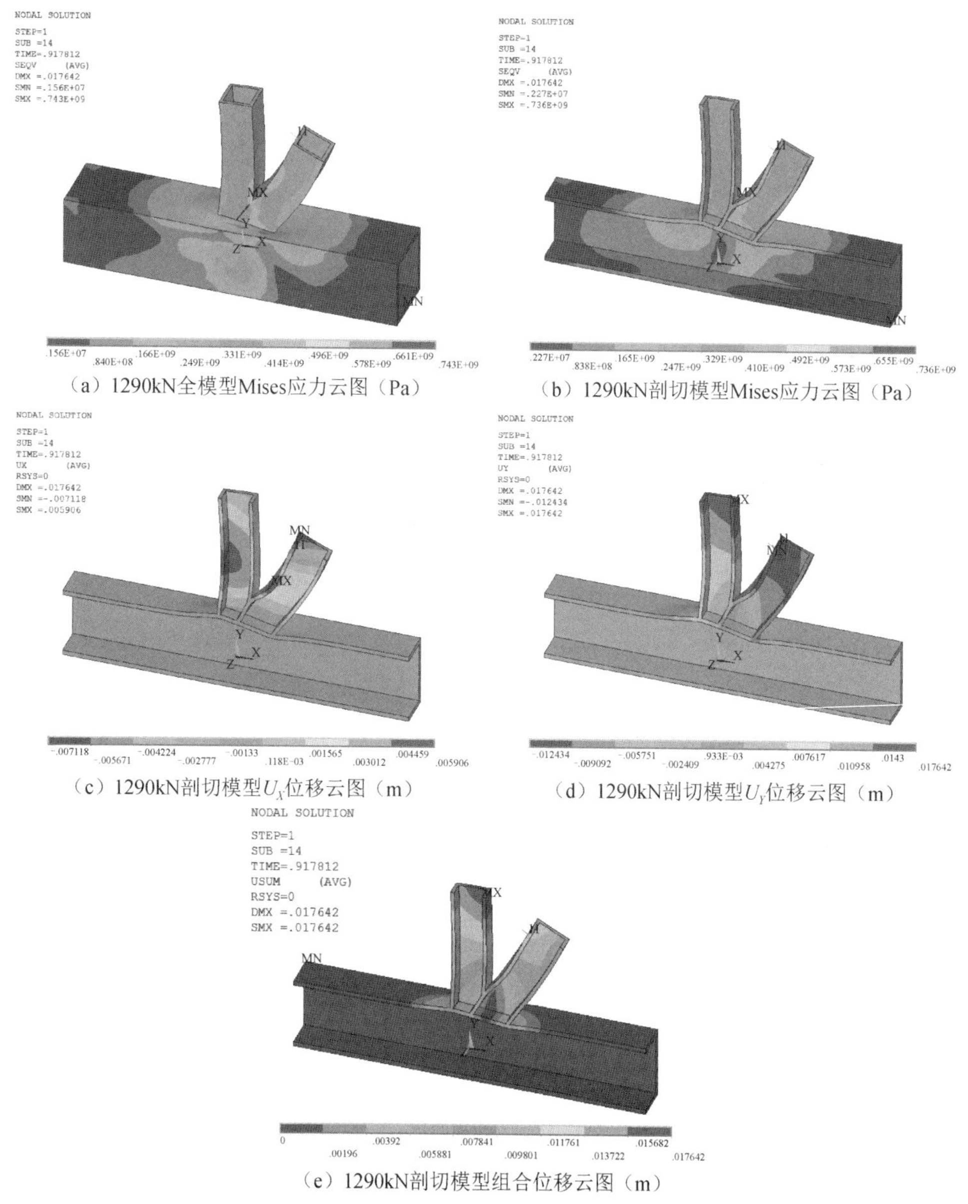

图 4.19　14 号模型极限承载力下的应力及位移云图

拉直腹杆拉动弦杆顶板有 7.8mm 以内的向上凸起位移，受压斜腹杆压迫弦杆顶板有 5.8mm 以内的向内凹陷位移，三向组合位移最大点在斜腹杆左侧板面上，峰值达 11.5mm。该模型较 13 号模型各杆件壁厚增大，但节点搭接率下降，表现出节点承载力和位移量的明显提升。这说明杆件壁厚的增大将对节点承载力提升产生明显影响，节点搭接率的影响程度不明确。

图 4.20 为 15 号模型沿腹杆轴向加载至 1350kN 破坏时的应力及位移云图。两腹杆应力基本达 326MPa 以上，进入塑性状态，腹杆的交汇倒角处出现明显的应力集中，应力峰值达 730MPa。弦杆顶板环绕腹杆区域有环形屈服带，应力峰值在 327MPa 以内。模型在腹杆轴力作用下，以 U_X 和 U_Y 两向位移为主。忽略杆件远端的变形，在弦、腹杆交界面内，受拉直腹杆拉动弦杆顶板有 3.9mm 以内的向上凸起位移，受压斜腹杆压迫弦杆顶板有 3.9mm 以内的向内凹陷位移。该模型较 14 号模型腹杆壁厚减小，但节点搭接率提高，表现出节点承载力部分提升和位移量的下降。在该模型中节点搭接率增大对承载力提升和位移量减小有一定作用。

图 4.21 为 16 号模型沿腹杆轴向加载至 545kN 破坏时的应力及位移云图。两腹杆应力基本达 296MPa 以上，进入塑性状态，腹杆的交汇倒角处出现明显的应力集中，应力峰值达 532MPa。弦杆顶板环绕腹杆区域有明确的应力增大区，但应力峰值基本在 311MPa 以内，未进入塑性状态。模型在腹杆轴力作用下，以 U_X 和 U_Y 两向位移为主。忽略杆件远端的变形，在弦、腹杆交界面内，受拉直腹杆拉动弦杆顶板有 1.1mm 以内的向上凸起位移，受压斜腹杆压迫弦杆顶板有 1.1mm 以内的向内凹陷位移，三向组合位移最大点在斜腹杆左侧板面上，峰值达 10.5mm。该模型较 15 号模型各杆壁厚减小，但腹杆直径增加，节点搭接率不变，表现出节点承载力和位移量的同时下降。这说明杆件壁厚对节点承载力和变形量的影响高于杆件直径的影响。

图 4.22 为 17 号模型沿腹杆轴向加载至 2010kN 破坏时的应力及位移云图。两腹杆应力基本达 327MPa 以上，进入塑性状态，腹杆的交汇倒角处出现明显的应力集中，应力峰值达 733MPa。弦杆顶板及前后侧板环绕腹杆区域有明确的应力增大区，但应力峰值基本在 408MPa 以内，部分进入塑性状态。模型在腹杆轴力作用下，以 U_X 和 U_Y 两向位移为主。忽略杆件远端的变形，在弦、腹杆交界面内，受拉直腹杆拉动弦杆顶板有 6.1mm 以内的向上凸起位移，受压斜腹杆压迫弦杆顶板有 6.1mm 以内的向内凹陷位移。该模型较 16 号模型各杆直径不变，壁厚明显增大，节点搭接率下降，表现出节点承载力和位移量的同时提升。这说明杆件壁厚对节点承载力和变形量的影响较显著。

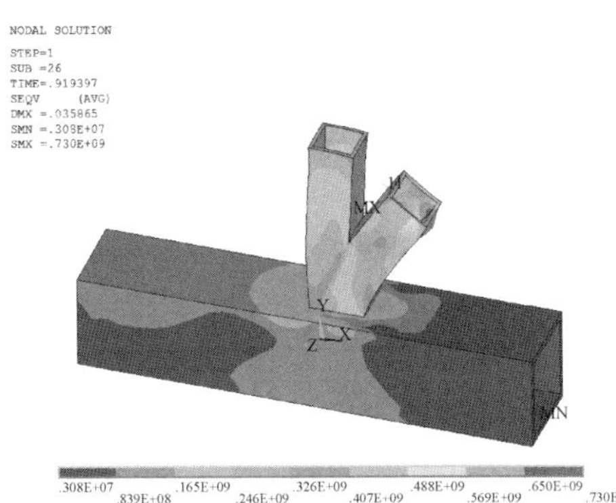

（a）1350kN全模型Mises应力云图（Pa）

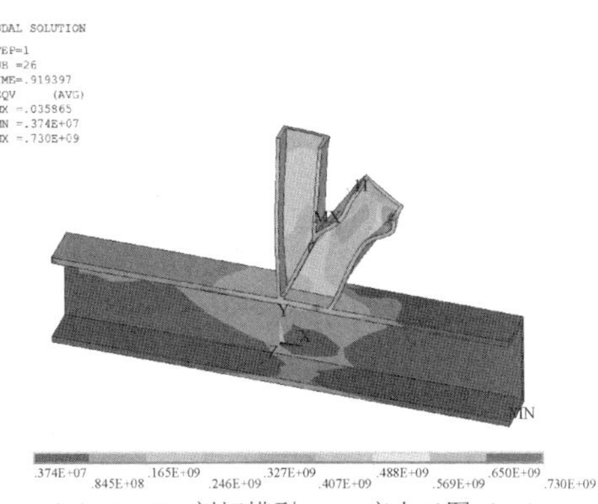

（b）1350kN剖切模型Mises应力云图（Pa）

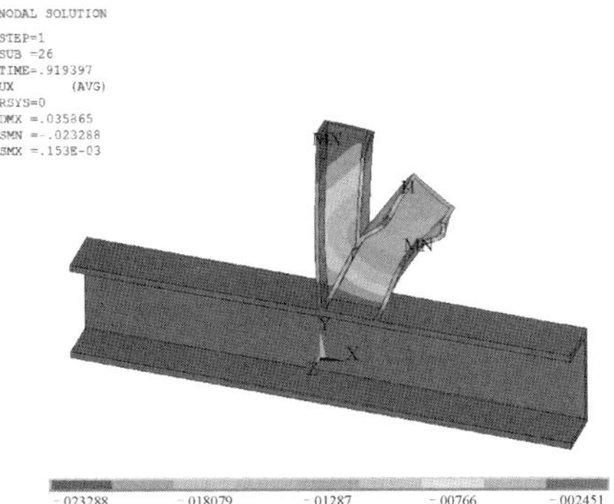

（c）1350kN剖切模型U_X位移云图（m）

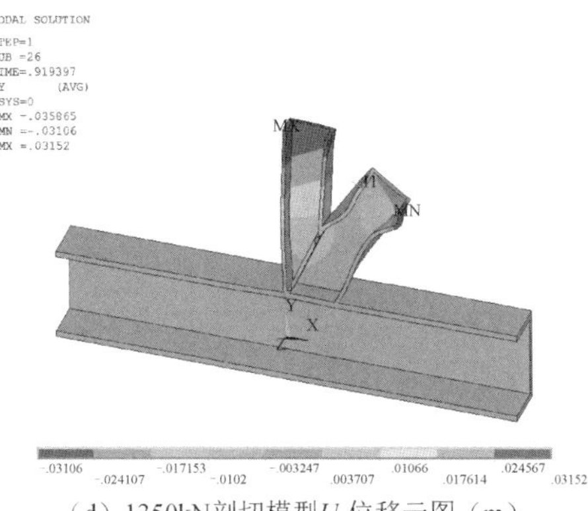

（d）1350kN剖切模型U_Y位移云图（m）

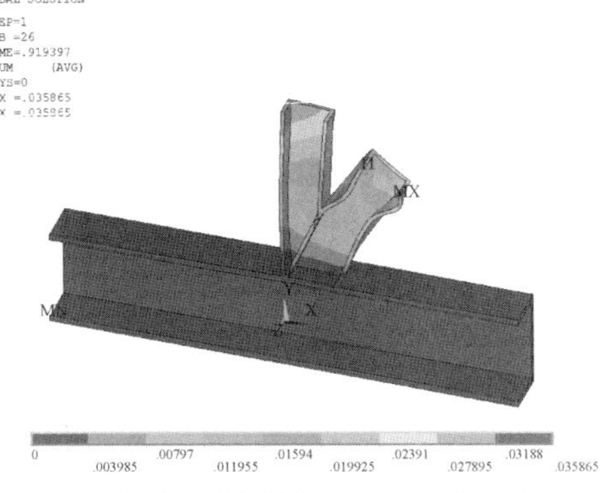

（e）1350kN剖切模型组合位移云图（m）

图 4.20　15 号模型极限承载力下的应力及位移云图

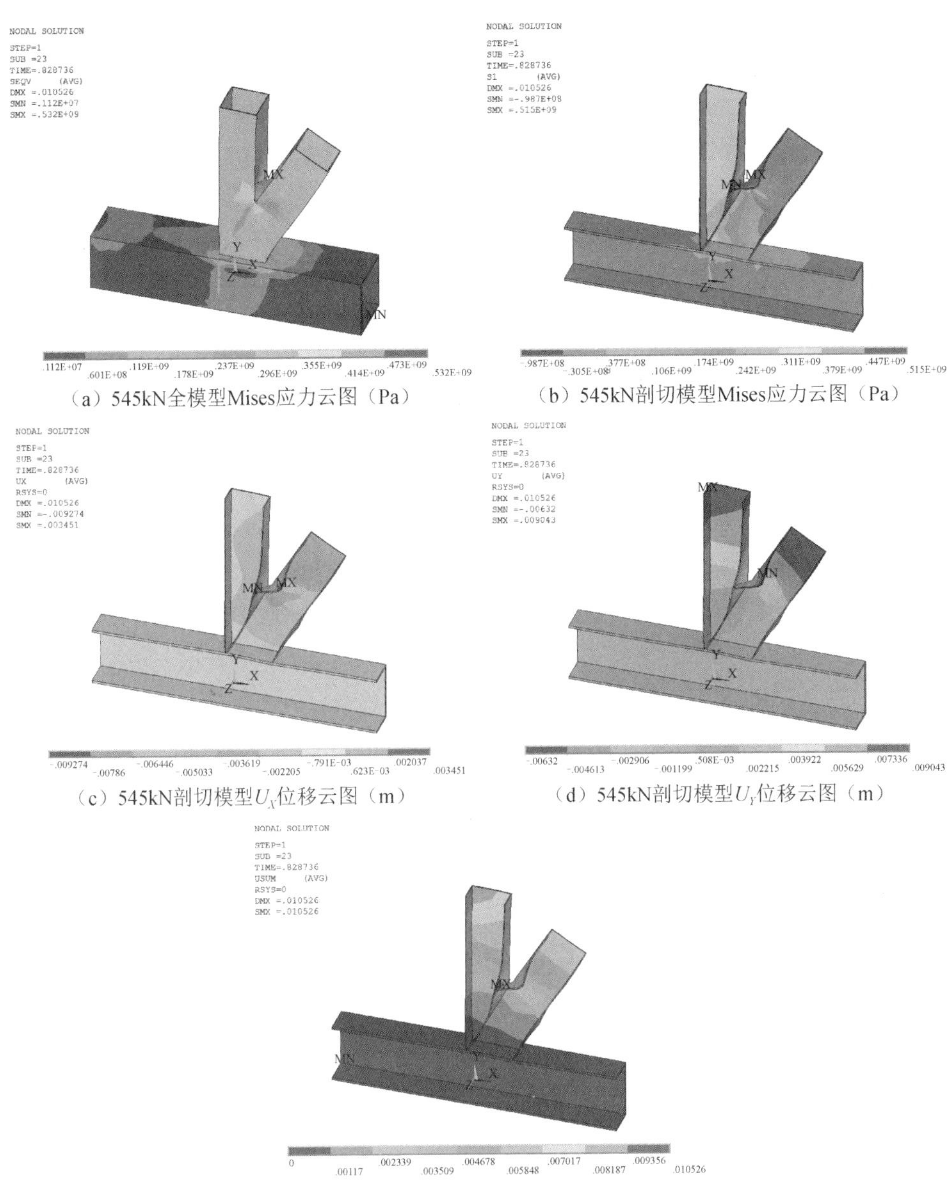

（a）545kN全模型Mises应力云图（Pa）

（b）545kN剖切模型Mises应力云图（Pa）

（c）545kN剖切模型U_X位移云图（m）

（d）545kN剖切模型U_Y位移云图（m）

（e）545kN剖切模型组合位移云图（m）

图 4.21　16 号模型极限承载力下的应力及位移云图

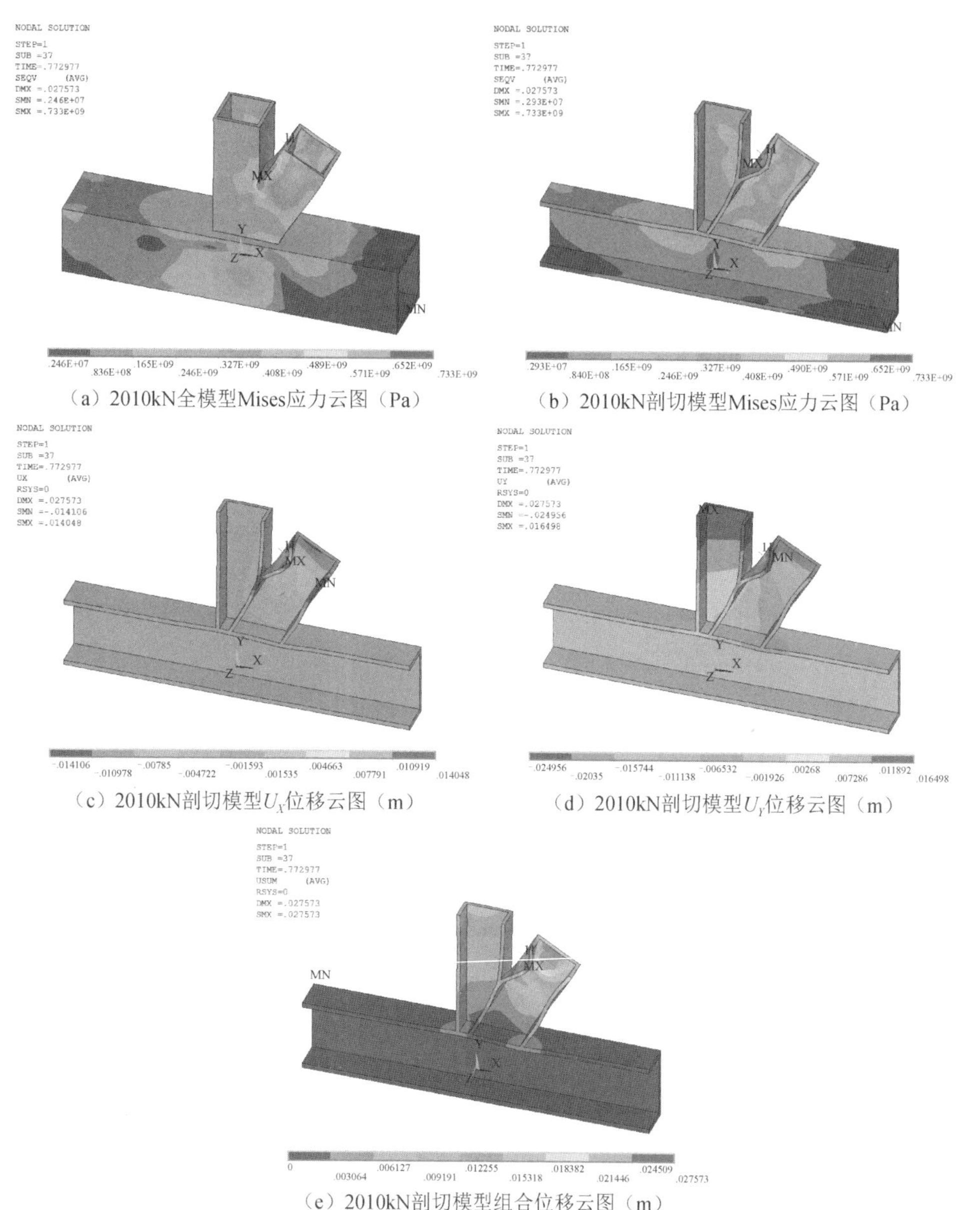

（a）2010kN全模型Mises应力云图（Pa）

（b）2010kN剖切模型Mises应力云图（Pa）

（c）2010kN剖切模型U_X位移云图（m）

（d）2010kN剖切模型U_Y位移云图（m）

（e）2010kN剖切模型组合位移云图（m）

图 4.22　17 号模型极限承载力下的应力及位移云图

图 4.23 为 19 号模型沿腹杆轴向加载至 1970kN 破坏时的应力及位移云图。两腹杆应力基本达 331MPa 以上，进入塑性状态，腹杆的交汇倒角处出现明显的应力集中，应力峰值达 594MPa。弦杆顶板及前后侧板环绕腹杆区域有明确的应力增大区，但应力峰值基本在 462MPa 以内，部分进入塑性状态。模型在腹杆轴力作用下，以 U_X 和 U_Y 两向位移为主。忽略杆件远端的变形，在弦、腹杆交界面内，

受拉直腹杆拉动弦杆顶板有 6.3mm 以内的向上凸起位移，受压斜腹杆压迫弦杆顶板有 7.9mm 以内的向内凹陷位移，三向组合位移最大点在斜腹杆左侧板面上，峰值达 14.2mm。该模型较 17 号模型腹杆直径增大，壁厚减小，节点搭接率下降，表现出节点承载力略降，位移量略升。这说明杆件直径和壁厚对节点承载力和变形量的影响较节点搭接率显著。

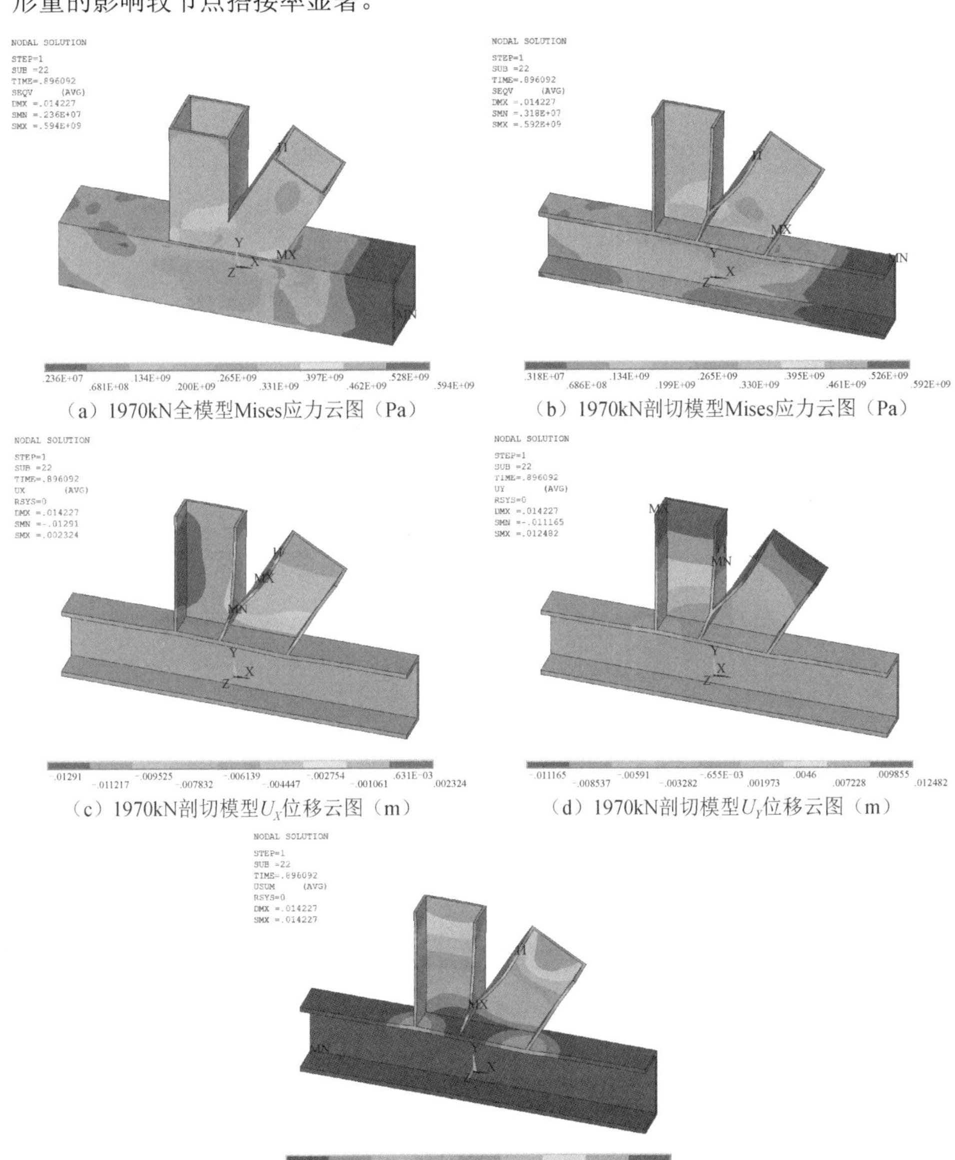

（a）1970kN全模型Mises应力云图（Pa）

（b）1970kN剖切模型Mises应力云图（Pa）

（c）1970kN剖切模型U_X位移云图（m）

（d）1970kN剖切模型U_Y位移云图（m）

（e）1970kN剖切模型组合位移云图（m）

图 4.23　19 号模型极限承载力下的应力及位移云图

图 4.24 为 20 号模型沿腹杆轴向加载至 2490kN 破坏时的应力及位移云图。两腹杆应力基本达 329MPa 以上，进入塑性状态，腹杆的交汇倒角处出现明显的应力集中，应力峰值达 739MPa。弦杆顶板及前后侧板环绕腹杆区域有明确的应力增大区，但应力峰值基本在 329MPa 以内，较小区域进入塑性状态。模型在腹杆轴力作用下，以 U_X 和 U_Y 两向位移为主。忽略杆件远端的变形，在弦、腹杆交界面

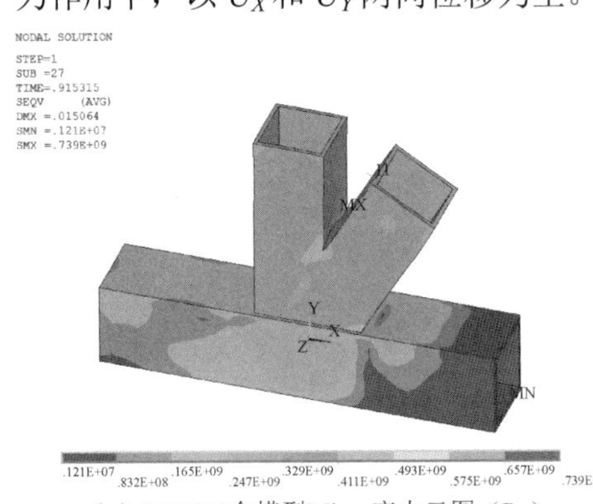

（a）2490kN全模型Mises应力云图（Pa）

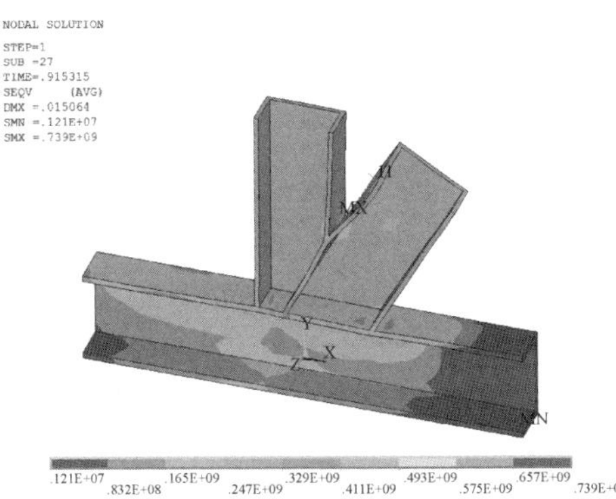

（b）2490kN剖切模型Mises应力云图（Pa）

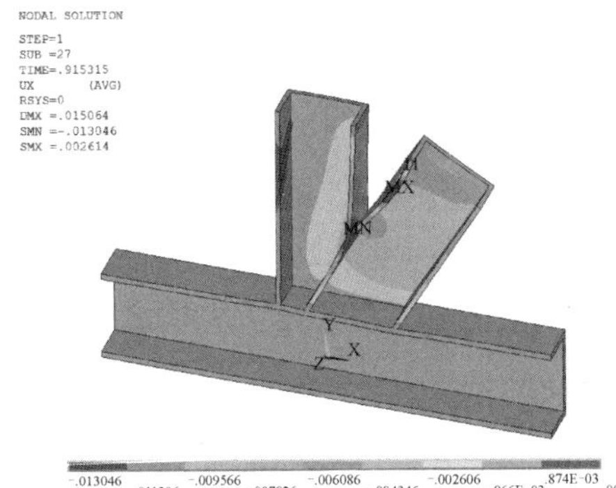

（c）2490kN剖切模型U_X位移云图（m）

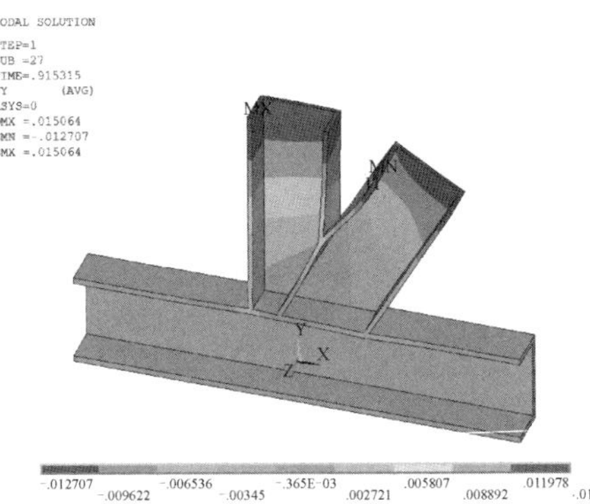

（d）2490kN剖切模型U_Y位移云图（m）

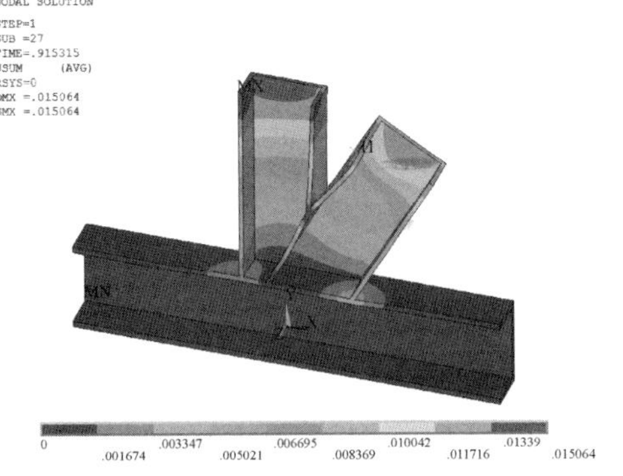

（e）2490kN剖切模型组合位移云图（m）

图 4.24　20 号模型极限承载力下的应力及位移云图

内，受拉直腹杆拉动弦杆顶板有 3.3mm 以内的向上凸起位移，受压斜腹杆压迫弦杆顶板有 5.0mm 以内的向内凹陷位移，三向组合位移最大点在斜腹杆左侧板面上，峰值达 15.0mm。该模型较 19 号模型腹杆壁厚增大，节点搭接率上升，其余不变，表现出节点承载力上升和变形量下降。这说明杆件壁厚和节点搭接率协同增大时，会提升节点承载力和控制变形量。

图 4.25 为 21 号模型沿腹杆轴向加载至 1400kN 破坏时的应力及位移云图。两腹杆应力基本达 315MPa 以上，进入塑性状态，腹杆的交汇倒角处出现明显的应力集中，应力峰值达 564MPa。弦杆顶板及前后侧板环绕腹杆区域有明确的应力增大区，但应力峰值基本在 440MPa 以内，前后侧板较多区域进入塑性状态。模型在腹杆轴力作用下，以 U_X 和 U_Y 两向位移为主。忽略杆件远端的变形，在弦、腹杆交界面内，受拉直腹杆拉动弦杆顶板有 4.1mm 以内的向上凸起位移，受压斜腹杆压迫弦杆顶板有 6.9mm 以内的向内凹陷位移，三向组合位移最大点在斜腹杆左侧板面上，峰值达 12.4mm。该模型较 20 号模型腹杆壁厚增大，节点搭接率上升，其余不变，表现出节点承载力上升和变形量下降。这说明杆件壁厚和节点搭接率协同增大时，会提升节点承载力和控制变形量。

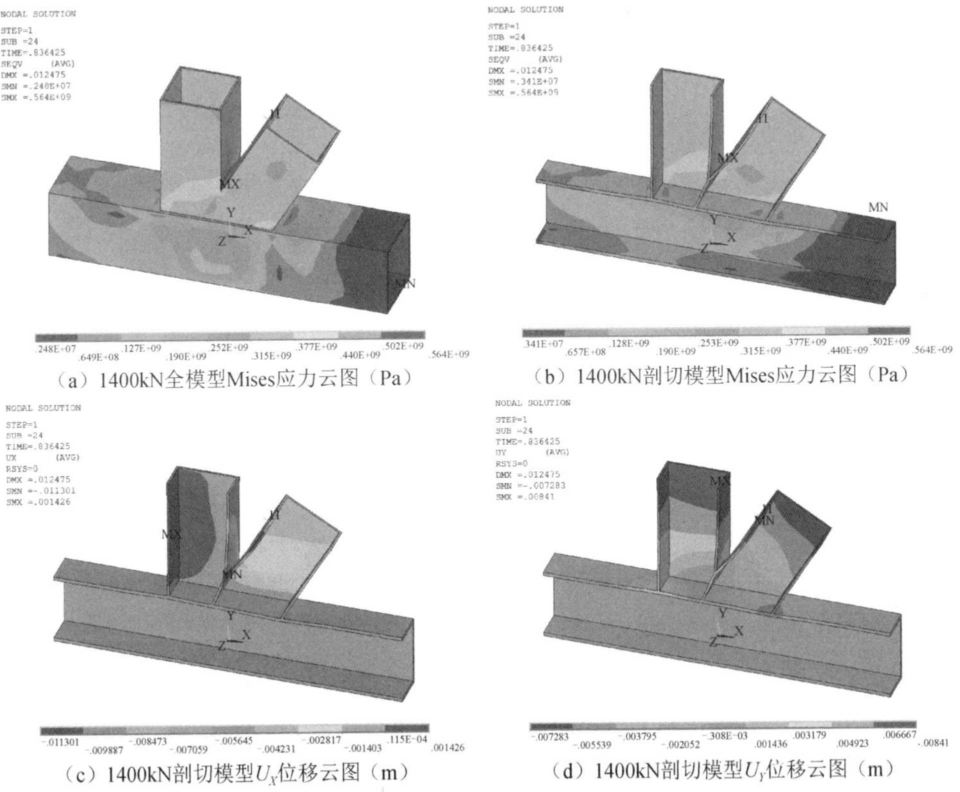

（a）1400kN全模型Mises应力云图（Pa）

（b）1400kN剖切模型Mises应力云图（Pa）

（c）1400kN剖切模型U_X位移云图（m）

（d）1400kN剖切模型U_Y位移云图（m）

图 4.25　21 号模型极限承载力下的应力及位移云图

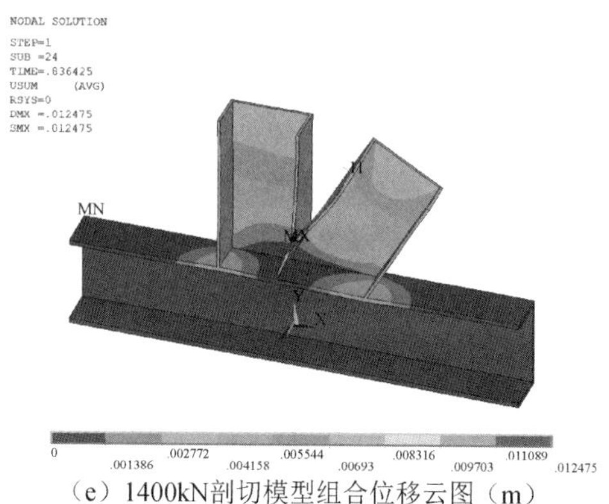

（e）1400kN剖切模型组合位移云图（m）

图 4.25（续）

图 4.26 为 22 号模型沿腹杆轴向加载至 680kN 破坏时的应力及位移云图。两腹杆应力基本达 276MPa 以上，除腹杆转角区域外基本进入塑性状态，腹杆的交汇倒角处出现明显的应力集中，应力峰值达 619MPa。弦杆顶板及前后侧板环绕腹杆区域有明确的应力增大区，但应力峰值基本在 345MPa 以内，较小区域进入塑性状态。模型在腹杆轴力作用下，以 U_X 和 U_Y 两向位移为主。忽略杆件远端的变形，在弦、腹杆交界面内，受拉直腹杆拉动弦杆顶板有 7.5mm 以内的向上凸起位移，受压斜腹杆压迫弦杆顶板有 6.0mm 以内的向内凹陷位移，三向组合位移最大点在斜腹杆左侧板面上，峰值达 13.5mm。该模型较 21 号模型各杆壁厚减小，腹杆直径减小，节点搭接率上升，表现出节点承载力明显下降和变形量提升。这说明杆件直径和壁厚相对节点搭接率对节点承载力和变形量的影响偏大。

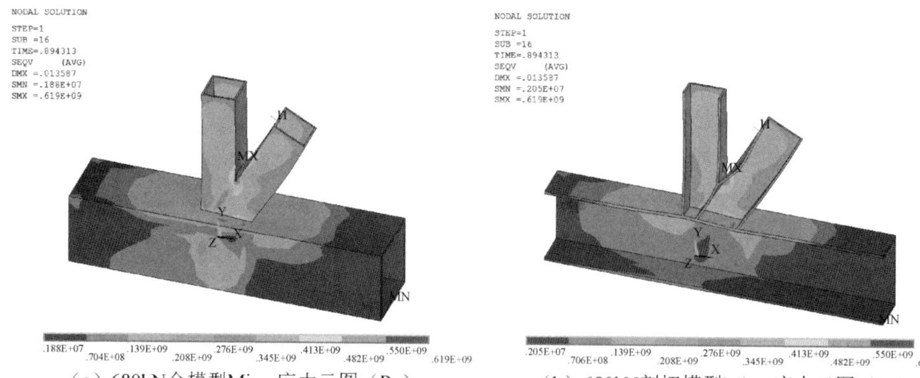

（a）680kN全模型Mises应力云图（Pa）　（b）680kN剖切模型Mises应力云图（Pa）

图 4.26　22 号模型极限承载力下的应力及位移云图

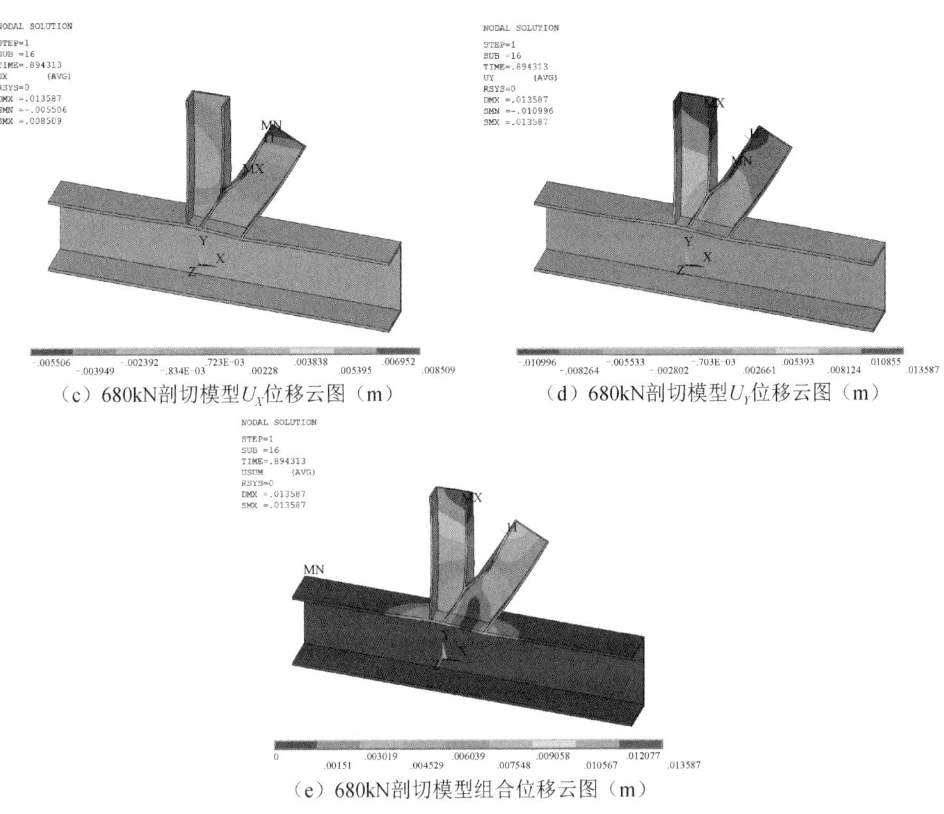

（c）680kN剖切模型U_X位移云图（m）

（d）680kN剖切模型U_Y位移云图（m）

（e）680kN剖切模型组合位移云图（m）

图 4.26（续）

图 4.27 为 23 号模型沿腹杆轴向加载至 853kN 破坏时的应力及位移云图。两腹杆应力基本达 296MPa 以上，除腹杆转角区域外基本进入塑性状态，腹杆的交汇倒角处出现明显的应力集中，应力峰值达 663MPa。弦杆顶板及前后侧板环绕腹杆区域有点状应力增大区，但应力峰值基本在 370MPa 以内，较小区域进入塑性状态。模型在腹杆轴力作用下，以 U_X和 U_Y两向位移为主。忽略杆件远端的变形，在弦、腹杆交界面内，受拉直腹杆拉动弦杆顶板有 5.3mm 以内的向上凸起位移，受压斜腹杆压迫弦杆顶板有 1.7mm 以内的向内凹陷位移，三向组合位移最大点在斜腹杆左侧板面上，峰值达 15.9mm。该模型较 22 号模型腹杆壁厚增大，节点搭接率上升，其余不变，表现出节点承载力一定程度的提升和弦杆顶板变形量的下降。这说明杆件壁厚相对节点搭接率对节点承载力和变形量的影响偏大，壁厚的增加有助于提高承载力和减小变形量。

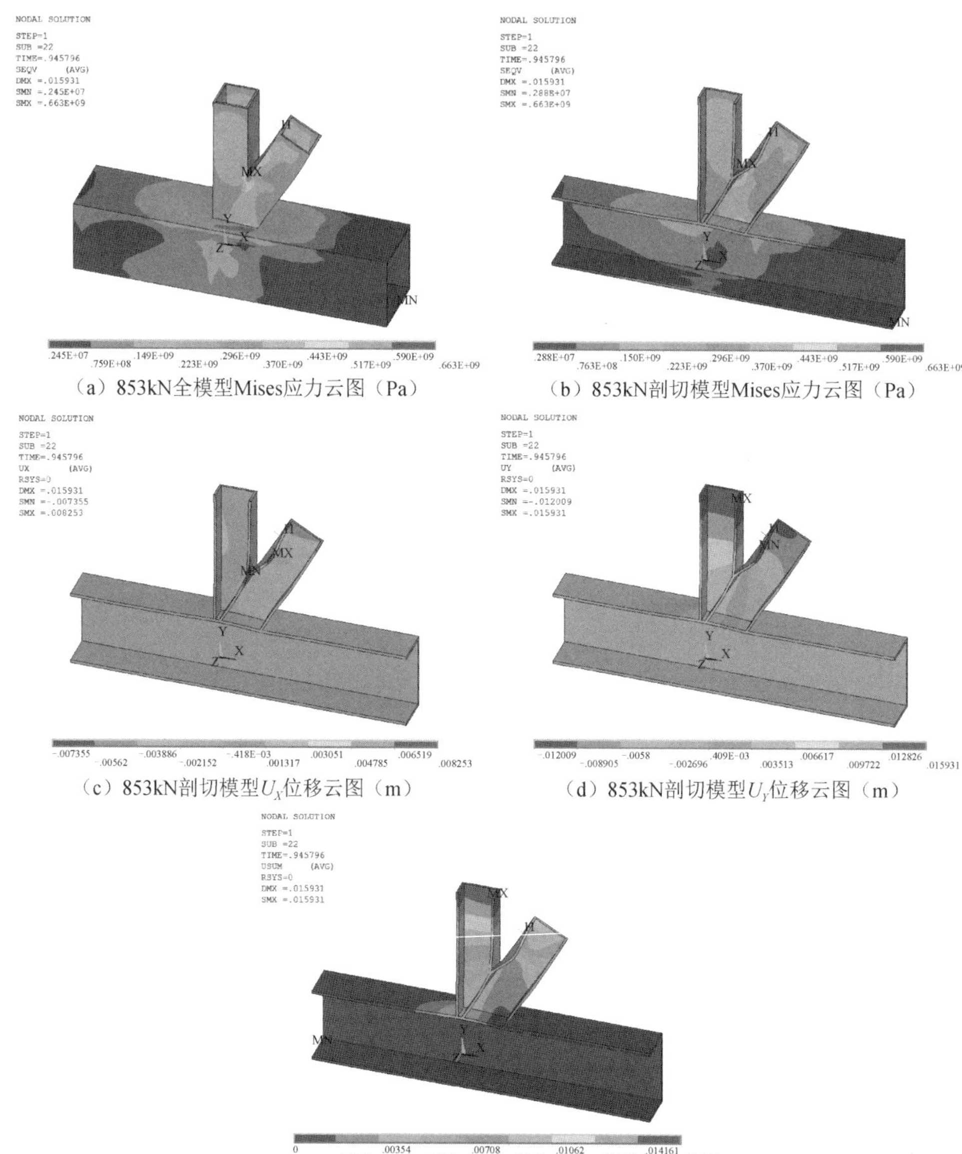

（a）853kN全模型Mises应力云图（Pa）

（b）853kN剖切模型Mises应力云图（Pa）

（c）853kN剖切模型U_X位移云图（m）

（d）853kN剖切模型U_Y位移云图（m）

（e）853kN剖切模型组合位移云图（m）

图 4.27　23 号模型极限承载力下的应力及位移云图

图 4.28 为 24 号模型沿腹杆轴向加载至 1200kN 破坏时的应力及位移云图。两腹杆应力基本达 309MPa 以上，进入全塑性状态，腹杆的交汇倒角处出现明显的应力集中，应力峰值达 692MPa。弦杆顶板及前后侧板环绕腹杆区域有点状应力增大区，但应力基本在 309MPa 以内，应力较小区域进入塑性状态。模型在腹杆轴力作用下，以 U_X和 U_Y两向位移为主。忽略杆件远端的变形，在弦、腹杆交界

面内，受拉直腹杆拉动弦杆顶板有 2.1mm 以内的向上凸起位移，受压斜腹杆压迫弦杆顶板有 4.3mm 以内的向内凹陷位移，三向组合位移最大点在斜腹杆左侧板面上，峰值在 17.4mm 以内。该模型较 23 号模型弦杆壁厚增大，腹杆直径增大，其余不变，表现出节点承载力提升和弦杆顶板变形量下降。这说明杆件直径和壁厚的增加有助于提高承载力和减小变形量。

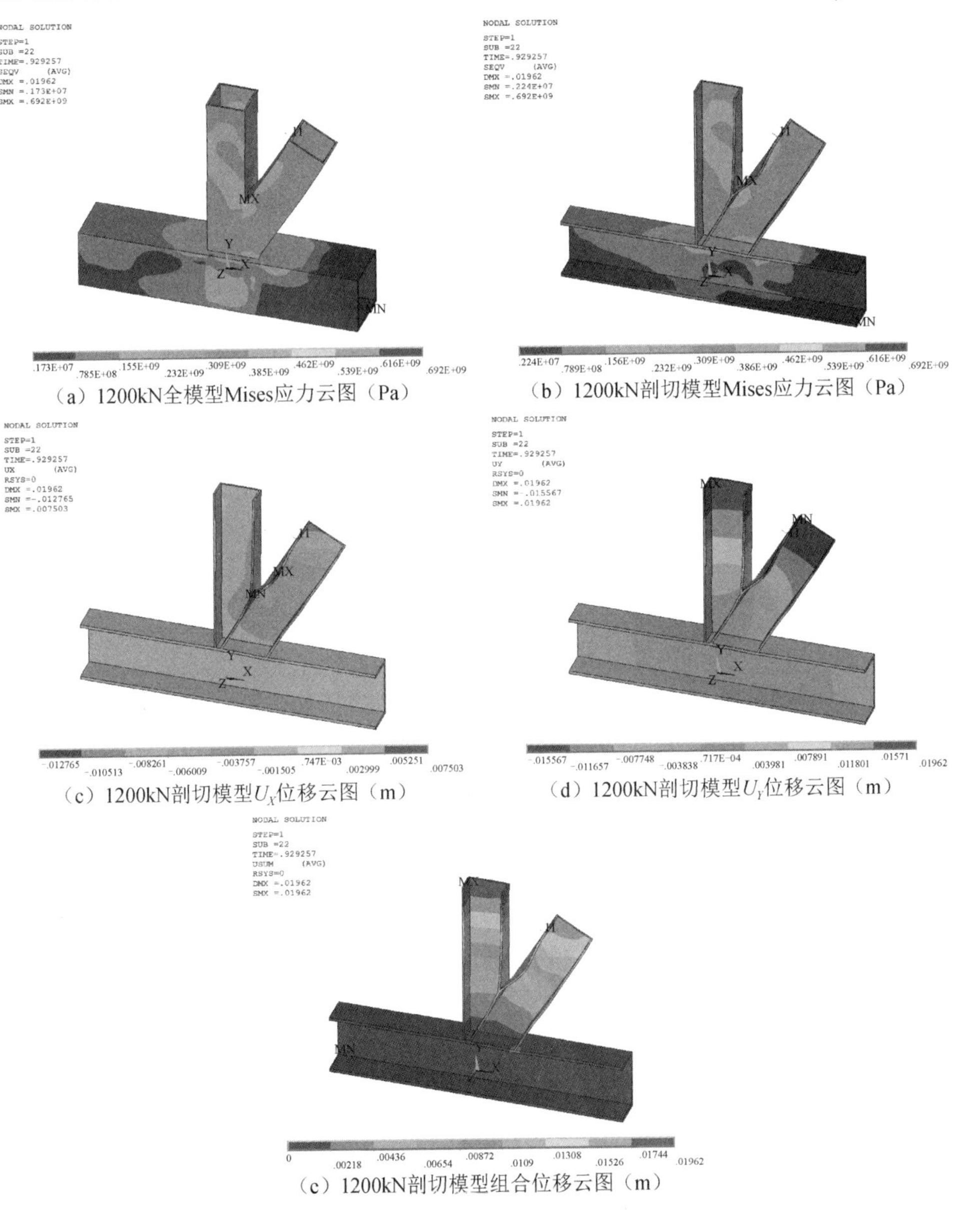

（a）1200kN全模型Mises应力云图（Pa）

（b）1200kN剖切模型Mises应力云图（Pa）

（c）1200kN剖切模型U_X位移云图（m）

（d）1200kN剖切模型U_Y位移云图（m）

（c）1200kN剖切模型组合位移云图（m）

图 4.28　24 号模型极限承载力下的应力及位移云图

图 4.29 为 25 号模型沿腹杆轴向加载至 1490kN 破坏时的应力及位移云图。两腹杆应力基本达 298MPa 以上，大部区域进入塑性状态，腹杆的交汇倒角处出现明显的应力集中，应力峰值达 668MPa。弦杆顶板及前后侧板环绕腹杆区域有点状应力增大区，但应力基本在 372MPa 以内，较小区域进入塑性状态。模型在腹杆轴力作用下，以 U_X 和 U_Y 两向位移为主。忽略杆件远端的变形，在弦、腹杆交

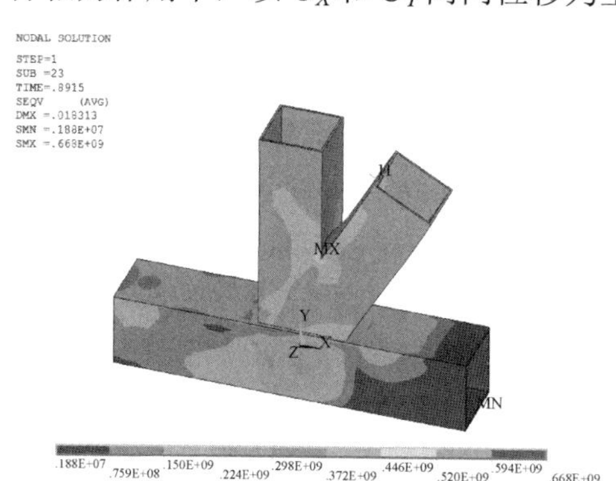

（a）1490kN全模型Mises应力云图（Pa）

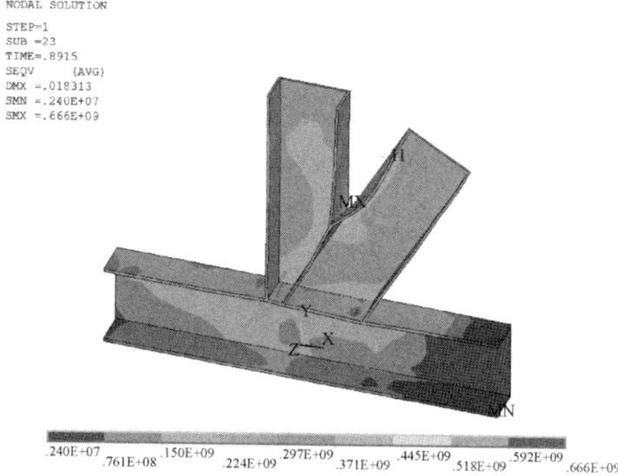

（b）1490kN剖切模型Mises应力云图（Pa）

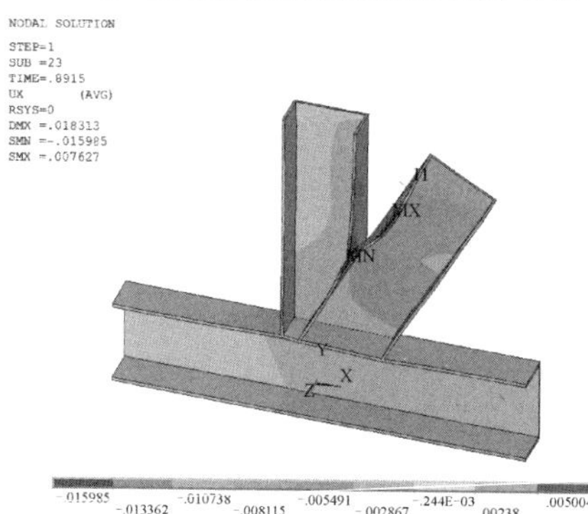

（c）1490kN剖切模型U_X位移云图（m）

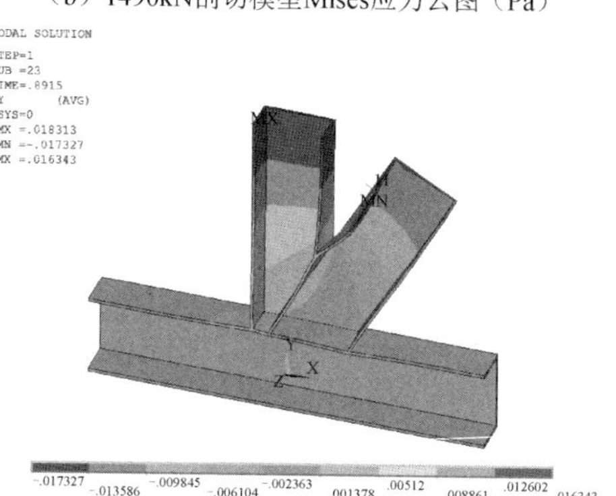

（d）1490kN剖切模型U_Y位移云图（m）

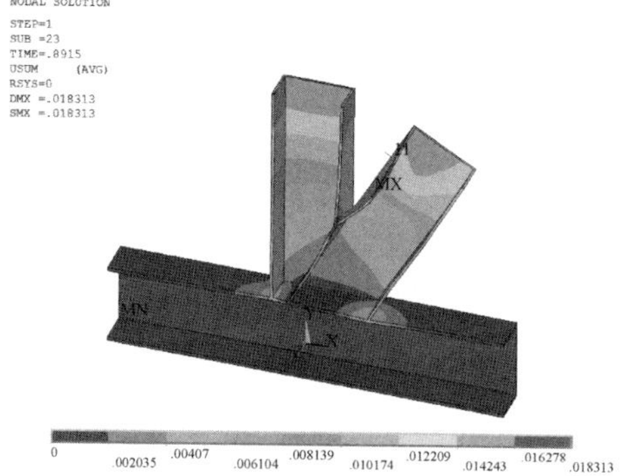

（e）1490kN剖切模型组合位移云图（m）

图 4.29　25 号模型极限承载力下的应力及位移云图

界面内，受拉直腹杆拉动弦杆顶板有 6.1mm 以内的向上凸起位移，受压斜腹杆压迫弦杆顶板有 6.1mm 以内的向内凹陷位移，三向组合位移最大点在斜腹杆左侧板面上，峰值在 18.3mm 以内。该模型较 24 号模型弦杆壁厚减小，腹杆直径增大，其余不变，表现出节点承载力和弦杆顶板变形量略有提升。这说明该模型中腹杆直径的变化比弦杆壁厚的变化对节点承载力和变形量的影响要大。

图 4.30 为 26 号模型沿腹杆轴向加载至 1290kN 破坏时的应力及位移云图。两腹杆应力基本达 268MPa 以上，大部区域进入塑性状态，腹杆的交汇倒角处出现明显的应力集中，应力峰值达 800MPa。弦杆顶板及前后侧板环绕腹杆区域有点状应力增大区，但应力基本在 357MPa 以内，较小区域进入塑性状态。模型在腹杆轴力作用下，以 U_X 和 U_Y 两向位移为主。忽略杆件远端的变形，在弦、腹杆交界面内，受拉直腹杆拉动弦杆顶板有 11.1mm 以内的向上凸起位移，受压斜腹杆压迫弦杆顶板有 18.5mm 以内的向内凹陷位移，三向组合位移最大点在斜腹杆左侧板面上，峰值在 33.4mm 以内。该模型较 25 号模型各杆壁厚增大，腹杆直径减小，节点搭接率明显降低，表现出节点承载力下降和变形量明显增大。这说明该模型中腹杆直径和节点搭接率的协同下降是导致节点承载力和变形量变化的主要因素。

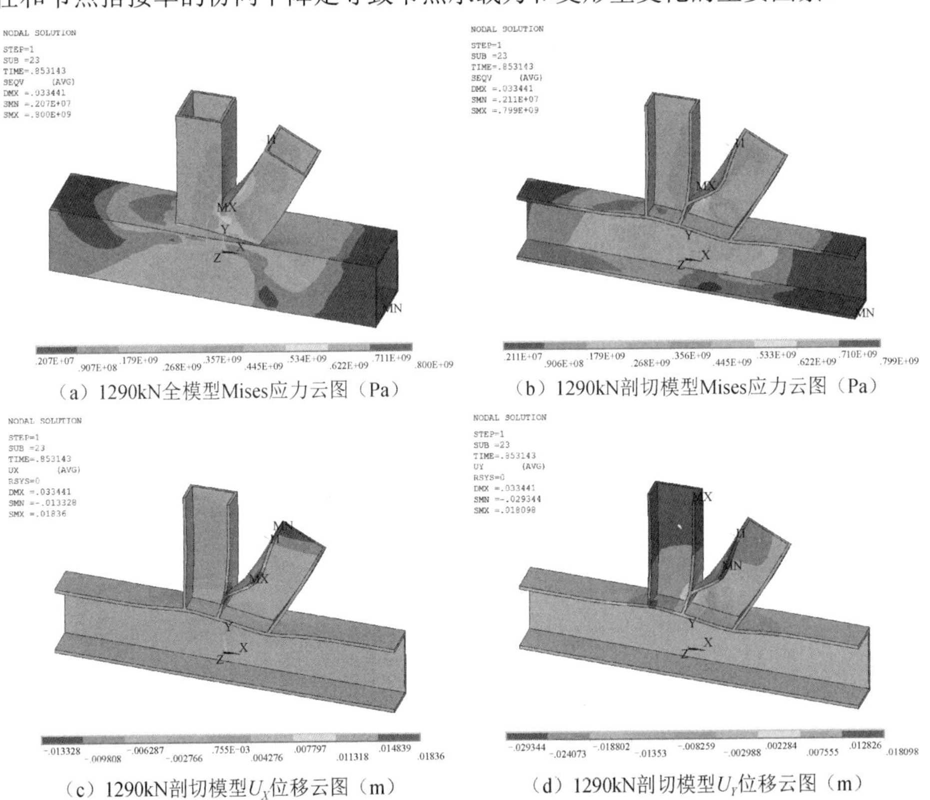

（a）1290kN全模型Mises应力云图（Pa）　（b）1290kN剖切模型Mises应力云图（Pa）

（c）1290kN剖切模型U_X位移云图（m）　（d）1290kN剖切模型U_Y位移云图（m）

图 4.30　26 号模型极限承载力下的应力及位移云图

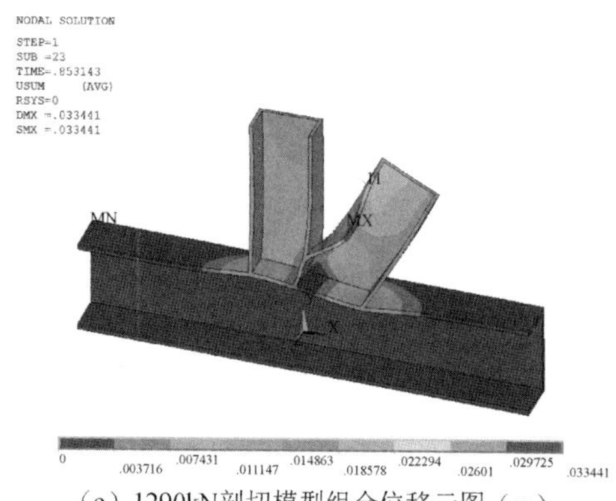

（e）1290kN剖切模型组合位移云图（m）

图 4.30（续）

图 4.31 为 27 号模型沿腹杆轴向加载至 1910kN 破坏时的应力及位移云图。两腹杆应力基本达 293MPa 以上，大部区域进入塑性状态，腹杆的交汇倒角处出现明显的应力集中，应力峰值达 657MPa。弦杆顶板在斜腹杆右侧区域及前后侧板上有点状应力增大区，但应力基本在 366MPa 以内，较小区域进入塑性状态。模型在腹杆轴力作用下，以 U_X 和 U_Y 两向位移为主。忽略杆件远端的变形，在弦、腹杆交界面内，受拉直腹杆拉动弦杆顶板有 1.7mm 以内的向上凸起位移，受压斜腹杆压迫弦杆顶板有 3.4mm 以内的向内凹陷位移，三向组合位移最大点在斜腹杆左侧板面上，峰值在 15.3mm 以内。该模型较 26 号模型腹杆壁厚增大，节点搭接率明显提高，其余不变，表现出节点承载力明显增高和变形量迅速下降。这说明该模型中腹杆壁厚和节点搭接率的协同上升是导致节点承载力和变形量变化的主要因素。

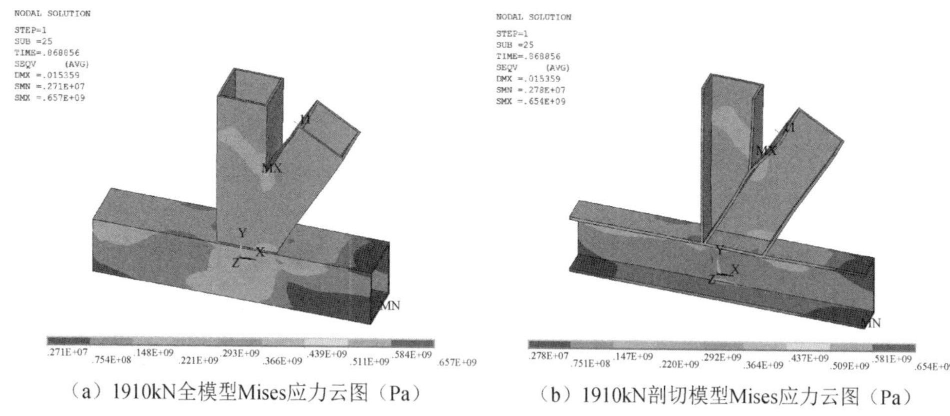

（a）1910kN全模型Mises应力云图（Pa）　　（b）1910kN剖切模型Mises应力云图（Pa）

图 4.31　27 号模型极限承载力下的应力及位移云图

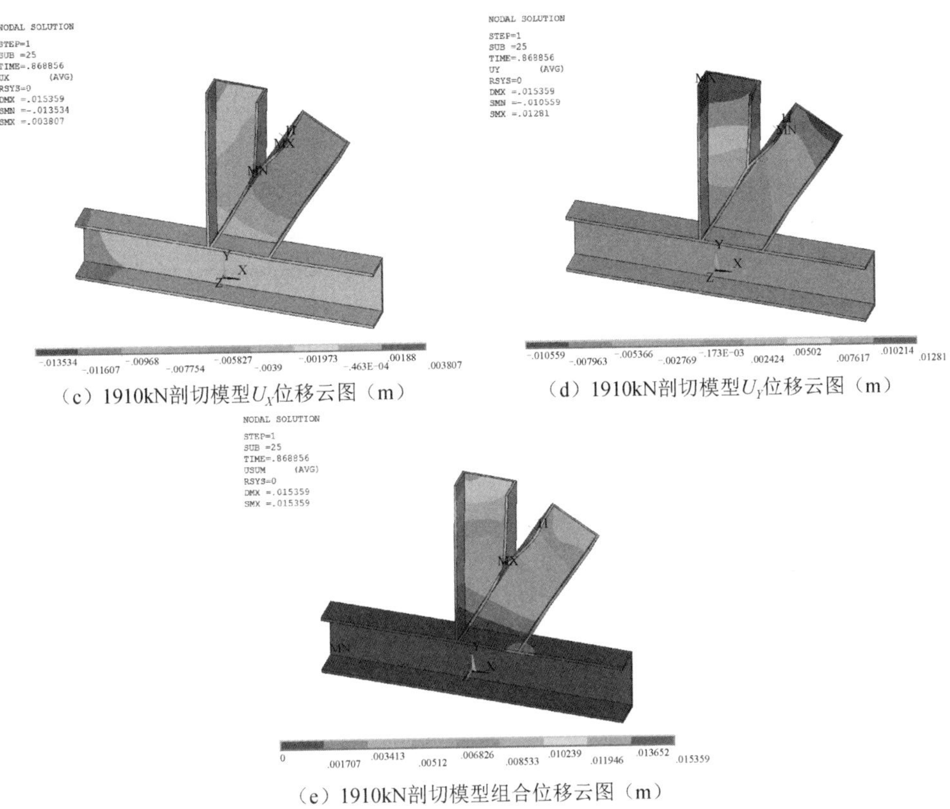

（c）1910kN剖切模型U_X位移云图（m）　（d）1910kN剖切模型U_Y位移云图（m）

（e）1910kN剖切模型组合位移云图（m）

图 4.31（续）

4.4.2　杆件轴力-变形关系

确定节点极限承载能力，首先需要考虑杆件变形量与施加轴力的相互关系。本节将各模型受载和变形的全历程以杆件轴力-变形关系曲线的方式进行描述，计算点取弦杆与腹杆交界面内沿腹杆轴向位移最大的位置。依照节点极限承载力判别准则，对比曲线关键点的受力和变形量，可获得杆件极限承载力。

图 4.32 为模型 1 腹杆轴力–弦杆管壁变形相关曲线。其中，横坐标为弦杆沿各腹杆轴向的相对变形，按加载步逐段提取，用δ表示，量纲为 mm，以弦杆管壁凸出为正，凹进为负。纵坐标为腹杆轴向荷载，由每荷载步的加载步长按比例换算得出，用 N_1 表示沿直腹杆施加的轴向拉力，用 N_2 表示沿斜腹杆施加的轴向压力，量纲为 kN，以腹杆受拉为正，受压为负。对于受拉直腹杆，见图 4.32（a），计算点确定为腹杆左侧板面与弦杆顶板交界线的中央区域，此点竖向拉伸位移相对较大。受载前期，杆件处于弹性受力阶段，轴力-变形曲线基本呈斜直线；轴向拉力达到 600kN 左右时，曲线出现屈服拐点，从该拐点之后有相当长的变形发展

历程，说明节点整体延性良好，具有持续变形的能力；极限变形量为 9.5mm，对应轴向拉力为 1020kN。对于受压斜腹杆，见图 4.32（b），计算点确定为斜腹杆右侧板面与弦杆顶板交界线的中央区域，此点沿腹杆轴向压缩位移相对最大。受载前期，杆件处于弹性受力阶段，轴力-变形曲线基本呈斜直线，但斜率较大；轴向压力达到−600kN 左右时，曲线出现屈服拐点，从该拐点之后亦有相当长的变形发展历程；极限变形量为−14.0mm，对应轴向压力为−1020kN。根据 4.3 节中节点极限承载力判别准则第 3）款，当弦杆管壁沿腹杆轴向变形达到 0.03D（D 为弦杆直径）即 6mm 时，进入节点失效状态。经比较，在轴向拉力达 954kN 时，弦杆管壁沿直腹杆轴向变形率先超限，故该模型发生变形控制的破坏，节点极限承载力为 954kN。

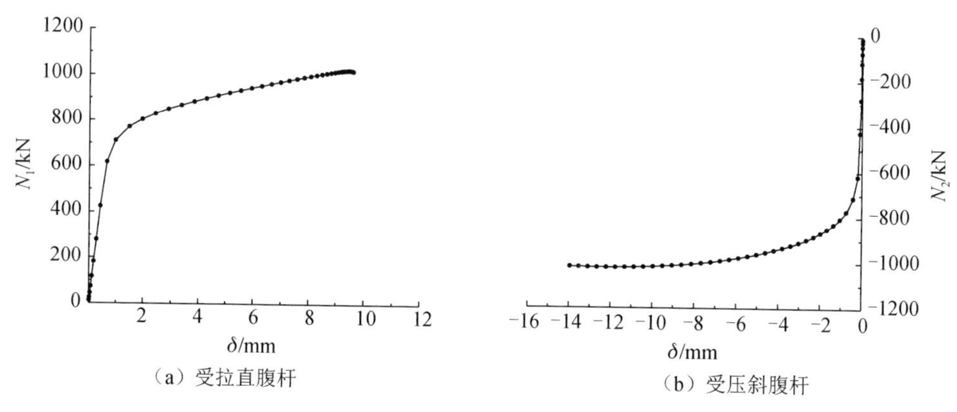

（a）受拉直腹杆　　（b）受压斜腹杆

图 4.32　模型 1 腹杆轴力-弦杆管壁变形相关曲线

图 4.33 为模型 2 腹杆轴力-弦杆管壁变形相关曲线。对于受拉直腹杆，见图 4.33（a），计算点确定为腹杆左侧板面与弦杆顶板交界线的中央区域，此点竖向拉伸位移相对最大。受载前期，杆件处于弹性受力阶段，轴力-变形曲线基本呈斜直线；轴向拉力达到 800kN 左右时，曲线出现屈服拐点，从该拐点之后有相当长的变形发展历程，说明节点整体延性良好，具有持续变形的能力；极限变形量为 9.0mm，对应轴向拉力为 1480kN。对于受压斜腹杆，见图 4.33（b），计算点确定为斜腹杆右侧板面与弦杆顶板交界线的中央区域，此点沿腹杆轴向压缩位移相对最大。受载前期，杆件处于弹性受力阶段，轴力-变形曲线基本呈斜直线，但斜率较大；轴向压力达到−900kN 左右时，曲线出现屈服拐点，从该拐点之后亦有相当长的变形发展历程；极限变形量为−8.1mm，对应轴向压力为−1480kN。根据 4.3 节中节点极限承载力判别准则第 3）款，在轴向拉力达 1370kN 时，弦杆管壁沿直腹杆轴向变形率先超过 6mm，故该模型发生变形控制的破坏，节点极限承载力为 1370kN。

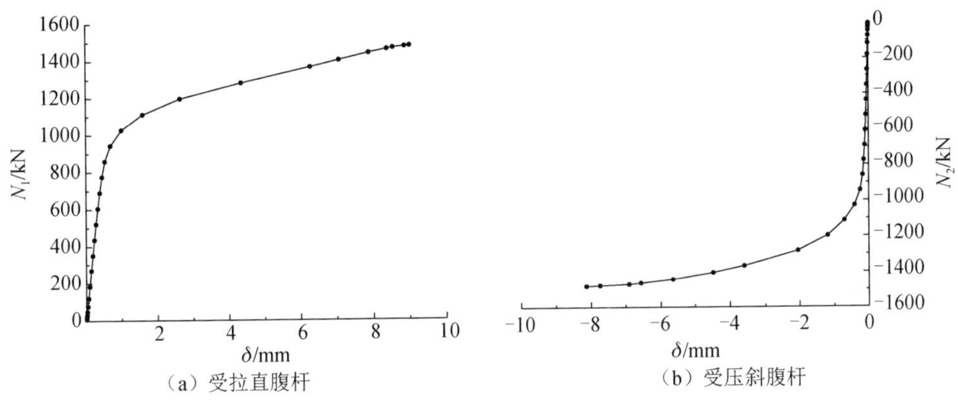

图 4.33　模型 2 腹杆轴力-弦杆管壁变形相关曲线

图 4.34 为模型 3 腹杆轴力-弦杆管壁变形相关曲线。对于受拉直腹杆，见图 4.34（a），计算点确定为腹杆左侧板面与弦杆顶板交界线的中央区域，此点竖向拉伸位移相对最大。受载前期，杆件处于弹性受力阶段，轴力-变形曲线基本呈斜直线；轴向拉力达到 600kN 左右时，曲线出现屈服拐点，从该拐点之后有相当长的变形发展历程，说明节点整体延性良好，具有持续变形的能力；极限变形量为 15.2mm，对应轴向拉力为 1180kN。对于受压斜腹杆，见图 4.34（b），计算点确定为斜腹杆右侧板面与弦杆顶板交界线的中央区域，此点沿腹杆轴向压缩位移相对最大。受载前期，杆件处于弹性受力阶段，轴力-变形曲线基本呈斜直线，但斜率很大；轴向压力达到−600kN 左右时，曲线出现屈服拐点，从该拐点之后亦有很长的变形发展历程；极限变形量为−12.5mm，对应轴向压力为−1180kN。根据 4.3 节中节点极限承载力判别准则第 3）款，在轴向拉力达 835kN 时，弦杆管壁沿直腹杆轴向变形率先超过 6mm，故该模型发生变形控制的破坏，节点极限承载力为 835kN。

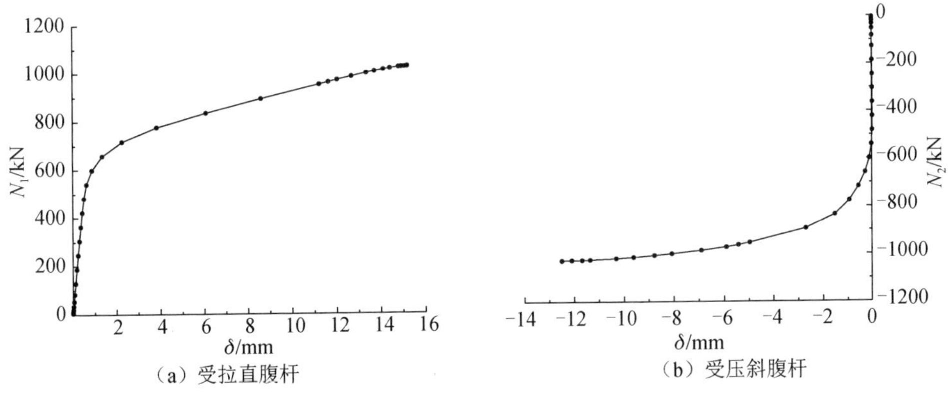

图 4.34　模型 3 腹杆轴力-弦杆管壁变形相关曲线

图 4.35 为模型 4 腹杆轴力-弦杆管壁变形相关曲线。对于受拉直腹杆，见图 4.35（a），计算点确定为腹杆左侧板面与弦杆顶板交界线的中央区域，此点竖向拉伸位移相对最大。受载前期，杆件处于弹性受力阶段，轴力-变形曲线基本呈斜直线；轴向拉力达到 350kN 左右时，曲线出现屈服拐点，从该拐点之后有相当长的变形发展历程，说明节点整体延性良好，具有持续变形的能力；极限变形量为 4.3mm，对应轴向拉力为 664kN。对于受压斜腹杆，见图 4.35（b），计算点确定为斜腹杆右侧板面与弦杆顶板交界线的中央区域，此点沿腹杆轴向压缩位移相对最大。受载前期，杆件处于弹性受力阶段，轴力-变形曲线基本呈斜直线，但斜率很大；轴向压力达到-450kN 左右时，曲线出现屈服拐点，从该拐点之后亦有很长的变形发展历程；极限变形量为-2.5mm，对应轴向压力为-664kN。根据 4.3 节中节点极限承载力判别准则第 3）款，在轴向拉力达 835kN 时，弦杆管壁沿腹杆轴向变形均未超过 6mm，又根据判别准则第 1）款，取有限元计算发散前一步的荷载为节点极限承载力，故该节点极限承载力为 664kN。

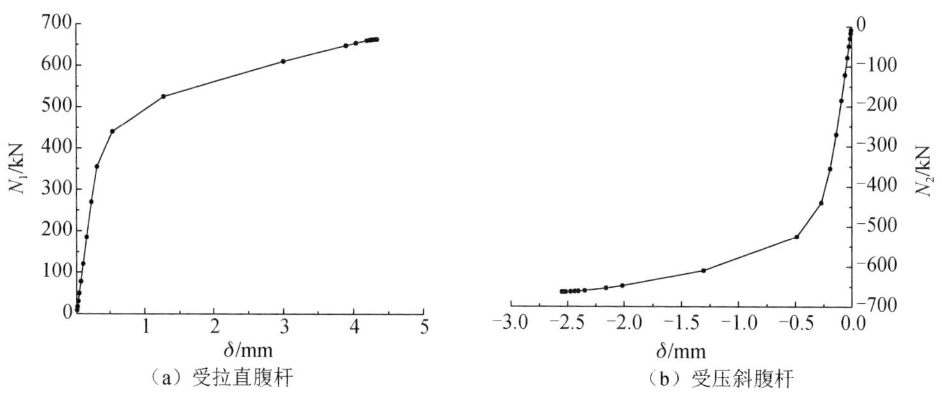

（a）受拉直腹杆　　（b）受压斜腹杆

图 4.35　模型 4 腹杆轴力-弦杆管壁变形相关曲线

图 4.36 为模型 5 腹杆轴力-弦杆管壁变形相关曲线。对于受拉直腹杆，见图 4.36（a），计算点确定为腹杆左侧板面与弦杆顶板交界线的中央区域，此点竖向拉伸位移相对最大。受载前期，杆件处于弹性受力阶段，轴力-变形曲线基本呈斜直线；轴向拉力达到 200kN 左右时，曲线出现屈服拐点，从该拐点之后有相当长的变形发展历程，说明节点整体延性良好，具有持续变形的能力；极限变形量为 7.2mm，对应轴向拉力为 374kN。对于受压斜腹杆，见图 4.36（b），计算点确定为斜腹杆右侧板面与弦杆顶板交界线的中央区域，此点沿腹杆轴向压缩位移相对最大。受载前期，杆件处于弹性受力阶段，轴力-变形曲线基本呈斜直线，但斜率很大；轴向压力达到-200kN 左右时，曲线出现屈服拐点，从该拐点之后亦有很长的变形发展历程；极限变形量为-6.6mm，对应轴向压力为-374kN。根据 4.3

节中节点极限承载力判别准则第 3）款，在轴向拉力达 367kN 时，弦杆管壁沿直腹杆轴向变形率先超过 6mm，故该模型发生变形控制的破坏，节点极限承载力为 367kN。

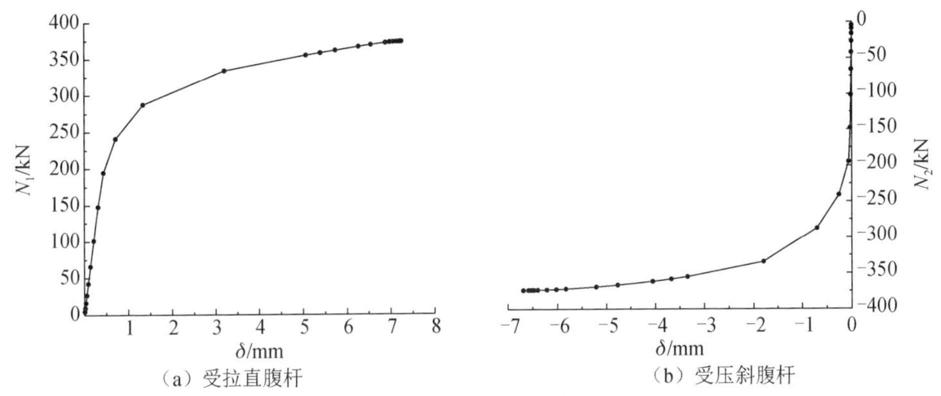

（a）受拉直腹杆　　（b）受压斜腹杆

图 4.36　模型 5 腹杆轴力-弦杆管壁变形相关曲线

图 4.37 为模型 6 腹杆轴力-弦杆管壁变形相关曲线。对于受拉直腹杆，见图 4.37（a），计算点确定为腹杆左侧板面与弦杆顶板交界线的中央区域，此点竖向拉伸位移相对最大。受载前期，杆件处于弹性受力阶段，轴力-变形曲线基本呈斜直线；轴向拉力达到 400kN 左右时，曲线出现屈服拐点，从该拐点之后有相当长的变形发展历程，说明节点整体延性良好，具有持续变形的能力；极限变形量为 3.3mm，对应轴向拉力为 733kN。对于受压斜腹杆，见图 4.37（b），计算点确定为斜腹杆右侧板面与弦杆顶板交界线的中央区域，此点沿腹杆轴向压缩位移相对最大。受载前期，杆件处于弹性受力阶段，轴力-变形曲线基本呈斜直线，但斜

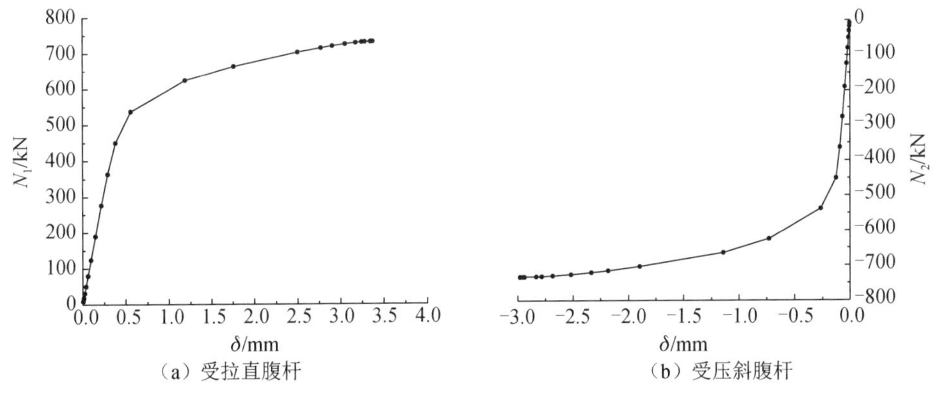

（a）受拉直腹杆　　（b）受压斜腹杆

图 4.37　模型 6 腹杆轴力-弦杆管壁变形相关曲线

率很大；轴向压力达到−450kN 左右时，曲线出现屈服拐点，从该拐点之后亦有很长的变形发展历程；极限变形量为−3.0mm，对应轴向压力为−733kN。根据 4.3 节中节点极限承载力判别准则第 3）款，在轴向拉力达 733kN 时，弦杆管壁沿腹杆轴向变形均未超过 6mm，又根据判别准则第 1）款，取有限元计算发散前一步的荷载为节点极限承载力，故该节点极限承载力为 733kN。

图 4.38 为模型 7 腹杆轴力-弦杆管壁变形相关曲线。对于受拉直腹杆，见图 4.38（a），计算点确定为腹杆左侧板面与弦杆顶板交界线的中央区域，此点竖向拉伸位移相对最大。受载前期，杆件处于弹性受力阶段，轴力-变形曲线基本呈斜直线；轴向拉力达到 550kN 左右时，曲线出现屈服拐点，从该拐点之后有相当长的变形发展历程，说明节点整体延性良好，具有持续变形的能力；极限变形量为 8.4mm，对应轴向拉力为 867kN。对于受压斜腹杆，见图 4.38（b），计算点确定为斜腹杆右侧板面与弦杆顶板交界线的中央区域，此点沿腹杆轴向压缩位移相对最大。受载前期，杆件处于弹性受力阶段，轴力-变形曲线基本呈斜直线，但斜率很大；轴向压力达到−550kN 左右时，曲线出现屈服拐点，从该拐点之后亦有很长的变形发展历程；极限变形量为−7.2mm，对应轴向压力为−867kN。根据 4.3 节中节点极限承载力判别准则第 3）款，在轴向拉力达 831kN 时，弦杆管壁沿直腹杆轴向变形率先超过 6mm，故该模型发生变形控制的破坏，节点极限承载力为 831kN。

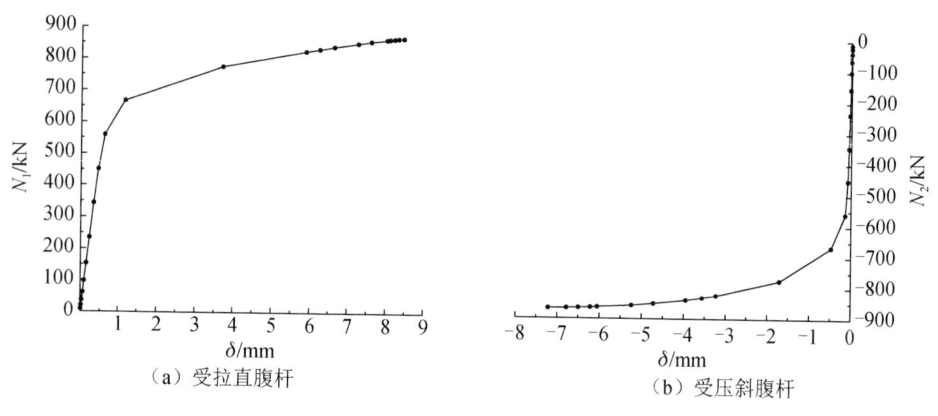

图 4.38　模型 7 腹杆轴力-弦杆管壁变形相关曲线

图 4.39 为模型 8 腹杆轴力-弦杆管壁变形相关曲线。对于受拉直腹杆，见图 4.39（a），计算点确定为腹杆左侧板面与弦杆顶板交界线的中央区域，此点竖向拉伸位移相对最大。受载前期，杆件处于弹性受力阶段，轴力-变形曲线基本呈斜直线；轴向拉力达到 380kN 左右时，曲线出现屈服拐点，从该拐点之后有相当长的变形发展历程，说明节点整体延性良好，具有持续变形的能力；极限变形量

为 11.6mm，对应轴向拉力为 867kN。对于受压斜腹杆，见图 4.39（b），计算点确定为斜腹杆右侧板面与弦杆顶板交界线的中央区域，此点沿腹杆轴向压缩位移相对最大。受载前期，杆件处于弹性受力阶段，轴力-变形曲线基本呈斜直线，但斜率很大；轴向压力达到-380kN 左右时，曲线出现屈服拐点，从该拐点之后亦有很长的变形发展历程；极限变形量为-12.1mm，对应轴向压力为-867kN。根据 4.3 节中节点极限承载力判别准则第 3）款，在轴向拉力达 729kN 时，弦杆管壁沿直腹杆轴向变形率先超过 6mm，故该模型发生变形控制的破坏，节点极限承载力为 729kN。

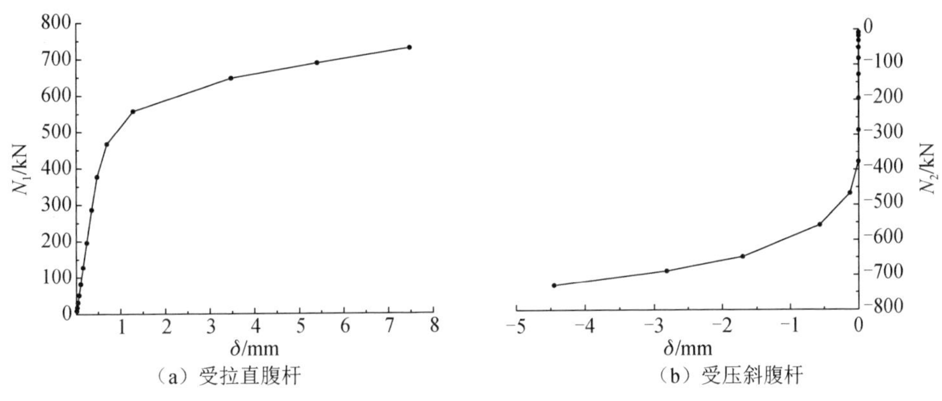

图 4.39　模型 8 腹杆轴力-弦杆管壁变形相关曲线

图 4.40 为模型 9 腹杆轴力-弦杆管壁变形相关曲线。对于受拉直腹杆，见图 4.40（a），计算点确定为腹杆左侧板面与弦杆顶板交界线的中央区域，此点竖向拉伸位移相对最大。受载前期，杆件处于弹性受力阶段，轴力-变形曲线基本呈斜直线；轴向拉力达到 400kN 左右时，曲线出现屈服拐点，从该拐点之后有相当长的变形发展历程，说明节点整体延性良好，具有持续变形的能力；极限变形量为 6.4mm，对应轴向拉力为 695kN。对于受压斜腹杆，见图 4.40（b），计算点确定为斜腹杆右侧板面与弦杆顶板交界线的中央区域，此点沿腹杆轴向压缩位移相对最大。受载前期，杆件处于弹性受力阶段，轴力-变形曲线基本呈斜直线，但斜率很大；轴向压力达到-320kN 左右时，曲线出现屈服拐点，从该拐点之后亦有很长的变形发展历程；极限变形量为-6.6mm，对应轴向压力为-695kN。根据 4.3 节中节点极限承载力判别准则第 3）款，在轴向拉力达 692kN 时，弦杆管壁沿直腹杆轴向变形率先超过 6mm，故该模型发生变形控制的破坏，节点极限承载力为 692kN。

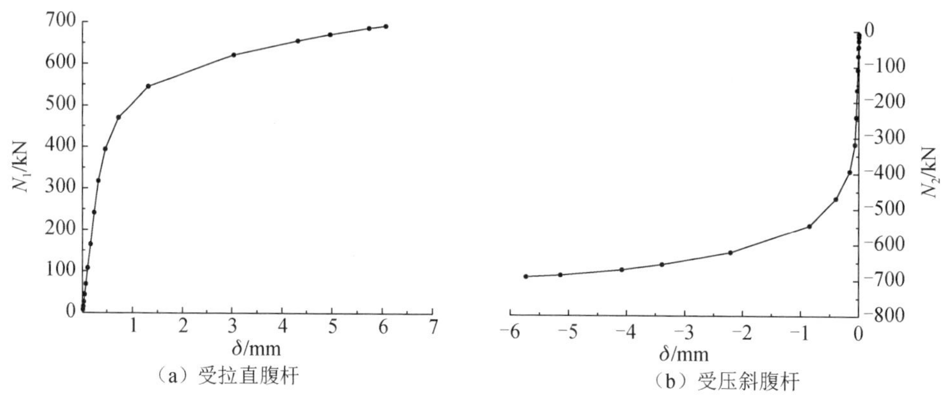

图 4.40　模型 9 腹杆轴力-弦杆管壁变形相关曲线

图 4.41 为模型 10 腹杆轴力-弦杆管壁变形相关曲线。对于受拉直腹杆，见图 4.41（a），计算点确定为腹杆左侧板面与弦杆顶板交界线的中央区域，此点竖向拉伸位移相对最大。受载前期，杆件处于弹性受力阶段，轴力-变形曲线基本呈斜直线；轴向拉力达到 850kN 左右时，曲线出现明显屈服拐点，从该拐点之后有相当长的变形发展历程，说明节点整体延性良好，具有持续变形的能力；极限变形量为 6.3mm，对应轴向拉力为 1290kN。对于受压斜腹杆，见图 4.41（b），计算点确定为斜腹杆右侧板面与弦杆顶板交界线的中央区域，此点沿腹杆轴向压缩位移相对最大。受载前期，杆件处于弹性受力阶段，轴力-变形曲线基本呈斜直线，但斜率很大；轴向压力达到−850kN 左右时，曲线出现屈服拐点，从该拐点之后亦有很长的变形发展历程；极限变形量为−8.1mm，对应轴向压力为−1290kN。根据 4.3 节中节点极限承载力判别准则第 3）款，在轴向拉力达 1290kN 时，弦杆管壁沿腹杆轴向变形均未超过 6mm，又根据判别准则第 1）款，取有限元计算发散前一步的荷载为节点极限承载力，故该节点极限承载力为 1290kN。

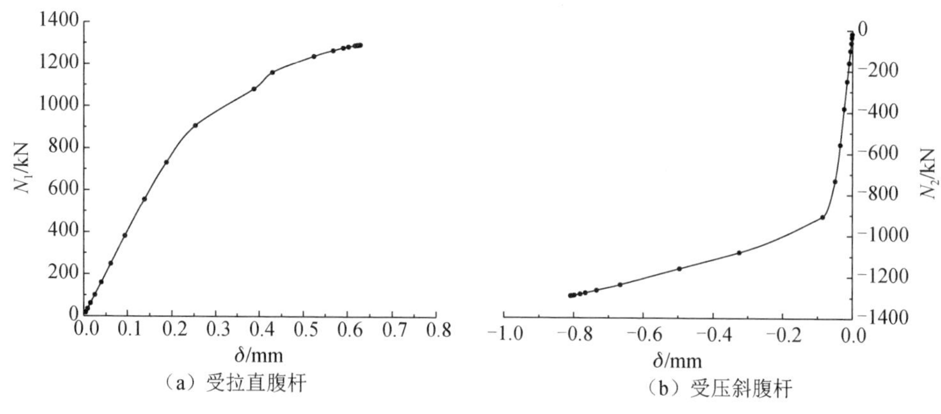

图 4.41　模型 10 腹杆轴力-弦杆管壁变形相关曲线

图 4.42 为模型 11 腹杆轴力-弦杆管壁变形相关曲线。对于受拉直腹杆，见图 4.42（a），计算点确定为腹杆左侧板面与弦杆顶板交界线的中央区域，此点竖向拉伸位移相对最大。受载前期，杆件处于弹性受力阶段，轴力-变形曲线基本呈斜直线；轴向拉力达到 650kN 左右时，曲线出现屈服拐点，从该拐点之后有相当长的变形发展历程，说明节点整体延性良好，具有持续变形的能力；极限变形量为 2.0mm，对应轴向拉力为 963kN。对于受压斜腹杆，见图 4.42（b），计算点确定为斜腹杆右侧板面与弦杆顶板交界线的中央区域，此点沿腹杆轴向压缩位移相对最大。受载前期，杆件处于弹性受力阶段，轴力-变形曲线基本呈斜直线，但斜率很大；轴向压力达到−650kN 左右时，曲线出现屈服拐点，从该拐点之后亦有很长的变形发展历程；极限变形量为−2.0mm，对应轴向压力为−963kN。根据 4.3 节中节点极限承载力判别准则第 3）款，在轴向拉力达 963kN 时，弦杆管壁沿腹杆轴向变形均未超过 6mm，又根据判别准则第 1）款，取有限元计算发散前一步的荷载为节点极限承载力，故该节点极限承载力为 963kN。

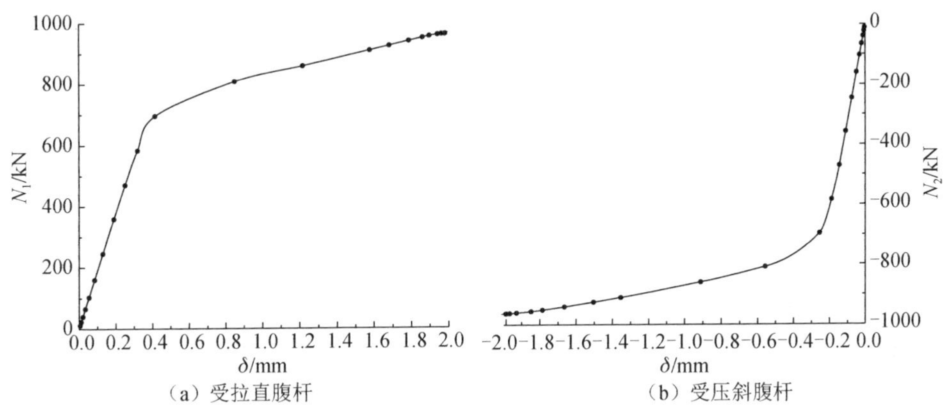

（a）受拉直腹杆　（b）受压斜腹杆

图 4.42　模型 11 腹杆轴力-弦杆管壁变形相关曲线

图 4.43 为模型 12 腹杆轴力-弦杆管壁变形相关曲线。对于受拉直腹杆，见图 4.43（a），计算点确定为腹杆左侧板面与弦杆顶板交界线的中央区域，此点竖向拉伸位移相对最大。受载前期，杆件处于弹性受力阶段，轴力-变形曲线基本呈斜直线；轴向拉力达到 800kN 左右时，曲线出现屈服拐点，从该拐点之后有相当长的变形发展历程，说明节点整体延性良好，具有持续变形的能力；极限变形量为 2.3mm，对应轴向拉力为 1130kN。对于受压斜腹杆，见图 4.43（b），计算点确定为斜腹杆右侧板面与弦杆顶板交界线的中央区域，此点沿腹杆轴向压缩位移相对最大。受载前期，杆件处于弹性受力阶段，轴力-变形曲线基本呈斜直线，但斜率很大；轴向压力达到−820kN 左右时，曲线出现屈服拐点，从该拐点之后亦有很长的变形发展历程；极限变形量为−2.5mm，对应轴向压力为−1130kN。根据 4.3

节中节点极限承载力判别准则第 3）款，在轴向拉力达 1130kN 时，弦杆管壁沿腹杆轴向变形均未超过 6mm，又根据判别准则第 1）款，取有限元计算发散前一步的荷载为节点极限承载力，故该节点极限承载力为 1130kN。

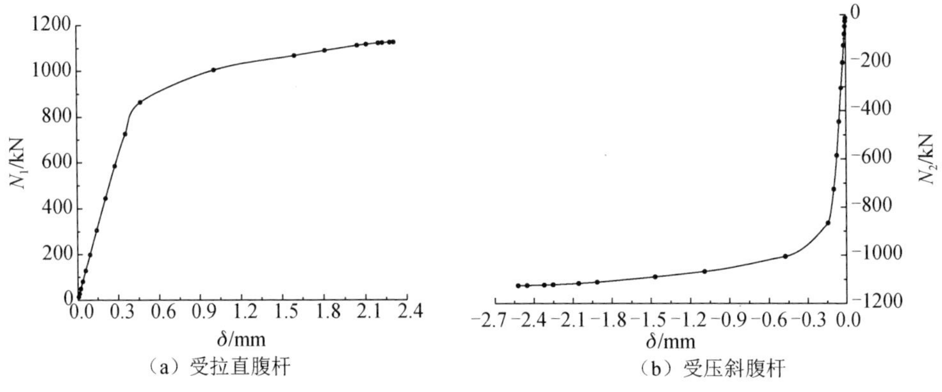

（a）受拉直腹杆　（b）受压斜腹杆

图 4.43　模型 12 腹杆轴力-弦杆管壁变形相关曲线

图 4.44 为模型 13 腹杆轴力-弦杆管壁变形相关曲线。对于受拉直腹杆，见图 4.44（a），计算点确定为腹杆左侧板面与弦杆顶板交界线的中央区域，此点竖向拉伸位移相对最大。受载前期，杆件处于弹性受力阶段，轴力-变形曲线基本呈斜直线；轴向拉力达到 569kN 左右时，曲线出现屈服拐点，从该拐点之后有相当长的变形发展历程，说明节点整体延性良好，具有持续变形的能力；极限变形量为 1.7mm，对应轴向拉力为 569kN。对于受压斜腹杆，见图 4.44（b），计算点确定为斜腹杆右侧板面与弦杆顶板交界线的中央区域，此点沿腹杆轴向压缩位移相对最大。受载前期，杆件处于弹性受力阶段，轴力-变形曲线基本呈斜直线，但斜

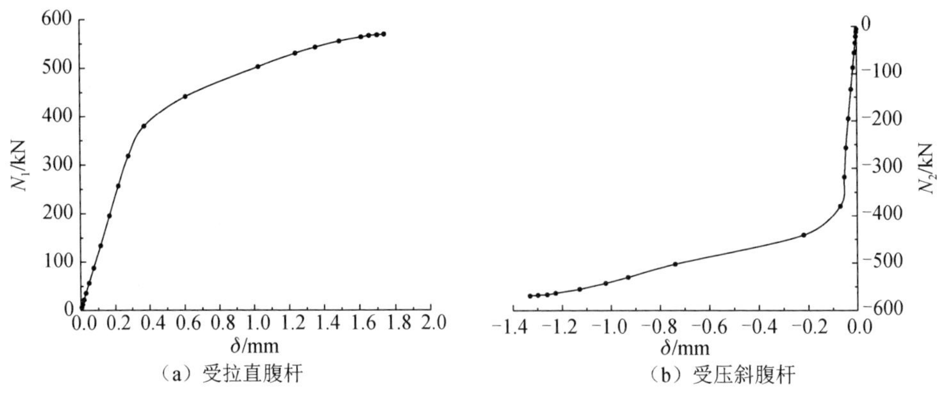

（a）受拉直腹杆　（b）受压斜腹杆

图 4.44　模型 13 腹杆轴力-弦杆管壁变形相关曲线

率很大；轴向压力达到−569kN 左右时，曲线出现屈服拐点，从该拐点之后亦有很长的变形发展历程；极限变形量为−1.3mm，对应轴向压力为−569kN。根据 4.3 节中节点极限承载力判别准则第 3）款，在轴向拉力达 569kN 时，弦杆管壁沿腹杆轴向变形均未超过 6mm，又根据判别准则第 1）款，取有限元计算发散前一步的荷载为节点极限承载力，故该节点极限承载力为 569kN。

图 4.45 为模型 14 腹杆轴力-弦杆管壁变形相关曲线。对于受拉直腹杆，见图 4.45（a），计算点确定为腹杆左侧板面与弦杆顶板交界线的中央区域，此点竖向拉伸位移相对最大。受载前期，杆件处于弹性受力阶段，轴力-变形曲线基本呈斜直线；轴向拉力达到 900kN 左右时，曲线出现屈服拐点，从该拐点之后有相当长的变形发展历程，说明节点整体延性良好，具有持续变形的能力；极限变形量为 13.5mm，对应轴向拉力为 1450kN。对于受压斜腹杆，见图 4.45（b），计算点确定为斜腹杆右侧板面与弦杆顶板交界线的中央区域，此点沿腹杆轴向压缩位移相对最大。受载前期，杆件处于弹性受力阶段，轴力-变形曲线基本呈斜直线，但斜率很大；轴向压力达到−800kN 左右时，曲线出现屈服拐点，从该拐点之后亦有很长的变形发展历程；极限变形量为−14.3mm，对应轴向压力为−1450kN。根据 4.3 节中节点极限承载力判别准则第 3）款，在轴向拉力达 1290kN 时，弦杆管壁沿直腹杆轴向变形率先超过 6mm，故该模型发生变形控制的破坏，节点极限承载力为 1290kN。

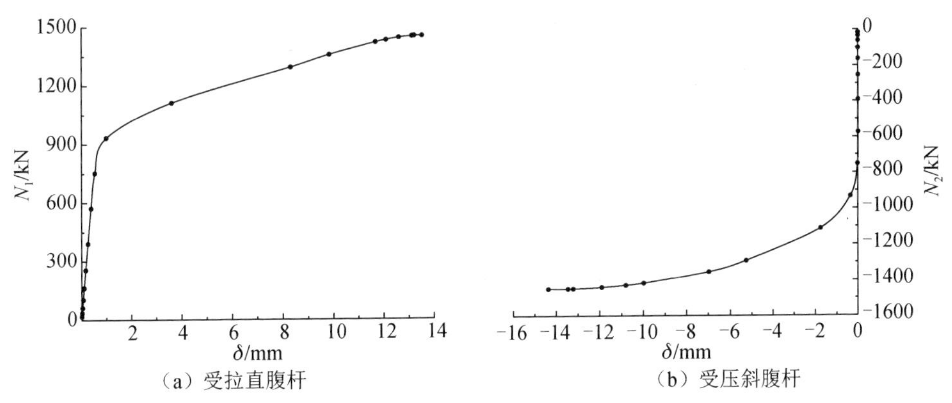

（a）受拉直腹杆　（b）受压斜腹杆

图 4.45　模型 14 腹杆轴力-弦杆管壁变形相关曲线

图 4.46 为模型 15 腹杆轴力-弦杆管壁变形相关曲线。对于受拉直腹杆，见图 4.46（a），计算点确定为腹杆左侧板面与弦杆顶板交界线的中央区域，此点竖向拉伸位移相对最大。受载前期，杆件处于弹性受力阶段，轴力-变形曲线基本呈斜直线；轴向拉力达到 750kN 左右时，曲线出现屈服拐点，从该拐点之后的持续

变形量有限，说明节点整体延性一般；极限变形量为 1.8mm，对应轴向拉力为 1350kN。对于受压斜腹杆，见图 4.46（b），计算点确定为斜腹杆左侧板面与弦杆顶板交界线的中央区域，此点沿腹杆轴向压缩位移相对最大。受载前期，杆件处于弹性受力阶段，轴力-变形曲线基本呈斜直线，表现为向外凸起变形；轴向压力达到-750kN 左右时，曲线出现屈服拐点，从该拐点之后的持续变形量有限；极限变形量为 1.44mm，对应轴向压力为-1350kN。根据 4.3 节中节点极限承载力判别准则第 3）款，在轴向拉力达 1350kN 时，弦杆管壁沿腹杆轴向变形均未超过 6mm，又根据判别准则第 1）款，取有限元计算发散前一步的荷载为节点极限承载力，故该节点极限承载力为 1350kN。

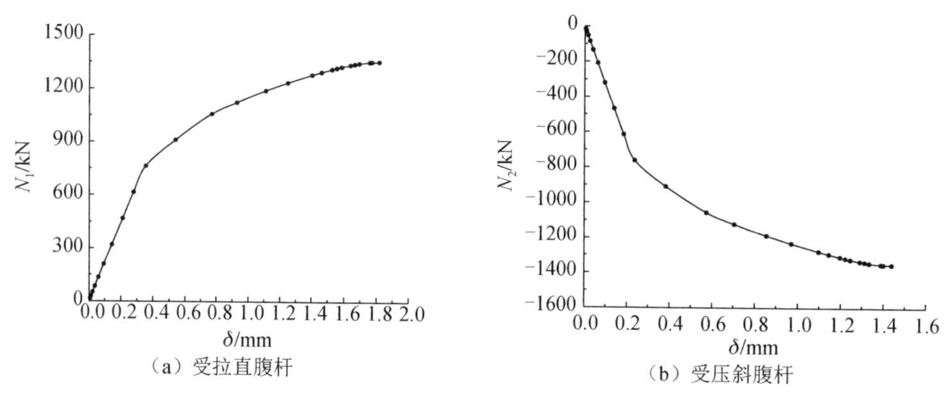

图 4.46　模型 15 腹杆轴力-弦杆管壁变形相关曲线

图 4.47 为模型 16 腹杆轴力-弦杆管壁变形相关曲线。对于受拉直腹杆，见图 4.47（a），计算点确定为腹杆左侧板面与弦杆顶板交界线的中央区域，此点竖向拉伸位移相对最大。受载前期，杆件处于弹性受力阶段，轴力-变形曲线基本呈斜直线；轴向拉力达到 400kN 左右时，曲线出现屈服拐点，从该拐点之后有相当长的变形发展历程，说明节点整体延性良好，具有持续变形的能力；极限变形量为 0.6mm，对应轴向拉力为 545kN。对于受压斜腹杆，见图 4.47（b），计算点确定为斜腹杆右侧板面与弦杆顶板交界线的中央区域，此点沿腹杆轴向压缩位移相对最大。受载前期，杆件处于弹性受力阶段，轴力-变形曲线基本呈斜直线，但斜率很大；轴向压力达到-320kN 左右时，曲线出现屈服拐点，从该拐点之后亦有很长的变形发展历程；极限变形量为-0.7mm，对应轴向压力为-545kN。根据 4.3 节中节点极限承载力判别准则第 3）款，在轴向拉力达 545kN 时，弦杆管壁沿腹杆轴向变形均未超过 6mm，又根据判别准则第 1）款，取有限元计算发散前一步的荷载为节点极限承载力，故该节点极限承载力为 545kN。

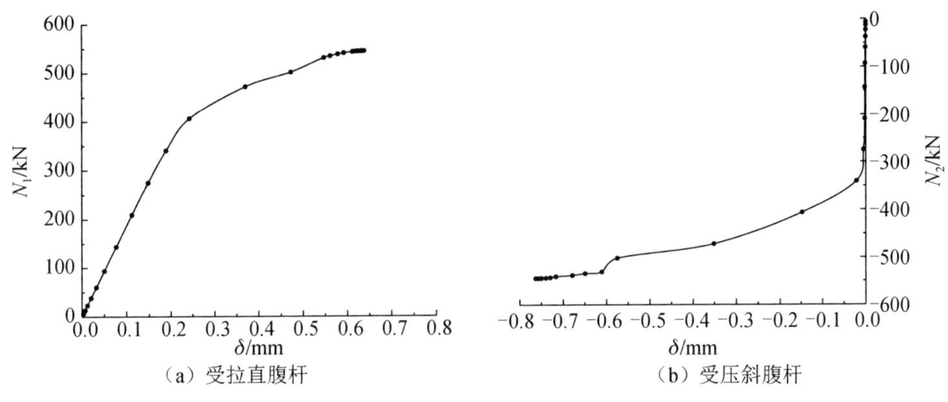

（a）受拉直腹杆　（b）受压斜腹杆

图 4.47　模型 16 腹杆轴力-弦杆管壁变形相关曲线

图 4.48 为模型 17 腹杆轴力-弦杆管壁变形相关曲线。对于受拉直腹杆，见图 4.48（a），计算点确定为腹杆左侧板面与弦杆顶板交界线的中央区域，此点竖向拉伸位移相对最大。受载前期，杆件处于弹性受力阶段，轴力-变形曲线基本呈斜直线；轴向拉力达到 1350kN 左右时，曲线出现屈服拐点，从该拐点之后有相当长的变形发展历程，说明节点整体延性良好，具有持续变形的能力；极限变形量为 3.5mm，对应轴向拉力为 2010kN。对于受压斜腹杆，见图 4.48（b），计算点确定为斜腹杆右侧板面与弦杆顶板交界线的中央区域，此点沿腹杆轴向压缩位移相对最大。受载前期，杆件处于弹性受力阶段，轴力-变形曲线基本呈斜直线，但斜率很大；轴向压力达到−1200kN 左右时，曲线出现屈服拐点，从该拐点之后亦有很长的变形发展历程；极限变形量为−5.3mm，对应轴向压力为−2010kN。根据 4.3 节中节点极限承载力判别准则第 3）款，在轴向拉力达 2010kN 时，弦杆管壁沿腹杆轴向变形均未超过 6mm，又根据判别准则第 1）款，取有限元计算发散前一步的荷载为节点极限承载力，故该节点极限承载力为 2010kN。

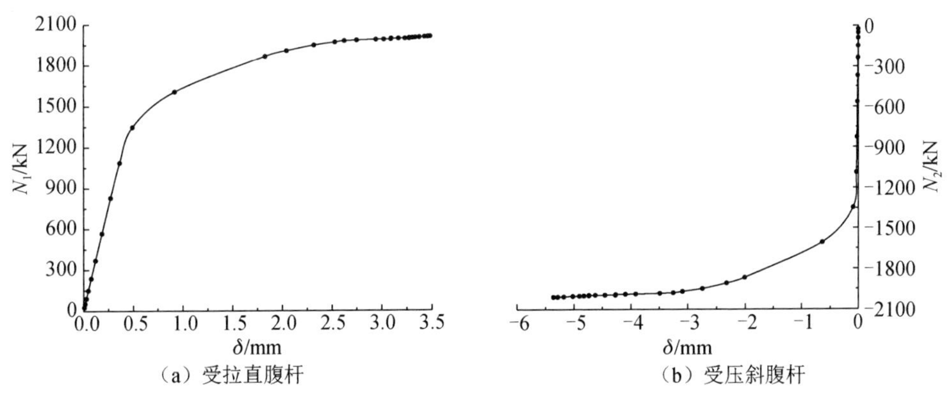

（a）受拉直腹杆　（b）受压斜腹杆

图 4.48　模型 17 腹杆轴力-弦杆管壁变形相关曲线

图 4.49 为模型 18 腹杆轴力-弦杆管壁变形相关曲线。对于受拉直腹杆，见图 4.49（a），计算点确定为腹杆左侧板面与弦杆顶板交界线的中央区域，此点竖向拉伸位移相对最大。受载前期，杆件处于弹性受力阶段，轴力-变形曲线基本呈斜直线；轴向拉力达到 650kN 左右时，曲线出现屈服拐点，从该拐点之后有相当长的变形发展历程，说明节点整体延性良好，具有持续变形的能力；极限变形量为 1.3mm，对应轴向拉力为 962kN。对于受压斜腹杆，见图 4.49（b），计算点确定为斜腹杆右侧板面与弦杆顶板交界线的中央区域，此点沿腹杆轴向压缩位移相对最大。受载前期，杆件处于弹性受力阶段，轴力-变形曲线基本呈斜直线，但斜率很大；轴向压力达到-630kN 左右时，曲线出现屈服拐点，从该拐点之后亦有很长的变形发展历程；极限变形量为-1.2mm，对应轴向压力为-962kN。根据 4.3 节中节点极限承载力判别准则第 3）款，在轴向拉力达 962kN 时，弦杆管壁沿腹杆轴向变形均未超过 6mm，又根据判别准则第 1）款，取有限元计算发散前一步的荷载为节点极限承载力，故该节点极限承载力为 962kN。

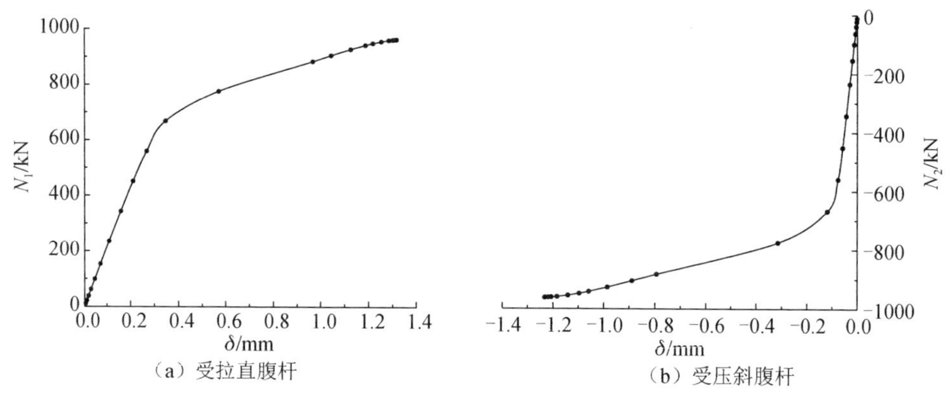

（a）受拉直腹杆　（b）受压斜腹杆

图 4.49　模型 18 腹杆轴力-弦杆管壁变形相关曲线

图 4.50 为模型 19 腹杆轴力-弦杆管壁变形相关曲线。对于受拉直腹杆，见图 4.50（a），计算点确定为腹杆左侧板面与弦杆顶板交界线的中央区域，此点竖向拉伸位移相对最大。受载前期，杆件处于弹性受力阶段，轴力-变形曲线基本呈斜直线；轴向拉力达到 1350kN 左右时，曲线出现屈服拐点，从该拐点之后有相当长的变形发展历程，说明节点整体延性良好，具有持续变形的能力；极限变形量为 4.5mm，对应轴向拉力为 1970kN。对于受压斜腹杆，见图 4.50（b），计算点确定为斜腹杆右侧板面与弦杆顶板交界线的中央区域，此点沿腹杆轴向压缩位移相对最大。受载前期，杆件处于弹性受力阶段，轴力-变形曲线基本呈斜直线，但斜率很大；轴向压力达到-1350kN 左右时，曲线出现屈服拐点，从该拐点之后亦有很长的变形发展历程；极限变形量为-4.9mm，对应轴向压力为-1970kN。根据

4.3 节中节点极限承载力判别准则第 3）款，在轴向拉力达 1970kN 时，弦杆管壁沿腹杆轴向变形均未超过 6mm，又根据判别准则第 1）款，取有限元计算发散前一步的荷载为节点极限承载力，故该节点极限承载力为 1970kN。

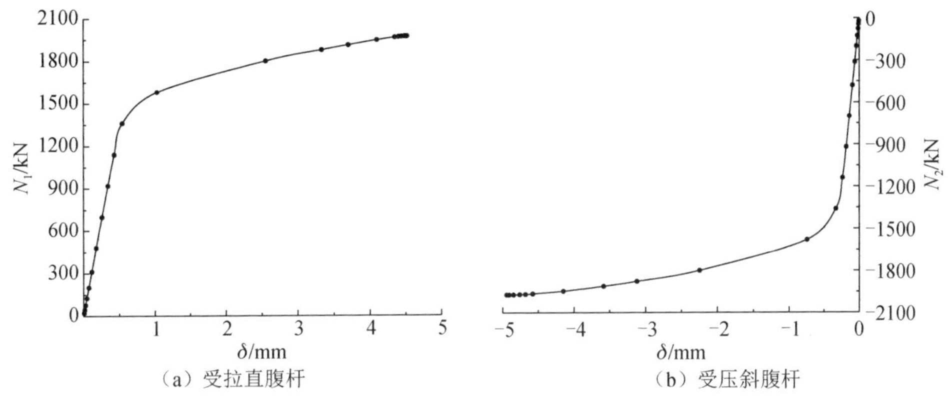

图 4.50　模型 19 腹杆轴力-弦杆管壁变形相关曲线

图 4.51 为模型 20 腹杆轴力-弦杆管壁变形相关曲线。对于受拉直腹杆，见图 4.51（a），计算点确定为腹杆左侧板面与弦杆顶板交界线的中央区域，此点竖向拉伸位移相对最大。受载前期，杆件处于弹性受力阶段，轴力-变形曲线基本呈斜直线；轴向拉力达到 1700kN 左右时，曲线出现屈服拐点，从该拐点之后有相当长的变形发展历程，说明节点整体延性良好，具有持续变形的能力；极限变形量为 4.5mm，对应轴向拉力为 2490kN。对于受压斜腹杆，见图 4.51（b），计算点确定为斜腹杆右侧板面与弦杆顶板交界线的中央区域，此点沿腹杆轴向压缩位移相对最大。受载前期，杆件处于弹性受力阶段，轴力-变形曲线基本呈斜直线，但斜率很大；轴向压力达到−1700kN 左右时，曲线出现屈服拐点，从该拐点之后亦

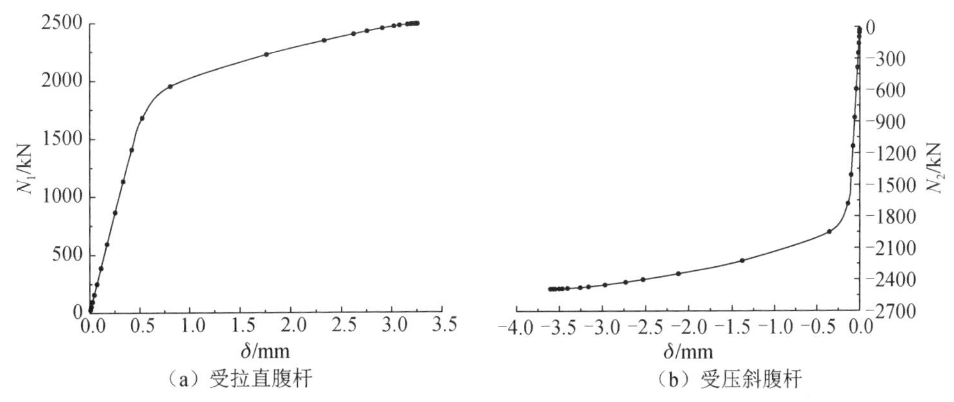

图 4.51　模型 20 腹杆轴力-弦杆管壁变形相关曲线

有很长的变形发展历程；极限变形量为-4.9mm，对应轴向压力为-2490kN。根据4.3节中节点极限承载力判别准则第3）款，在轴向拉力达2490kN时，弦杆管壁沿腹杆轴向变形均未超过6mm，又根据判别准则第1）款，取有限元计算发散前一步的荷载为节点极限承载力，故该节点极限承载力为2490kN。

图4.52为模型21腹杆轴力-弦杆管壁变形相关曲线。对于受拉直腹杆，见图4.52（a），计算点确定为腹杆左侧板面与弦杆顶板交界线的中央区域，此点竖向拉伸位移相对最大。受载前期，杆件处于弹性受力阶段，轴力-变形曲线基本呈斜直线；轴向拉力达到1000kN左右时，曲线出现屈服拐点，从该拐点之后有相当长的变形发展历程，说明节点整体延性良好，具有持续变形的能力；极限变形量为4.2mm，对应轴向拉力为1400kN。对于受压斜腹杆，见图4.52（b），计算点确定为斜腹杆右侧板面与弦杆顶板交界线的中央区域，此点沿腹杆轴向压缩位移相对最大。受载前期，杆件处于弹性受力阶段，轴力-变形曲线基本呈斜直线，但斜率很大；轴向压力达到-1000kN左右时，曲线出现屈服拐点，从该拐点之后亦有很长的变形发展历程；极限变形量为-4.2mm，对应轴向压力为-1400kN。根据4.3节中节点极限承载力判别准则第3）款，在轴向拉力达1400kN时，弦杆管壁沿腹杆轴向变形均未超过6mm，又根据判别准则第1）款，取有限元计算发散前一步的荷载为节点极限承载力，故该节点极限承载力为1400kN。

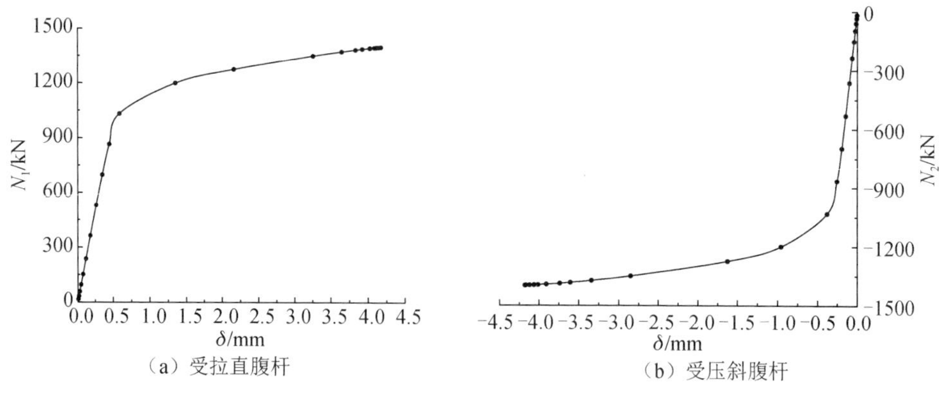

（a）受拉直腹杆　（b）受压斜腹杆

图4.52　模型21腹杆轴力-弦杆管壁变形相关曲线

图4.53为模型22腹杆轴力-弦杆管壁变形相关曲线。对于受拉直腹杆，见图4.53（a），计算点确定为腹杆左侧板面与弦杆顶板交界线的中央区域，此点竖向拉伸位移相对最大。受载前期，杆件处于弹性受力阶段，轴力-变形曲线基本呈斜直线；轴向拉力达到450kN左右时，曲线出现屈服拐点，从该拐点之后有相当长的变形发展历程，说明节点整体延性良好，具有持续变形的能力；极限变形量为7.1mm，对应轴向拉力为692kN。对于受压斜腹杆，见图4.53（b），计算点确

定为斜腹杆右侧板面与弦杆顶板交界线的中央区域，此点沿腹杆轴向压缩位移相对最大。受载前期，杆件处于弹性受力阶段，轴力-变形曲线基本呈斜直线，但斜率很大；轴向压力达到-400kN 左右时，曲线出现屈服拐点，从该拐点之后亦有很长的变形发展历程；极限变形量为-4.7mm，对应轴向压力为-692kN。根据节点极限承载力判别准则第 3）款，在轴向拉力达 680kN 时，弦杆管壁沿直腹杆轴向变形率先超过 6mm，故该模型发生变形控制的破坏，节点极限承载力为 680kN。

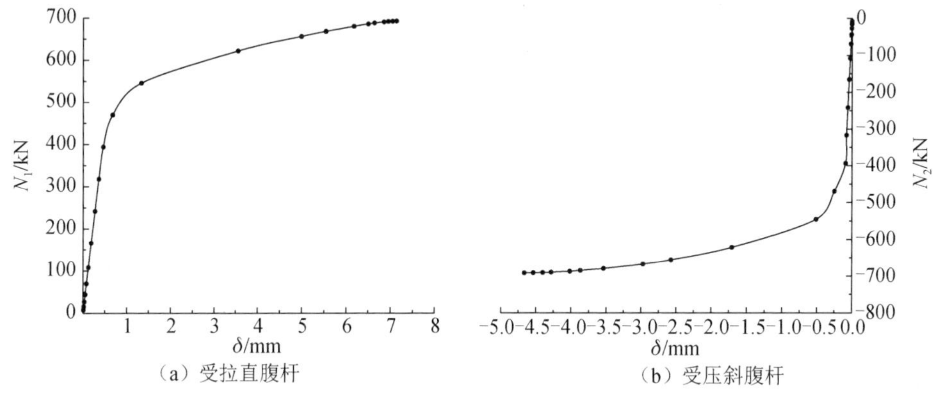

（a）受拉直腹杆　（b）受压斜腹杆

图 4.53　模型 22 腹杆轴力-弦杆管壁变形相关曲线

图 4.54 为模型 23 腹杆轴力-弦杆管壁变形相关曲线。对于受拉直腹杆，见图 4.54（a），计算点确定为腹杆左侧板面与弦杆顶板交界线的中央区域，此点竖向拉伸位移相对最大。受载前期，杆件处于弹性受力阶段，轴力-变形曲线基本呈斜直线；轴向拉力达到 550kN 左右时，曲线出现屈服拐点，从该拐点之后有相当长的变形发展历程，说明节点整体延性良好，具有持续变形的能力；极限变形量为 5.1mm，对应轴向拉力为 853kN。对于受压斜腹杆，见图 4.54（b），计算点确

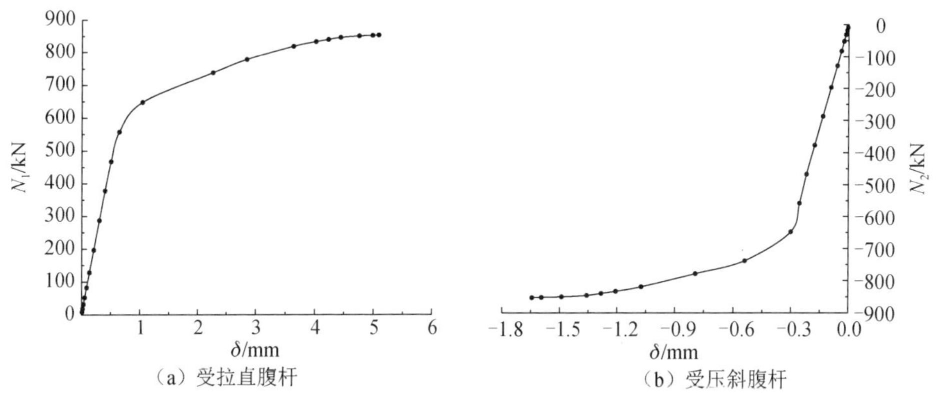

（a）受拉直腹杆　（b）受压斜腹杆

图 4.54　模型 23 腹杆轴力-弦杆管壁变形相关曲线

定为斜腹杆右侧板面与弦杆顶板交界线的中央区域，此点沿腹杆轴向压缩位移相对最大。受载前期，杆件处于弹性受力阶段，轴力-变形曲线基本呈斜直线，但斜率很大；轴向压力达到-600kN 左右时，曲线出现屈服拐点，从该拐点之后亦有很长的变形发展历程；极限变形量为-1.64mm，对应轴向压力为-853kN。根据 4.3 节中节点极限承载力判别准则第 3）款，在轴向拉力达 853kN 时，弦杆管壁沿腹杆轴向变形均未超过 6mm，又根据判别准则第 1）款，取有限元计算发散前一步的荷载为节点极限承载力，故该节点极限承载力为 853kN。

图 4.55 为模型 24 腹杆轴力-弦杆管壁变形相关曲线。对于受拉直腹杆，见图 4.55（a），计算点确定为腹杆左侧板面与弦杆顶板交界线的中央区域，此点竖向拉伸位移相对最大。受载前期，杆件处于弹性受力阶段，轴力-变形曲线基本呈斜直线；轴向拉力达到 800kN 左右时，曲线出现屈服拐点，从该拐点之后有相当长的变形发展历程，说明节点整体延性良好，具有持续变形的能力；极限变形量为 1.85mm，对应轴向拉力为 1200kN。对于受压斜腹杆，见图 4.55（b），计算点确定为斜腹杆右侧板面与弦杆顶板交界线的中央区域，此点沿腹杆轴向压缩位移相对最大。受载前期，杆件处于弹性受力阶段，轴力-变形曲线基本呈斜直线，但斜率很大；轴向压力达到-800kN 左右时，曲线出现屈服拐点，从该拐点之后亦有很长的变形发展历程；极限变形量为-2.23mm，对应轴向压力为-1200kN。根据 4.3 节中节点极限承载力判别准则第 3）款，在轴向拉力达 1200kN 时，弦杆管壁沿腹杆轴向变形均未超过 6mm，又根据判别准则第 1）款，取有限元计算发散前一步的荷载为节点极限承载力，故该节点极限承载力为 1200kN。

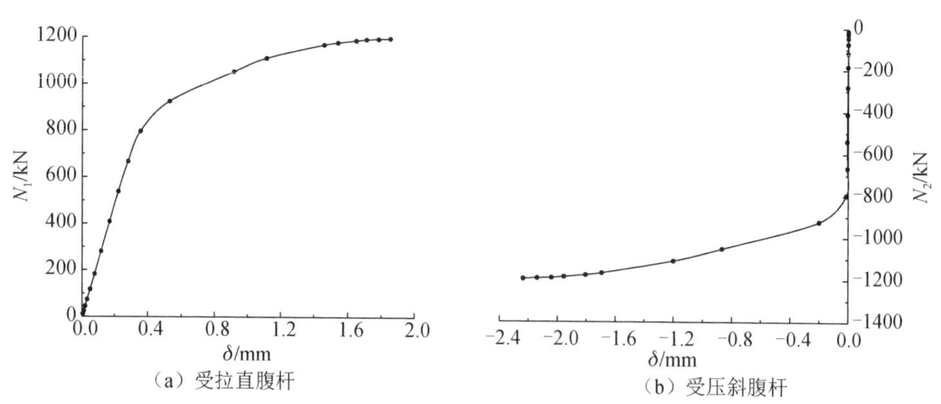

（a）受拉直腹杆　（b）受压斜腹杆

图 4.55　模型 24 腹杆轴力-弦杆管壁变形相关曲线

图 4.56 为模型 25 腹杆轴力-弦杆管壁变形相关曲线。对于受拉直腹杆，见图 4.56（a），计算点确定为腹杆左侧板面与弦杆顶板交界线的中央区域，此点竖向拉伸位移相对最大。受载前期，杆件处于弹性受力阶段，轴力-变形曲线基本呈

斜直线；轴向拉力达到 1000kN 左右时，曲线出现屈服拐点，从该拐点之后有相当长的变形发展历程，说明节点整体延性良好，具有持续变形的能力；极限变形量为 4.8mm，对应轴向拉力为 1490kN。对于受压斜腹杆，见图 4.56（b），计算点确定为斜腹杆右侧板面与弦杆顶板交界线的中央区域，此点沿腹杆轴向压缩位移相对最大。受载前期，杆件处于弹性受力阶段，轴力-变形曲线基本呈斜直线，但斜率很大；轴向压力达到-1000kN 左右时，曲线出现屈服拐点，从该拐点之后亦有很长的变形发展历程；极限变形量为-5.1mm，对应轴向压力为-1490kN。根据 4.3 节中节点极限承载力判别准则第 3）款，在轴向拉力达 1490kN 时，弦杆管壁沿腹杆轴向变形均未超过 6mm，又根据判别准则第 1）款，取有限元计算发散前一步的荷载为节点极限承载力，故该节点极限承载力为 1490kN。

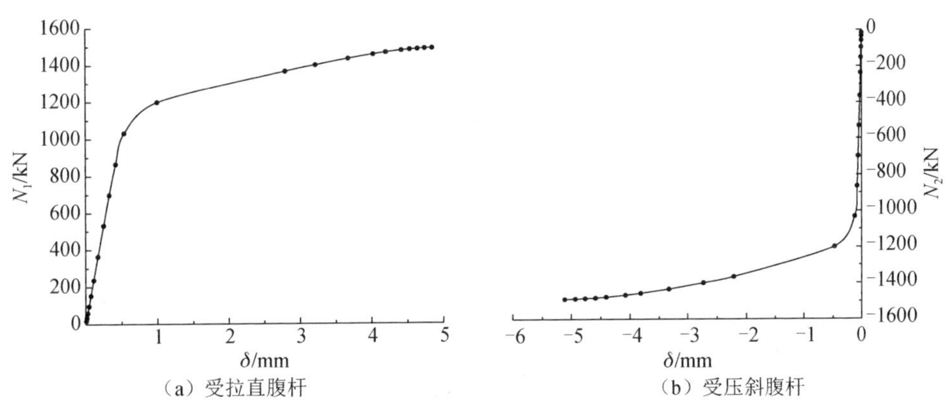

（a）受拉直腹杆　（b）受压斜腹杆

图 4.56　模型 25 腹杆轴力-弦杆管壁变形相关曲线

图 4.57 为模型 26 腹杆轴力-弦杆管壁变形相关曲线。对于受拉直腹杆，见图 4.57（a），计算点确定为腹杆左侧板面与弦杆顶板交界线的中央区域，此点竖向拉伸位移相对最大。受载前期，杆件处于弹性受力阶段，轴力-变形曲线基本呈斜直线；轴向拉力达到 900kN 左右时，曲线出现屈服拐点，从该拐点之后有相当长的变形发展历程，说明节点整体延性良好，具有持续变形的能力；极限变形量为 12.9mm，对应轴向拉力为 1440kN。对于受压斜腹杆，见图 4.57（b），计算点确定为斜腹杆右侧板面与弦杆顶板交界线的中央区域，此点沿腹杆轴向压缩位移相对最大。受载前期，杆件处于弹性受力阶段，轴力-变形曲线基本呈斜直线，但斜率很大；轴向压力达到-900kN 左右时，曲线出现屈服拐点，从该拐点之后亦有很长的变形发展历程；极限变形量为-15.4mm，对应轴向压力为-1440kN。根据 4.3 节中节点极限承载力判别准则第 3）款，在轴向拉力达 1290kN 时，弦杆管壁沿直腹杆轴向变形率先超过 6mm，故该模型发生变形控制的破坏，节点极限承载力为 1290kN。

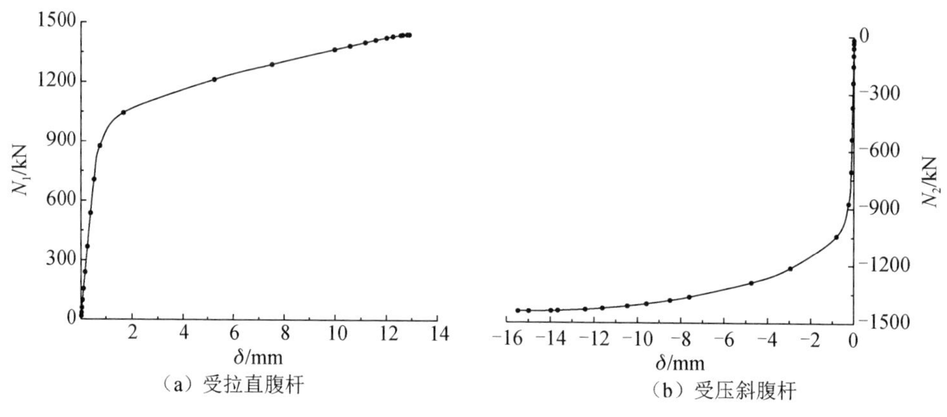

（a）受拉直腹杆　　（b）受压斜腹杆

图 4.57　模型 26 腹杆轴力-弦杆管壁变形相关曲线

图 4.58 为模型 27 腹杆轴力-弦杆管壁变形相关曲线。对于受拉直腹杆，见图 4.58（a），计算点确定为腹杆左侧板面与弦杆顶板交界线的中央区域，此点竖向拉伸位移相对最大。受载前期，杆件处于弹性受力阶段，轴力-变形曲线基本呈斜直线；轴向拉力达到 1400kN 左右时，曲线出现屈服拐点，从该拐点之后持续变形段长度有限；极限变形量为 0.95mm，对应轴向拉力为 1910kN。对于受压斜腹杆，见图 4.58（b），计算点确定为斜腹杆右侧板面与弦杆顶板交界线的中央区域，此点沿腹杆轴向压缩位移相对最大。受载前期，杆件处于弹性受力阶段，轴力-变形曲线基本呈斜直线，但斜率很大；轴向压力达到−1400kN 左右时，曲线出现屈服拐点，从该拐点之后亦有很长的变形发展历程；极限变形量为−2.1mm，对应轴向压力为−1910kN。根据 4.3 节中节点极限承载力判别准则第 3）款，在轴向拉力达 1910kN 时，弦杆管壁沿腹杆轴向变形均未超过 6mm，又根据判别准则第 1）款，取有限元计算发散前一步的荷载为节点极限承载力，故该节点极限承载力为 1910kN。

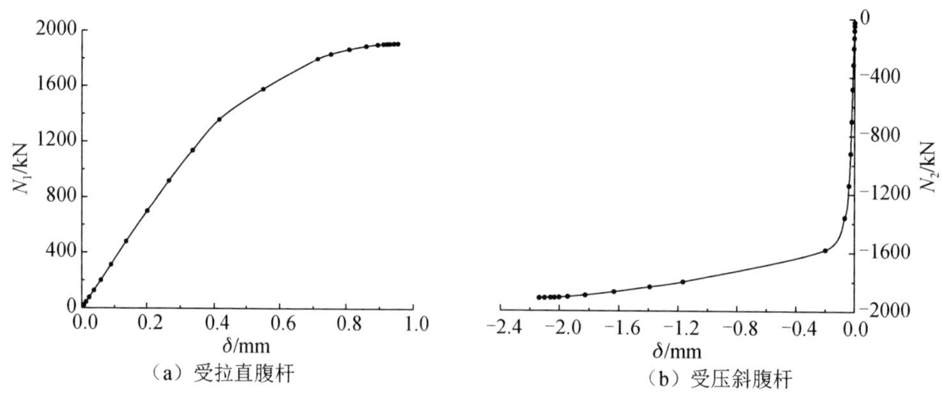

（a）受拉直腹杆　　（b）受压斜腹杆

图 4.58　模型 27 腹杆轴力-弦杆管壁变形相关曲线

4.4.3　节点极限承载力

1.《钢结构设计标准》(GB 50017—2017) 中的节点承载力计算

《钢结构设计标准》(GB 50017—2017) 规定，对支管为矩形管的搭接 K 形和 N 形节点，搭接支管的承载力设计值应根据不同的搭接率按下列公式计算（式中，下角标为 i 的属于搭接腹杆截面性质，下角标为 j 的属于被搭接腹杆截面性质，无 i、j 下角标的为主弦杆截面性质，以下简称“钢标准公式”)：

1）当 $25\% \leqslant O_v < 50\%$ 时：

$$N_{ui} = 2.0\left[\left(h_i - 2t_i\right)\frac{O_v}{0.5} + \frac{b_{ei} + b_{ej}}{2}\right]t_i f_i \tag{4.1}$$

$$b_{ei} = \frac{10}{b/t}\frac{tf_y}{t_i f_{yi}}b_i \leqslant b_i$$

$$b_{ej} = \frac{10}{b_j/t_j}\frac{t_j f_{yj}}{t_i f_{yi}}b_i \leqslant b_i$$

2）当 $50\% \leqslant O_v < 80\%$ 时：

$$N_{ui} = 2.0\left[h_i - 2t_i + \frac{b_{ei} + b_{ej}}{2}\right]t_i f_i \tag{4.2}$$

3）当 $80\% \leqslant O_v < 100\%$ 时：

$$N_{ui} = 2.0\left[h_i - 2t_i + \frac{b_i + b_{ej}}{2}\right]t_i f_i \tag{4.3}$$

被搭接支管的承载力应满足下式要求：

$$\frac{N_{uj}}{A_j f_{yj}} \leqslant \frac{N_{ui}}{A_i f_{yi}} \tag{4.4}$$

由式（4.1）～式（4.4），按照各模型节点搭接率所处的区间，可分别计算其节点承载力。

2. 节点极限承载力对比分析

将计算模型中由有限元计算和钢标准公式计算获得的节点极限承载力列于表 4.3，并求解两个计算值的相对误差，即(有限元计算值-公式计算值)×100%/公式计算值，有限元计算结果明显高于钢标准公式计算结果。根据 4.3 节中节点极限承载力的判别原则，17 个模型以有限元计算发散前一步的荷载为节点极限承载力，即准则 1)；10 个模型以弦杆管壁沿腹杆轴向变形超过 0.03D 时对应的荷载为节点极限承载力，即 4.3 节中准则 3)。

表 4.3　节点极限承载力比较及破坏形式

模型编号	有限元计算结果/kN	钢标准公式计算结果/kN	误差/%	破坏形式	模型编号	有限元计算结果/kN	钢标准公式计算结果/kN	误差/%	破坏形式
1	954	536	78.0	4.3 节中准则 3)	15	1350	863	56.4	4.3 节中准则 1)
2	1370	1099	24.7	4.3 节中准则 3)	16	545	407	33.9	4.3 节中准则 1)
3	835	728	14.7	4.3 节中准则 3)	17	2010	1421	41.4	4.3 节中准则 1)
4	664	487	36.3	4.3 节中准则 1)	18	962	698	37.8	4.3 节中准则 1)
5	367	226	62.4	4.3 节中准则 3)	19	1970	1133	73.9	4.3 节中准则 1)
6	733	551	33.0	4.3 节中准则 1)	20	2490	1774	40.4	4.3 节中准则 1)
7	831	579	43.5	4.3 节中准则 3)	21	1400	766	82.8	4.3 节中准则 1)
8	729	594	22.7	4.3 节中准则 3)	22	680	456	49.1	4.3 节中准则 3)
9	692	400	73.0	4.3 节中准则 3)	23	853	625	36.5	4.3 节中准则 1)
10	1290	884	45.9	4.3 节中准则 1)	24	1200	848	41.5	4.3 节中准则 1)
11	963	657	46.6	4.3 节中准则 1)	25	1490	1071	39.1	4.3 节中准则 1)
12	1130	783	44.3	4.3 节中准则 1)	26	1290	1030	25.2	4.3 节中准则 3)
13	569	402	41.5	4.3 节中准则 1)	27	1910	1458	31.0	4.3 节中准则 1)
14	1290	1018	26.7	4.3 节中准则 3)					

4.5　几何参数对节点承载力的影响

本章在设计模型的几何参数时，弦杆直径 b 均取 200mm，考虑腹杆与弦杆直径比、弦杆直径与壁厚比、腹杆壁厚与弦杆壁厚比、节点搭接率的变化，共设置了 4 组无量纲几何参数，即 β、γ、τ 和 O_v。从上述有限元计算中可归纳出节点几何参数对节点承载力的影响规律。

4.5.1　β 的影响

表 4.4 列出了 β 影响下的节点极限承载力。当保持 γ 和 τ 不变的前提下，β 从 0.5、0.7 升至 0.9 时，模型的极限承载力全部呈上升趋势，O_v 的改变对承载力随 β

值的变化趋势基本无影响。说明随着腹杆直径的增大，节点整体刚度增强，节点承载力上升。

表 4.4　β 影响下的节点极限承载力

几何参数				模型编号	极限承载力/kN
γ	τ	β	O_v		
15	0.4	0.5	0.30	9	692
		0.7	0.65	18	962
		0.9	0.85	10	1290
	0.6	0.5	0.95	15	1350
		0.7	0.45	2	1370
		0.9	0.30	19	1970
	0.8	0.5	0.45	14	1290
		0.7	0.75	17	2010
		0.9	0.65	20	2490
20	0.4	0.5	0.75	13	569
		0.7	0.65	6	733
		0.9	0.45	11	963
	0.6	0.5	0.65	8	729
		0.7	0.85	24	1200
		0.9	0.30	21	1400
	0.8	0.5	0.45	3	835
		0.7	0.30	26	1290
		0.9	0.95	27	1910
25	0.4	0.5	0.30	5	367
		0.7	0.95	16	545
		0.9	0.45	4	664
	0.6	0.5	0.65	22	680
		0.7	0.30	7	831
		0.9	0.75	12	1130
	0.8	0.5	0.85	23	853
		0.7	0.30	1	954
		0.9	0.65	25	1490

图 4.59 为节点极限承载力 N 与几何参数 β 的相关曲线，其中纵坐标为有限元计算的节点极限承载力 N，横坐标为腹杆直径与弦杆直径比 β。各节点的极限承载力随着腹杆与弦杆直径比的增大而增大。针对 $\gamma=15$ 且 $\tau=0.6$ 和 $\gamma=25$ 且 $\tau=0.8$ 两个模型，β 从 15 升至 20 的阶段比 20 升至 25 的阶段承载力增幅低缓。大多数模型中节点极限承载力 N 与几何参数 β 整体接近线性关系。

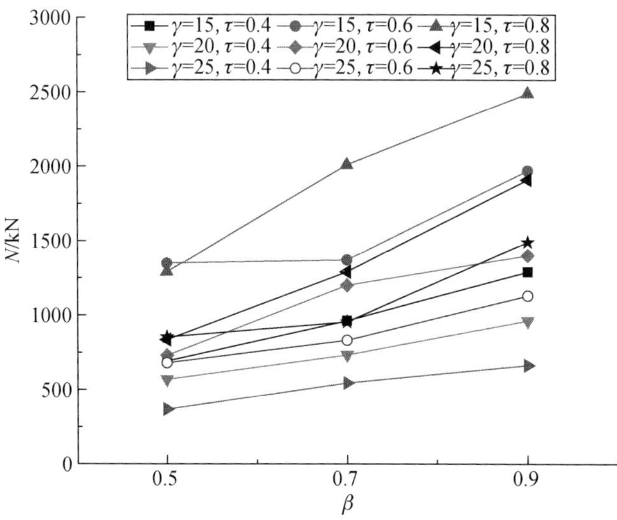

图 4.59　节点极限承载力 N 与几何参数β的相关曲线

4.5.2　γ的影响

表 4.5 列出了γ影响下的节点极限承载力。当保持β和τ不变的前提下，γ从 15、20 升至 25 时，模型的极限承载力基本呈下降趋势，O_v的改变对承载力随γ值的变化趋势基本无影响。仅有当$\beta=0.5$且$\tau=0.8$时略有出入，$\gamma=20$的 3 号模型承载力为 835kN，$\gamma=25$的 23 号模型承载力为 853kN，原因在于 23 号模型的节点搭接率达到 0.85，远大于 3 号模型的搭接率 0.45。由此说明随着腹杆与弦杆直径比的增大，弦杆壁厚减小，杆件的整体变形刚度减小，应力集中程度明显增大，节点承载力下降。

表 4.5　γ影响下的节点极限承载力

几何参数				模型编号	极限承载力/kN
β	τ	γ	O_v		
0.5	0.4	15	0.30	9	692
		20	0.75	13	569
		25	0.30	5	367
	0.6	15	0.95	15	1350
		20	0.65	8	729
		25	0.65	22	680
	0.8	15	0.45	14	1290
		20	0.45	3	835
		25	0.85	23	853

续表

几何参数				模型编号	极限承载力/kN
β	τ	γ	O_v		
0.7	0.4	15	0.65	18	962
		20	0.65	6	733
		25	0.95	16	545
	0.6	15	0.45	2	1370
		20	0.85	24	1200
		25	0.45	7	831
	0.8	15	0.75	17	2010
		20	0.30	26	1290
		25	0.30	1	954
0.9	0.4	15	0.85	10	1290
		20	0.45	11	963
		25	0.45	4	664
	0.6	15	0.30	19	1970
		20	0.30	21	1400
		25	0.75	12	1130
	0.8	15	0.65	20	2490
		20	0.95	27	1910
		25	0.65	25	1490

图 4.60 为节点极限承载力 N 与几何参数 γ 的相关曲线，其中纵坐标为有限元计算的节点极限承载力 N，横坐标为弦杆直径与壁厚比 γ。各节点的极限承载力

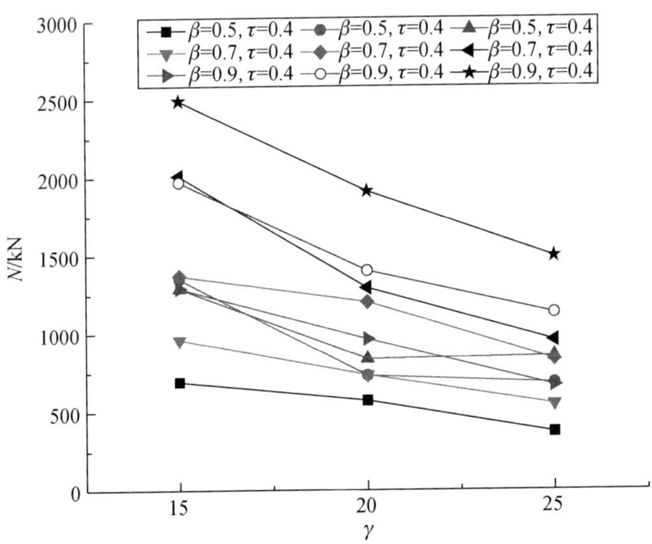

图 4.60　节点极限承载力 N 与几何参数 γ 的相关曲线

随着腹杆与弦杆直径比的增大而降低。对于大多数曲线，γ 从 15 升至 20 的阶段比 20 升至 25 的阶段承载力降幅更大，其中以 $\beta=0.5$ 且 $\tau=0.6$ 时最为明显。节点极限承载力 N 与几何参数 γ 整体接近线性关系。

4.5.3　τ 的影响

表 4.6 列出了 τ 影响下的节点极限承载力。当保持 β 和 γ 不变的前提下，τ 从 0.4、0.6 升至 0.8 时，模型的极限承载力基本呈上升趋势，O_v 的改变对承载力随 τ 值的变化趋势基本无影响。仅有当 $\beta=0.5$ 且 $\gamma=15$ 时略有出入，$\tau=0.6$ 的 15 号模型承载力为 1350kN，$\tau=0.8$ 的 14 号模型承载力为 1290kN，原因在于 15 号模型节点搭接率达到 0.95，远大于 14 号模型的搭接率 0.45。说明随着腹杆壁厚的增大，节点整体刚度增强，节点承载力上升。

表 4.6　τ 影响下的节点极限承载力

几何参数				模型编号	极限承载力/kN
β	γ	τ	O_v		
0.5	15	0.4	0.30	9	692
		0.6	0.95	15	1350
		0.8	0.45	14	1290
	20	0.4	0.75	13	569
		0.6	0.65	8	729
		0.8	0.45	3	835
	25	0.4	0.30	5	367
		0.6	0.65	22	680
		0.8	0.85	23	853
0.7	15	0.4	0.65	18	962
		0.6	0.45	2	1370
		0.8	0.75	17	2010
	20	0.4	0.65	6	733
		0.6	0.85	24	1200
		0.8	0.30	26	1290
	25	0.4	0.95	16	545
		0.6	0.45	7	831
		0.8	0.30	1	954

续表

几何参数				模型编号	极限承载力/kN
β	γ	τ	O_v		
0.9	15	0.4	0.85	10	1290
		0.6	0.30	19	1970
		0.8	0.65	20	2490
	20	0.4	0.45	11	963
		0.6	0.30	21	1400
		0.8	0.95	27	1910
	25	0.4	0.45	4	664
		0.6	0.75	12	1130
		0.8	0.65	25	1490

图 4.61 为节点极限承载力 N 与几何参数 τ 的相关曲线，其中纵坐标为有限元计算的节点极限承载力 N，横坐标为腹杆壁厚与弦杆壁厚比 τ。各节点的极限承载力随着腹杆与弦杆壁厚比的增大而增大。针对 $\beta=0.5$ 且 $\gamma=15$ 和 $\beta=0.7$ 且 $\gamma=20$ 两个模型，τ 从 0.4 升至 0.6 的阶段比 0.6 升至 0.8 的阶段承载力增幅明显。对于大多数模型，中节点极限承载力 N 与几何参数 τ 整体接近线性关系。

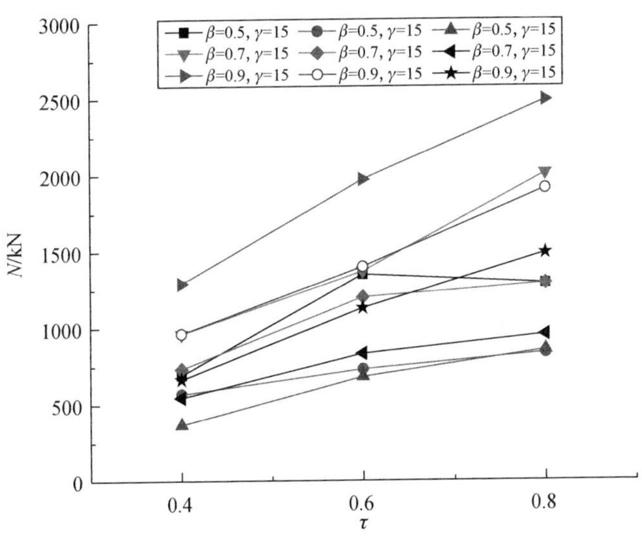

图 4.61　节点极限承载力 N 与几何参数 τ 的相关曲线

4.5.4　O_v 的影响

表 4.7 列出了 O_v 影响下的节点极限承载力。当保持 β 和 γ 不变的前提下，O_v 从 0.30 渐次上升至 0.95 时，模型的极限承载力变化趋势不明确，说明节点搭接率对节点承载力的影响较小。

表 4.7　O_v 影响下的节点极限承载力

几何参数				模型编号	极限承载力/kN
β	γ	O_v	τ		
0.5	15	0.30	0.4	9	692
		0.45	0.8	14	1290
		0.95	0.6	15	1350
	20	0.45	0.8	3	835
		0.65	0.6	8	729
		0.75	0.4	13	569
	25	0.30	0.4	5	367
		0.65	0.6	22	680
		0.85	0.8	23	853
0.7	15	0.45	0.6	2	1370
		0.65	0.4	18	962
		0.75	0.8	17	2010
	20	0.30	0.8	26	1290
		0.65	0.4	6	733
		0.85	0.6	24	1200
	25	0.30	0.8	1	954
		0.45	0.6	7	831
		0.95	0.4	16	545
0.9	15	0.30	0.6	19	1970
		0.45	0.8	20	2490
		0.85	0.4	10	1290
	20	0.30	0.6	21	1400
		0.45	0.4	11	963
		0.95	0.8	27	1910
	25	0.45	0.4	4	664
		0.65	0.8	25	1490
		0.75	0.6	12	1130

图 4.62 为节点极限承载力 N 与几何参数 O_v 的相关曲线，其中纵坐标为有限元计算的节点极限承载力 N，横坐标为节点搭接率 O_v。各节点的极限承载力随节点搭接率 O_v 的变化未表现出统一规律，可作为对节点承载力影响的次要因素考虑。

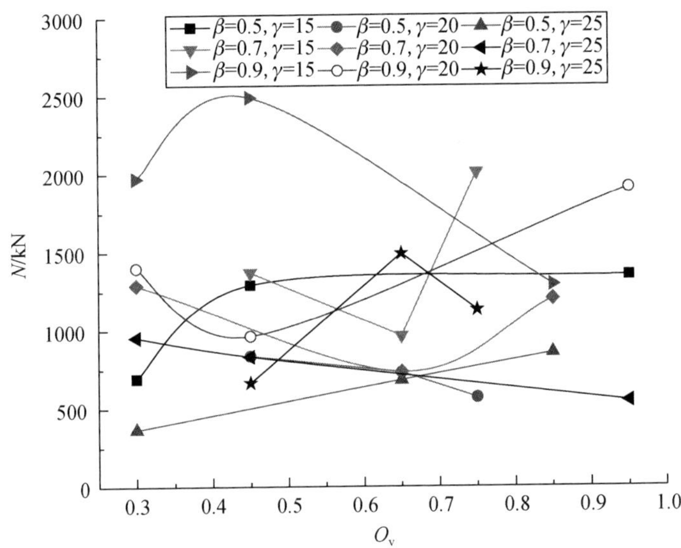

图 4.62　节点极限承载力 N 与几何参数 O_v 的相关曲线

4.5.5　影响因素显著性分析

为明确各几何因素对节点承载力影响的显著程度，采用统计软件 IBM-SPSS，对节点承载力开展腹杆直径与弦杆直径之比 β、弦杆直径与弦杆壁厚之比 γ、腹杆壁厚与弦杆壁厚之比 τ 和节点搭接率 O_v 4 种因素影响下无交互作用的方差分析。

将 $\beta=0.5$、$\beta=0.7$和$\beta=0.9$分别对应样本编号 1～3，$\gamma=15$、$\gamma=20$和$\gamma=25$分别对应样本编号 1～3，$\tau=0.4$、$\tau=0.6$和$\tau=0.8$分别对应样本编号 1～3，$O_v=0.30$、$O_v=0.45$、$O_v=0.65$、$O_v=0.75$、$O_v=0.85$和$O_v=0.95$分别对应样本编号 1～6。在 4 种因素影响下，节点承载力多因素影响观测样本见表 4.8。

表 4.8　节点承载力多因素影响观测样本

β	γ	τ	O_v	极限承载力/kN
1	1	1	1	692
1	1	2	6	1350
1	1	3	2	1290

续表

β	γ	τ	O_v	极限承载力/kN
1	2	1	4	569
1	2	2	3	729
1	2	3	2	835
1	3	1	1	367
1	3	2	3	680
1	3	3	5	853
2	1	1	3	962
2	1	2	2	1370
2	1	3	4	2010
2	2	1	3	733
2	2	2	5	1200
2	2	3	1	1290
2	3	1	6	545
2	3	2	2	831
2	3	3	1	954
3	1	1	5	1290
3	1	2	1	1970
3	1	3	3	2490
3	2	1	2	963
3	2	2	1	1400
3	2	3	6	1910
3	3	1	2	664
3	3	2	4	1130
3	3	3	3	1490

相关方差计算结果见表 4.9。经过计算，对于给定的显著性水平α=0.05，查 F 分布表得$F_{\beta、\gamma、\tau-0.05}(2,15)=3.68$， $F_{O_v-0.05}(5,15)=2.90$ 。$F_\beta=39.256>F_{0.05}(2,15)=3.68$，$F_\gamma=39.589>F_{0.05}(2,15)=3.68$，$F_\tau=45.057>F_{0.05}(2,15)=3.68$，$F_{O_v}=1.774<F_{0.05}(5,15)=2.90$，故在显著性水平$\alpha=0.05$情况下，可认为$\beta$、$\gamma$、$\tau$对节点承载力 N 有显著性影响，O_v 对 N 无显著性影响。又由 $\mathrm{Sig}.\beta=0<0.01$，$\mathrm{Sig}.\gamma=0<0.01$，$\mathrm{Sig}.\tau=0<0.01$，$\mathrm{Sig}.O_v=0.179\gg0.05$，亦显示相同影响规律。结果表明，在对节点承载力进行控制时，需重点关注β、γ、τ这 3 个关键要素。

表 4.9　β、γ、τ 和 O_v 影响下方差分析结果

方差来源	离差平方和	自由度	平均离差平方和	F 值	显著性
β	1975926.222	2	987963.111	39.256	0.000
γ	1992716.667	2	996358.333	39.589	0.000
τ	2267949.556	2	1133974.778	45.057	0.000
O_v	223243.667	5	44648.733	1.774	0.179
误差	377512.556	15	25167.504		
校正后总和	6837348.667	26			

4.6　节点极限承载力回归公式

4.6.1　参数回归

结合 4.5 节对钢管节点承载力的影响因素分析，并在我国《钢结构设计标准》（GB 50017—2017）针对方钢管 N 形搭接节点承载力计算公式的基础上，考虑在式（4.1）～式（4.3）中乘以修正系数 φ：

$$\varphi = a\beta^b\gamma^c\tau^d O_v^e \tag{4.5}$$

式中，φ 取值为有限元计算承载力与规范公式计算承载力之商。

因上述非线性函数中涉及影响因素较多，可通过多元线性回归的方法，将式（4.5）转换为线性形式：

$$\ln\varphi = \ln a + b\ln\beta + c\ln\gamma + d\ln\tau + e\ln O_v \tag{4.6}$$

设定 $\ln\varphi$ 为随机变量 y；$\ln\beta$、$\ln\gamma$、$\ln\tau$ 和 $\ln O_v$ 为自变量 $x_1 \sim x_4$；a，b，…，e 为待定系数。对于自变量任意确定的一组数值 $x_{1i} \sim x_{4i}$，其随机变量 y_i 为

$$y_i = \ln a + bx_{1i} + cx_{2i} + dx_{3i} + ex_{4i} \tag{4.7}$$

通过置信度为 95%的多元线性回归分析，可求得 a，b，…，e 的值。

1）针对式（4.1），当节点 $25\% \leqslant O_v < 50\%$ 时，采纳 11 个模型的数据纳入回归分析，则有

$$y = -0.365 + 0.174\ln\beta + 0.045\ln\gamma - 0.049\ln\tau - 0.682\ln O_v$$

搭接支管的承载力回归公式（4.1）为

$$N_{ui} = 2.0\left[\left(h_i - 2t_i\right)\frac{O_v}{0.5} + \frac{b_{ei} + b_{ej}}{2}\right]t_i f_i \varphi \tag{4.8}$$

式中，

$$\varphi = 0.694\beta^{0.174}\gamma^{0.045}\tau^{-0.049}O_{\mathrm{v}}^{-0.682} \tag{4.9}$$

2）针对式（4.2），当节点 $50\% \leqslant O_{\mathrm{v}} < 80\%$ 时，采纳 9 个模型的数据纳入回归分析，则有

$$y = 0.2 + 0.058\ln\beta + 0.076\ln\gamma + 0.025\ln\tau + 0.149\ln O_{\mathrm{v}}$$

搭接支管的承载力回归公式（4.2）为

$$N_{\mathrm{u}i} = 2.0\left[h_i - 2t_i + \frac{b_{\mathrm{e}i} + b_{\mathrm{e}j}}{2}\right]t_i f_i \varphi \tag{4.10}$$

式中，

$$\varphi = 1.221\beta^{0.058}\gamma^{0.076}\tau^{0.025}O_{\mathrm{v}}^{0.149} \tag{4.11}$$

3）针对式（4.3），当节点 $80\% \leqslant O_{\mathrm{v}} < 100\%$ 时，采纳 7 个模型的数据纳入回归分析，则有

$$y = 0.151 - 0.078\ln\beta + 0.037\ln\gamma - 0.170\ln\tau + 0.109\ln O_{\mathrm{v}}$$

搭接支管的承载力回归公式（4.3）为

$$N_{\mathrm{u}i} = 2.0\left[h_i - 2t_i + \frac{b_i + b_{\mathrm{e}j}}{2}\right]t_i f_i \varphi \tag{4.12}$$

式中，

$$\varphi = 1.163\beta^{-0.078}\gamma^{0.037}\tau^{-0.170}O_{\mathrm{v}}^{0.109} \tag{4.13}$$

4）被搭接支管的承载力应满足下列要求：

$$\frac{N_{\mathrm{u}j}}{A_j f_{\mathrm{y}j}} \leqslant \frac{N_{\mathrm{u}i}}{A_i f_{\mathrm{y}i}} \tag{4.14}$$

4.6.2 回归公式校验

将由回归式（4.8）～式（4.14）计算的节点承载力与有限元分析获得的承载力进行比较，获得的两者比值列于表 4.10～表 4.12，27 个模型的回归公式值/有限元值在 0.93～1.17 分布。为明确数据的离散程度，以评价回归公式的精确性，需根据数理统计原理对样本函数的若干统计量展开分析。

假定以回归公式值/有限元值作为样本 X ，其观测值为 X_1，X_2，…，X_n ，则样本最大值为

$$X_{(n)} = \max(X_1,\ X_2,\cdots,\ X_n)$$

样本最小值为

$$X_{(1)} = \min(X_1,\ X_2, \cdots,\ X_n)$$

样本平均值为

$$\overline{X} = \frac{1}{n}\sum_{i=1}^{n} X_i$$

样本标准差是反映一组数据离散程度最常用的一种量化指标，其适用于同一总体样本的评价。方差是数据的平方，与检测值本身相差太大，人们难以直观衡量，故常采用方差开根号后的数值换算成标准差，即

$$S = \sqrt{S^2} = \sqrt{\frac{1}{n-1}\sum_{i=1}^{n}(X_i - \overline{X})^2}$$

样本变异系数是在消除量纲影响后反映样本分散程度的另一种量化形式，它适用于来自不同总体的样本不能直接进行方差或标准差计算的情形，该系数为

$$CV = \frac{S}{\overline{X}}$$

由表 4.10 可知，对于节点搭接率 $25\% \leqslant O_v < 50\%$ 的 11 个模型，其回归公式值/有限元值构成的样本数据中，最大值为 1.07，最小值为 0.93，均在标准值 1 左右的较小区间浮动，故标准差仅为 0.04765，变异系数为 0.04768，样本数据离散程度极小。由图 4.63 可知，样本数据在 0.93～1.07 的区间内分布是连续均衡的，尤其在 0.95～1.05 区间内较为集中。说明通过多元线性回归方法获得的计算公式（4.8），适用于对平面 N 形搭接节点 O_v 较低时极限承载力的分析。

表 4.10　回归公式（4.8）计算值与有限元值对比表

模型编号	回归公式值/kN	有限元值/kN	回归公式值/有限元值	模型编号	回归公式值/kN	有限元值/kN	回归公式值/有限元值
1	929	954	0.97	9	661	692	0.95
2	1431	1370	1.04	11	923	963	0.96
3	894	835	1.07	14	1233	1290	0.96
4	691	664	1.04	19	2032	1970	1.03
5	382	367	1.04	21	1391	1400	0.99
7	772	831	0.93				
回归公式值/有限元值统计参数		模型数量	最大值	最小值	平均值	标准差	变异系数
		11	1.07	0.93	0.9993	0.04765	0.04768

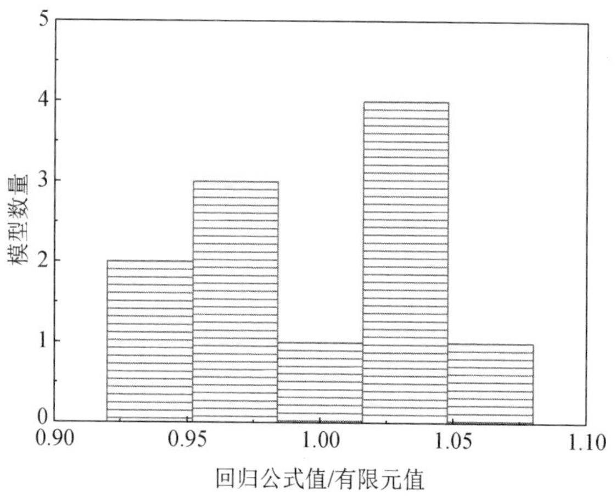

图 4.63　回归公式（4.8）计算值与有限元值比较直方图

由表 4.11 可知，对于节点搭接率 $50\% \leqslant O_v < 80\%$ 的 9 个模型，其回归公式值/有限元值构成的样本数据中，最大值为 1.11，最小值为 0.93，亦在标准值 1 左右的较小区间浮动，故标准差仅为 0.05017，变异系数为 0.05007，样本数据离散程度极小。由图 4.64 可知，样本数据在 0.92～1.03 的区间内，分布是连续集中的，但由于 8 号样本出现 1.11 的数据，直方图有切断。总体来说，由式（4.10）获得的变异系数略大于由式（4.8）获得的变异系数，且直方图未完全连续，但基于其极低的离散程度，也适用于对平面 N 形搭接节点 O_v 取中间值时的极限承载力分析。

表 4.11　回归公式（4.10）计算值与有限元值对比表

模型编号	回归公式值/kN	有限元值/kN	回归公式值/有限元值	模型编号	回归公式值/kN	有限元值/kN	回归公式值/有限元值
6	758	733	1.03	18	940	962	0.98
8	810	729	1.11	20	2466	2490	0.99
12	1148	1130	1.02	22	632	680	0.93
13	555	569	0.97	26	1286	1290	1.00
17	1989	2010	0.99				
回归公式值/有限元值统计参数		模型数量	最大值	最小值	平均值	标准差	变异系数
		9	1.11	0.93	1.0019	0.05017	0.05007

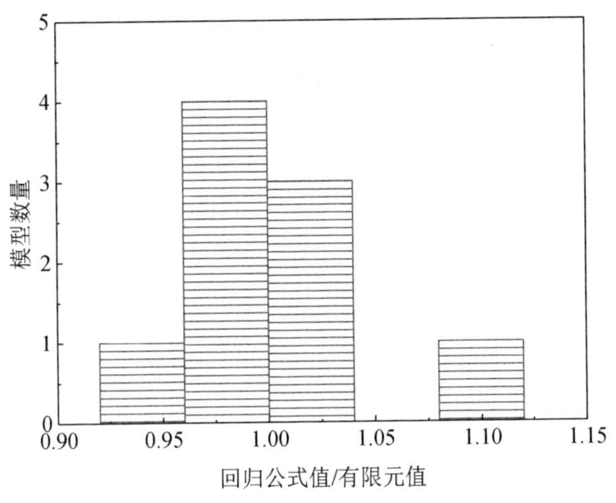

图 4.64　回归公式（4.10）计算值与有限元值比较直方图

由表 4.12 可知，对于节点搭接率 $80\% \leqslant O_v < 100\%$ 的 7 个模型，其回归公式值/有限元值构成的样本数据中，最大值为 1.17，最小值为 0.94，亦在标准值 1 左右的较小区间浮动，故标准差仅为 0.07703，变异系数为 0.07569，样本数据离散程度极小。由图 4.65 可知，样本数据在 0.94～1.04 的区间内，分布是连续集中的，但由于 16 号样本出现 1.17 的数据，直方图有切断。总体来说，由式（4.12）获得的变异系数也大于由式（4.8）获得的变异系数，且直方图未完全连续，但基于其极低的离散程度，也适用于对平面 N 形搭接节点 O_v 较高时的极限承载力分析。

表 4.12　回归公式（4.12）计算值与有限元值对比表

模型编号	回归公式值/kN	有限元值/kN	回归公式值/有限元值	模型编号	回归公式值/kN	有限元值/kN	回归公式值/有限元值
10	1315	1290	1.02	24	1214	1290	0.94
15	1270	1350	0.94	25	1402	1350	1.04
16	638	545	1.17	27	1973	1910	1.03
23	882	853	1.03				
回归公式值/有限元值统计参数		模型数量	最大值	最小值	平均值	标准差	变异系数
		7	1.17	0.94	1.0176	0.07703	0.07569

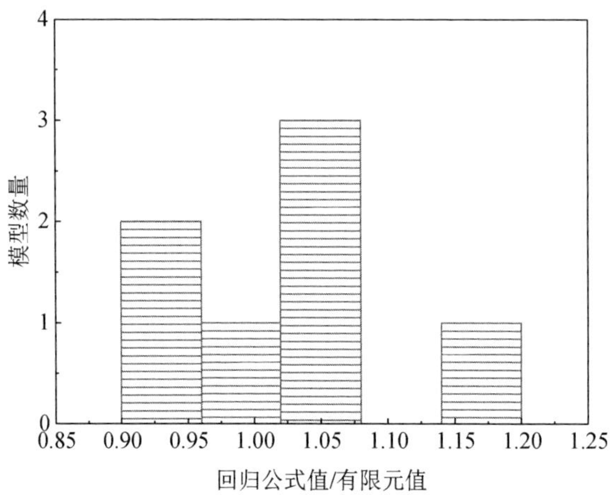

图 4.65　回归公式（4.12）计算值与有限元值比较直方图

4.7　本 章 小 结

本章以某栈桥结构中的 N 形方钢管搭接节点为研究对象，考虑影响节点承载力和变形性能的 4 组主要几何参数，建立了 27 个钢管节点有限元模型，重点分析几何参数对节点极限承载力和变形性能的影响，并使用数理统计理论对《钢结构设计标准》（GB 50017—2017）中既有的节点承载力计算公式进行修正。具体结论如下。

4.7.1　节点受力及变形特征

1）在沿腹杆轴向力作用下，节点首先在两腹杆的交汇区域进入塑性状态，并逐渐向腹杆全截面及弦杆与腹杆的交汇区扩展。腹杆轴力极小时，杆件交汇区就局部进入了塑性状态，从局部屈服到节点最终破坏的历程中，表现出明显的承载力增长趋势，强度储备很高。

2）在沿腹杆轴向力作用下，两腹杆交汇区域的位移量较大，且有受压斜腹杆向受拉直腹杆方向侵入的趋势。由弦、腹杆交接处弦杆沿腹杆轴向的变形历程可知，从节点大部分区域进入屈服状态到最后破坏的过程中，承载力虽然增长缓慢，但变形急剧增加，节点具有很强的塑性变形能力。

4.7.2　节点极限承载力判断

由节点极限承载力判别准则和腹杆轴力-弦杆管壁变形相关曲线综合判定，

17 个模型以有限元计算发散前一步的荷载为节点极限承载力，即 4.3 节中的准则 1)；10 个模型以弦杆管壁沿腹杆轴向变形超过 0.03D 时的对应荷载为节点极限承载力，即 4.3 节中的准则 3)，其数值均较《钢结构设计标准》（GB 50017—2017）规范公式的计算值偏高。

4.7.3　几何参数影响趋势及显著性分析

节点承载力随着腹杆直径与弦杆直径之比 β 的增大而增大，随着弦杆直径与弦杆壁厚之比 γ 增大而减小，随着腹杆壁厚与弦杆壁厚之比 τ 增大而增大，受节点搭接率 O_v 影响不明确。经多因素方差分析验证，$\mathrm{Sig}.\beta = 0 < 0.01$，$\mathrm{Sig}.\gamma = 0 < 0.01$，$\mathrm{Sig}.\tau = 0 < 0.01$，$\mathrm{Sig}.O_v = 0.179 \gg 0.05$，亦显示相同影响规律，$\beta$、$\gamma$ 和 τ 是节点承载力的显著性影响因素，O_v 影响不显著。在对节点承载力进行控制时，需重点关注 β、γ、τ 这 3 个关键要素。

4.7.4　节点承载力回归公式

以现行《钢结构设计标准》（GB 50017—2017）中弦、腹杆均为矩形管的 N 形搭接节点计算公式为基础，并纳入 β、γ、τ 和 O_v 4 组几何参数，采用多元回归分析方法，修正，获得了平面 N 形方钢管搭接节点的极限承载力计算公式。

1）当节点 $25\% \leqslant O_v < 50\%$ 时，搭接支管的承载力公式为

$$N_{ui} = 2.0\left[(h_i - 2t_i)\frac{O_v}{0.5} + \frac{b_{ei} + b_{ej}}{2}\right]t_i f_i \varphi$$

式中，

$$\varphi = 0.694\beta^{0.174}\gamma^{0.045}\tau^{-0.049}O_v^{-0.682}$$

2）当节点 $50\% \leqslant O_v < 80\%$ 时，搭接支管的承载力公式为

$$N_{ui} = 2.0\left[h_i - 2t_i + \frac{b_{ei} + b_{ej}}{2}\right]t_i f_i \varphi$$

式中，

$$\varphi = 1.221\beta^{0.058}\gamma^{0.076}\tau^{0.025}O_v^{0.149}$$

3）当节点 $80\% \leqslant O_v < 100\%$ 时，搭接支管的承载力公式为

$$N_{ui} = 2.0\left[h_i - 2t_i + \frac{b_i + b_{ej}}{2}\right]t_i f_i \varphi$$

式中，

$$\varphi = 1.163\beta^{-0.078}\gamma^{0.037}\tau^{-0.170}O_v^{0.109}$$

4）被搭接支管的承载力应满足：

$$\frac{N_{uj}}{A_j f_{yj}} \leqslant \frac{N_{ui}}{A_i f_{yi}}$$

对回归公式值/有限元值构成的样本数据进行数据离散程度分析，样本平均值在 0.9993～1.0176，标准差在 0.07703 以内，变异系数在 0.07569 以内，数据离散程度极小，具有较高的精度和适用性。

第 5 章 总结与展望

5.1 总 结

本书结合某栈桥体系的焊接方钢管桁架结构，就桁架杆件的次应力和 N 形搭接节点的承载力问题展开研究。通过有限元模型模拟方钢管桁架的加载及变形历程，并结合数理统计理论对几何因素影响的显著程度进行分析，最终明确了多因素影响下的桁架杆件次应力分布规律，并拟合了 N 形搭接节点承载力计算公式。具体结论如下。

5.1.1 桁架杆件次应力总结

1）壳单元桁架计算的杆件轴力略低于杆单元桁架，差别多在 15%～20%。从近支座端第二节间至跨中，由于支座位移约束减弱，各杆件次应力呈递减趋势；支座所在节间，因多根杆件交汇，下弦杆产生较大次应力，上弦杆该值较小。轴向应力较小的杆件，如端部上下弦杆，次应力均较大；相反，轴应力较大的杆件，如跨中上下弦杆和端部斜杆，次应力相对较小。设计时需稳定跨中杆件，加强支座处竖杆和下弦杆，尤其对连续跨桁架的中间支座杆件，不可忽视其直腹杆的次应力。

2）简支跨和连续跨桁架在几何参数影响下的次应力变化规律呈相同趋势：随着桁架高度与跨度之比 λ 的增大，腹杆体系加强，结构整体刚度增大，次应力影响减弱；随着腹杆杆宽与弦杆杆宽之比 β_1 和腹杆壁厚与弦杆壁厚之比 β_2 的增大，弦、腹杆截面趋于接近，构件刚度分配更加均匀，次应力影响削弱；随着弦杆杆宽与弦杆壁厚之比 γ_1 和腹杆杆宽与腹杆壁厚之比 γ_2 的变化，次应力影响无统一的渐变规律，只有当弦、腹杆的杆宽和壁厚尽量接近，刚度分配均匀时，次应力影响最弱；随着杆宽与节点中心间距离之比 χ 的减小，即杆件线刚度的减小，次应力的影响减弱。在所有影响因素中，杆宽变化对结构受力影响最大，β_1 成为决定次应力大小的重要因素，故选取构件截面时可尽量增大 β_1，控制其在 75% 以上。

3）根据方差分析结果，对于影响单跨方钢管桁架次应力分布的 7 组无量纲几何参数中，$\mathrm{Sig}.\lambda = 0$，$\mathrm{Sig}.\beta_1 = 0$，$\mathrm{Sig}.\gamma_1 = 0$，设计时需控制影响最为显著的 λ、β_1 和 γ_1 这 3 个因素的数值，以尽量减小次应力对结构受力的影响。对于影响两跨方钢管桁架次应力分布的 7 组参数中，$\mathrm{Sig}.\beta_1 = 0$，$\mathrm{Sig}.\beta_2 = 0$，$\mathrm{Sig}.\gamma_1 = 0$，$\mathrm{Sig}.\gamma_2 = 0$，

设计时需控制影响最为显著的 β_1、β_2、γ_1 和 γ_2 的数值，以尽量减小次应力对结构受力的影响。

5.1.2　N 形搭接节点承载力总结

1）在沿腹杆轴向力作用下，节点首先在两腹杆交汇区域进入塑性状态，并逐渐向腹杆全截面及弦杆与腹杆交汇区域扩展。两腹杆交汇区域的位移量较大，且有受压斜腹杆向受拉直腹杆方向侵入的趋势。从节点大部分区域进入屈服状态到最后破坏的过程中，承载力虽然增长缓慢，但变形急剧增加，节点具有很强的塑性变形能力。

2）由节点极限承载力判别准则和腹杆轴力-弦杆管壁变形相关曲线综合判定，27 个模型主要以有限元计算发散前一步的荷载和弦杆管壁沿腹杆轴向变形超过 $0.03D$ 时对应的荷载为节点极限承载力，即 4.3 节中的准则 1）和 3），其数值均较《钢结构设计标准》（GB 50017—2017）的计算值偏高。

3）节点承载力随腹杆与弦杆直径之比 β 增大而增大，随弦杆直径与壁厚之比 γ 增大而减小，随腹杆壁厚与弦杆壁厚之比 τ 增大而增大，受节点搭接率 O_v 影响不明确。经多因素方差分析验证，$\text{Sig.}\beta = 0$，$\text{Sig.}\gamma = 0$，$\text{Sig.}\tau = 0$，$\text{Sig.}O_v = 0.179$。在对节点承载力进行控制时，需重点关注 β、γ、τ 这 3 个关键要素。

4）以现行《钢结构设计标准》（GB 50017—2017）中弦、腹杆均为矩形管的 N 形搭接节点计算公式为基础，并纳入 β、γ、τ 和 O_v 4 组几何参数，采用多元回归分析方法，修正后获得了平面 N 形方钢管搭接节点的极限承载力计算公式。经对回归公式值/有限元值构成的样本数据进行数据离散程度分析，样本平均值在 0.9993～1.0176，标准差在 0.07703 以内，变异系数在 0.07569 以内，数据离散程度极小，具有较高的精度和适用性。

5.2　展　　望

5.2.1　桁架杆件次应力展望

由于方钢管桁架本身次应力的分布规律和几何参数对其受力特性的影响较复杂，对其进行精确理论分析尚有较大难度，国内外规范也未提出明确的规则。本书完成的数值分析，数据亦存在不稳定性。笔者认为，以后还可在以下方面做进一步探讨：

1）目前为止，对钢桁架次应力的研究较少，试验数据和理论分析数据十分匮乏，可考虑通过现场试验获取有价值的数据，并建立相当数量的力学模型，将理论与试验相结合，在深度和广度上做拓展性研究。

2）在大型钢栈桥等结构中，往往采用了多跨连续桁架，它们在次应力影响下的力学性能有待于进一步推演。

3）可考虑更多的桁架形式（如梯形桁架、三角桁架）、更多的连接方式（如螺栓联接、栓焊混合连接）、更多的截面类型（如圆管、矩形管、型钢）等因素对次应力的影响程度。

4）支座处杆件受次应力影响很大，设计时需通过增大截面、增设节点板等方式对支座进行加强。可使用有限元软件模拟加强后的节点，分析其次应力的减小程度。

5.2.2　N 形搭接节点承载力展望

本书研究的 N 形搭接节点取自于栈桥桁架结构，其荷载分布、杆件布置都比较单一，无法覆盖多种连接方式、加载特征、杆件截面选取等因素共同影响下的节点特性。笔者认为，以后还可在以下方面做进一步探讨：

1）可考虑弦、腹杆之间的连接焊缝对节点承载力的影响。

2）结合桁架杆件的次应力研究结果，不仅考虑沿腹杆轴向施加作用力，同时考虑节点处弯矩和剪力的协同作用，对多种内力组合作用下节点的承载性能展开研究。

3）可研究两腹杆直径及壁厚不相同、腹杆夹角随机变化、杆件截面呈圆形倒角等几何因素变化下对节点承载力的影响。

4）就相贯节点构造措施的改进而言，可考虑对节点采取各种加劲措施后的性能进行研究，以帮助选择合理的加强方式，提高设计水平。

主要参考文献

包头钢铁设计研究院，2000．钢结构设计与计算[M]．北京：机械工业出版社．

鲍永涛，陆萍，2003．焊接平行弦钢桁架的次应力分析[J]．武汉工程大学学报，25(3)：22-24．

鲍永涛，陆萍，2003．理想桁架计算模式的精确性分析[J]．力学与实践，25(6)：68-69．

陈火红，2002．Marc 有限元实例分析教程[M]．北京：机械工业出版社．

陈立保，2004．方钢管混凝土力学性能有限元分析[D]．武汉：武汉大学．

陈明祥，2017．弹塑性力学[M]．北京：科学出版社．

陈绍蕃，2005．钢桁架的次应力和极限状态[J]．钢结构，20(4)：1-4．

陈以一，陈扬骥，2002．钢管结构相贯节点的研究现状[J]．建筑结构，32(7)：52-55．

陈以一，陈扬骥，詹琛，等，2003．圆钢管空间相贯节点的实验研究[J]．土木工程学报，36(8)：24-30．

陈以一，沈祖炎，翟红，等，2003．圆钢管相贯节点滞回性能的实验研究[J]．建筑结构学报，24(6)：57-62．

陈以一，王伟，赵宪忠，等，2001．圆钢管相贯节点抗弯刚度和承载力实验[J]．建筑结构学报，22(6)：25-30．

陈誉，2006．平面 K 型圆钢管搭接节点静力性能研究[D]．上海：同济大学．

陈誉，彭兴黔，2007．空间 KK 型双弦杆圆钢管搭接节点有限元参数分析与极限承载力计算公式[J]．建筑结构学报，28(3)：37-45．

陈誉，赵宪忠，2011．平面 KT 型圆钢管搭接节点有限元参数分析与承载力计算[J]．建筑结构学报，32(4)：134-141．

程斌，周汉杰，孙海涛，2010．领结式整体节点改善钢桁架次内力分析[J]．建筑结构学报，(S1)：66-71．

邓洪洲，黄斌，洪洲澈，等，2016．窄基输电钢管塔塔腿主材次应力研究[J]．建筑结构学报，37(12)：161-170．

邓洪洲，朱雯瑞，黄斌，等，2017．输电钢管塔典型塔脚节点承载力研究[J]．工程力学，34(9)：175-183．

董石麟，钱若军，2002．空间网格结构分析理论与计算方法[M]．北京：中国建筑工业出版社．

杜平安，甘娥忠，于亚婷，2004．有限元法：原理、建模及应用[M]．北京：国防工业出版社．

高波，孙明杰，刘平，等，2014．次应力作用对桥梁结构受力性能影响分析[J]．特种结构，(6)：77-82．

龚江，石培春，李春燕，2012．使用 SPSS 软件进行多因素方差分析[J]．农业网络信息，(4)：31-32．

官江腾，2004．浅谈预应力混凝土井字梁中次弯矩的计算[J]．福建建设科技，(2)：17．

洪洲澈，黄斌，邓洪洲，2015．输电钢管塔主材次应力分析[J]．电力与能源，36(4)：597-602．

侯令强，黄翔，2017．干湿循环条件下红黏土力学性质影响因素的显著性和交互作用研究[J]．桂林理工大学学报，37(3)：456-460．

李丰富，张毓澎，1998．次弯矩对结构性能影响的研究[J]．低温建筑技术，(1)：19．

李茂华，杨靖波，李正良，等，2010．1000kV 双回路钢管塔次应力的影响因素[J]．电网技术，34(2)：20-23．

李瑞锋，2012．大尺寸空间 KKK 型方钢管相贯节点极限承载力分析[D]．太原：太原理工大学．

李顺群，高凌霞，柴寿喜，2012．冻土力学性质影响因素的显著性和交互作用研究[J]．岩土力学，33(4)：1173-1177．

李忠范，高文森，2009．应用数理统计[M]．北京：高等教育出版社．

林范学，冯磊，王晓强，等，2011．香菇产量影响因子的多因素方差分析[J]．济宁学院学报，32(6)：51-55．

刘鹏，2001．方圆汇交平面钢管节点的刚度研究[D]．上海：同济大学．

龙驭球，包世华，1998．结构力学教程[M]．北京．高等教育出版社．

罗福午，1990．单层工业厂房结构设计[M]．北京：清华大学出版社．

倪宋健，2010．空间管桁架次应力影响分析[J]．工业建筑，(S1)：433-436．

欧阳可庆，1991．钢结构[M]．北京：中国建筑工业出版社．

沈祖炎，罗永峰，陈扬骥，1995．矩形钢管屋架的试验研究[J]．钢结构，(1)：58-61.

沈祖炎，姚念亮，1997．上海市八万人体育场屋盖的整体模型和节点试验研究[C]．第八届空间结构学术会议论文集，19(1)：2-10.

施菁华，郭峰，王启明，2012．特高压输电线路钢管塔主材次应力研究[J]．中国电业(技术版)，(11)：193-202.

舒兴平，郑伯兴，2006．KT 型相贯节点极限承载力非线性有限元分析[J]．湖南大学学报(自然科学版)，33(6)：1-5.

帅群，邓洪洲，李琳，等，2012．特高压输电钢管塔主材次应力分析[J]．建筑结构学报，33(8)：109-116.

王国周，瞿履谦，1993．钢结构原理与设计[M]．北京：清华大学出版社.

王焕宝，章梓茂，景瑞，2001．结构力学[M]．北京：高等教育出版社.

王慧，2005．方钢管桁架次应力有限元分析[D]．武汉：武汉大学.

王梅，2002．T 形方圆管相贯节点非线性分析[D]．合肥：合肥工业大学.

王韦，王茂法，徐淑华，等，2016．大跨度拱式管桁架结构卸荷过程中的节点次应力研究[J]．建筑技术，47(4)：368-370.

王伟，陈以一，2003．圆钢管相贯节点局部刚度的参数公式[J]．同济大学学报(自然科学报)，31(5)：515-519.

王文明，陈企奋，李友达，2003．钢管空间桁架屋盖体系在某船舶工业厂房中的应用[J]．建筑钢结构进展，5(3)：17-21.

王晓怡，2001．大尺寸 K 型钢管相贯节点的研究[D]．南京：东南大学.

王新敏，2007．ANSYS 工程结构数值分析[M]．北京：人民交通出版社.

王勖成，邵敏，1988．有限单元法基本原理和数值方法[M]．北京：清华大学出版社.

魏庆，2012．全焊接钢桁架桥次应力分析[J]．铁道工程学报，29(12)：72-77.

武胜，2002．直接焊接 K 型、N 型间隙钢管节点静力工作性能的研究[D]．哈尔滨：哈尔滨工业大学.

夏志斌，姚谏，1996．钢结构[M]．杭州：浙江大学出版社.

邢静忠，王永岗，2005．有限元基础与 ANSYS 入门[M]．北京：机械工业出版社.

熊猛，郭磊，2004．郑州国际会展中心 T6 钢管桁架结构设计[J]．工程建设与设计，(7)：22-23.

薛伟辰，2001．预应力次弯矩的设计研究[J]．同济大学学报(自然科学版)，29(6)：631-635.

俞国音，宋晓冰，1995．方钢管桁架的设计、试验与工程应用[J]．冶金工业部建筑研究总院院刊，(4)：25-31.

苑藜，2003．方圆钢管相贯节点数值模拟试验分析[D]．合肥：合肥工业大学.

张凤文，刘锡良，2001．焊接方形钢管桁架结构设计[J]．钢结构，16(1)：41-45.

张立新，徐长航，陈江荣，等，2004．ANSYS 7.0 基础教程[M]．北京：机械工业出版社.

赵宪忠，陈誉，陈以一，等，2010．平面 KT 型圆钢管搭接节点静力性能的试验研究[J]．工业建筑，40(4)：107-111.

中华人民共和国建设部，中华人民共和国国家质量监督检验检疫总局，2003．钢结构设计规范：GB 50017—2003[S]．北京：中国计划出版社.

中华人民共和国住房和城乡建设部，2017．钢结构设计标准：GB 50017—2017[S]．北京：中国建筑工业出版社.

钟善桐，2001．钢结构[M]．武汉：武汉大学出版社.

朱庆科，2002．K 型圆钢管相贯节点极限承载力有限元分析[D]．广州：华南理工大学.

CHEN S T, 1952. Secondary stresses in bridge trusses[J]. Journal of the Ice, 1(1): 95-104.

COFER W F, JUBRAN J S, 1992. Analysis of welded tubular connections using continuum damage mechanics[J]. Journal of Structural Engineering, 118(3): 828-845.

CROSS H, 1932. Analysis of continuous frames by distributing end moments[J]. Transactions of the American Society of Civil Engineers, 96(1): 1-10.

JOHNSON J B, BRYAN C W, TURNEAURE F E, 1929. The theory and practice of modern framed structures[M]. 10th ed. Madison: Wisconsin.

MAKINO Y, KUROBANE Y, OCHI K, et al, 1996. Database of test and numerical analysis results for unstiffened tubular joints: IIW Doc. XV-E-96-220[R]. Villepinte: International Institute of Welding.

NEEDHAM E S, BEAUFOY L A, 1939. Analysis of a vierendeel truss by moment - distribution and deformeter methods[J]. Journal of the Ice, 10(2): 253-272.

PACKER J A, HENDERSON J E, CAO J J, 1997. 空心管结构连接设计指南[M]. 北京：科学出版社.

STANLEY M, CRAWLEY W, ROBERT M D, 1993. Steel buildings: Analysis and Design[M]. New York: John Wiley and Sons Inc.

YURA J A, EDWARDS I F, ZETTLEMOYER N, 1981. Ultimate capacity of circular tubular joints[J]. Journal of the Structural Division, 107(10): 1965-1984.